世界的ベストセラー「7つの習慣」著者による最後の作品

The 7 Habits of Highly Effective People

Live Life in Crescendo

7つの習慣という人生 クレッシェンド

本当の挑戦はこの先にある

スティーブン・R・コヴィー
シンシア・コヴィー・ハラー

キングベアー出版

Simon & Schuster
1230 Avenue of the Americas
New York, NY 10020

First Simon & Schuster hardcover edition September 2022

クレッシェンドに生きる手本を生涯示してくれた素晴らしい両親、
スティーブン・R・コヴィーとサンドラ・コヴィーに捧げます。
そして、ほがらかで、いつも真面目で、無条件の愛を注いでくれるかけがえのない夫、
生涯最愛のひと、カメロンに。

『クレッシェンド』を推薦します

上昇軌道に乗った未来を思い描くというのも、効果性の高い人の習慣である。娘のシンシアさんとの共著によるスティーブン・コヴィーの素晴らしい最後の贈り物は、もっと大きくて、もっと冒険的な夢を見たい気持ちにさせてくれるだろう。

――アダム・グラント

ニューヨーク・タイムズ紙ナンバーワンベストセラー『THINK AGAIN 発想を変える、思い込みを手放す』著者、TEDポッドキャスト「WorkLife」のホスト

スティーブン・コヴィーはまさにクレッシェンドの人生を生き、いつも人々を鼓舞していました。以前、飛行機で偶然隣の席になり、彼のおかげでフットボール選手としてのキャリアと人生の軌道を変えることができました。私はあのフライトで刺激を受け、気力を取り戻したのです。私のすぐそばに偉大な存在がいたからです。この本に書いてある原則をわかりやすく教えてくれ、途方もなくたくさんの可能性を私の前に広げて見せてくれました。彼のレガシーは、この本を通して、そし

てご家族の人生を通して輝き続けるでしょう。

――スティーブ・ヤング
NFL殿堂クォーターバック、HGGC会長・共同創設者

私が提唱しているのは「お金を稼げれば幸せかもしれないが、人を幸せにできれば超幸せだ」という考え方です。簡単に言えば、幸せの源泉は経済的な成功だけでなくほかにもたくさんあるということ。困っている人たちのために活動し、必要なものを分かち合えば、私たちははるかに深く充実した真の喜びを経験できるのです。『クレッシェンド』は、より大きな善のために心を尽くし、多くを与えることによって、目的と意義のある貢献の人生を実現できることを教えてくれる。クレッシェンドの人生を生きたスティーブン、そしてシンシアに感謝します。人を励ます素晴らしい作品をありがとう。

――ムハマド・ユヌス教授
二〇〇六年ノーベル平和賞受賞、グラミン銀行創設者

スティーブン・コヴィーは、娘さんのシンシアが完成させた遺作『クレッシェンド』の中で、リタイアメントをめぐるパラダイム・シフトを提示しています。仕事やキャリアから引退することはあっても、周りの人々に有意義な貢献をすることまで引退する必要は永遠にない、ということです。新たな洞察や気持ちを奮い立たせてくれる体験談を読んでいくうちに、キャリアを築いていたときと同じ情熱を注いで、奉仕の人生に目を向けられるようになるはずです。

――アリアナ・ハフィントン
スライブ・グローバル社創設者・CEO

定年退職は終わりではなく、じつは始まりなのです。より強い人間関係を築き、より大きなコミュニティに貢献して恩返しをする時間ができるのですから。これは刺激的で素晴らしい本です。この時代のはるか先まで生き続けるレガシーを創造するために必要な知恵、実例やエピソードにあふれています。スティーブン・R・コヴィーと彼のレガシーの証、これほどまでに貴重な『クレッシェンド』を書いてくれたスティーブンとシンシア、ありがとう。

――インドラ・ヌーイ

ペプシコ元CEO・会長、ニューヨーク・タイムズ紙ベストセラー『My Life in Full』の著者

私は本書『クレッシェンド』が大好きだ。楽しめるストーリー、深く考えさせられるストーリー、偉大なストーリーがたくさんあり、より良い人生を生きたいと考えているすべての人のためになる。まるでコヴィー博士がもう一度そばにきてくれたようだった。『7つの習慣』はまだ若い医師だった私に大きな影響を与えたが、娘のシンシアさんと書いた本書はさらに有益で、年齢に関係なく思っている以上に遠くまで自分を導いてくれる一冊だと思う。

――ダニエル・G・エイメン

医学博士、エイメン・クリニック創設者、『You, Happier』『The End of Mental Illness』の著者

成功を享受している人も、逆境に立たされている人も、停滞を感じている人も、だれにとっても最高のときはまだ先にある。スティーブン・コヴィーならではの知恵とあたたかみのある語り口で、本当に人生はどんどん良くなっていくのだと教えてくれる。希望に満ち、気持ちの明るくなる一冊だ。

――ダニエル・H・ピンク
ニューヨーク・タイムズ紙ナンバーワンベストセラー『The Power of Regret』の著者

人はたいてい、自分はもう最高の仕事はしたのだと思いたがる――ピークに達した、これからは下り坂だ、栄光の時代は過ぎ去ったのだと。だから、スティーブン・コヴィーとシンシア・コヴィー・ハラーによる本書は新鮮な空気を吸いこむ感じだ。状況を完全にひっくり返し、自分の最高の貢献はまだこの先にやることなのだと信じられるようになる。スティーブン・コヴィーが亡くなって一〇年後に出版された本書は、まさにその根拠を語っている。シンシアは父親の仕事のスピリットを忠実にとらえ、さらに自分自身の声も加えている。この本を読むことは私にとって大きな恵みであり、あなたにとってもそうだろう。人生をこれまでと同じようには考えられなくなるはずだ。

――グレッグ・マキューン

ニューヨーク・タイムズ紙ベストセラー
『エッセンシャル思考　最小の時間で成果を最大にする』の著者

私たちの世代はほとんどがそうですが、私たち夫婦も親から祖父母へと嬉しい移行を遂げ、それに応じて執筆活動も変化してきました。人生の第４四半期の喜びを綴った本を出そうかと考えていたとき、親愛なる古い友人スティーブンは、そのような本を亡くなる前にほぼ書き上げていたことを知りました。そして、彼の愛娘で、この本に最初から二人三脚で取り組んでいた長女のシンシアがバトンを受け取り、完成させました。こうしてできたのが『クレッシェンド』です。素晴らしい本です！

――リチャード&リンダ・エア
ニューヨーク・タイムズ紙ナンバーワンベストセラー
『Teaching Your Children Values, Grandmothering, and Being a Proactive Grandfather』の著者

スティーブン・R・コヴィーの数々の著作は、私の人生とリーダーシップを形作ってくれました。本書は、彼自身のミッション・ステートメントに基づいていて、人生を最大限に生き、人と交わることに積極的に関わっていこうと呼びかけています。人生とは、成長し、自分の影響力を広めていく機会であると考えるすべての人にとって必読の一冊。だれもが自分の人生で信じられないような貢献ができる、それは本当なのだと確信できるでしょう。

——セレステ・メルゲンズ
賞をとった世界的な非営利団体デイズ・フォー・ガールズの創設者

シンシア・コヴィー・ハラーは、偉大な故スティーブン・コヴィーの著作を基に、人の心を動かす本書を書き上げた。『クレッシェンド』を読めば必ず、最初から最後まで生産的で有意義な人生を送るための励ましと希望がもらえる。

——アーサー・C・ブルックス
ハーバード・ケネディ・スクール／ハーバード・ビジネス・スクール教授
ニューヨーク・タイムズ紙ナンバーワンベストセラー

『人生の後半は手放すと幸せになれる』の著者

『クレッシェンド』を読むと、私たち一人ひとりにストーリーがあり、心の痛みやトラウマを経験しながらも最後には内面の力で立ち上がって前進し、不可能と思える状況すら生き延び、それだけでなく再び幸せにもなれるのだと心から思えます。愛情深く、読者を励ますように書かれていますす。私の体験のことも収録してくださり、とても光栄です。

――エリザベス・スマート

ニューヨーク・タイムズ紙ベストセラー『My Story』『Where There's Hope』の著者

シンシア・コヴィー・ハラーは父親の忠実な翻訳者として、クレッシェンドに生きることの真の意味を完璧にとらえています。どのページからもコヴィー博士の声が聞こえてきます。目的、奉仕、愛、貢献のために生き、すべての瞬間を掴みとりなさいと私たちを奮い立たせてくれる一冊です。

—ミュリエル・サマーズ

A・B・コームズ リーダーシップ・マグネット小学校（世界初の「リーダー・イン・ミー スクール」で、米国でナンバーワンマグネット・スクールを二度受賞）の元校長

目次

序文

最高の未来を創造する

われわれが後世に残すものは、石碑に刻まれるのではなく、人々の人生に織り込まれる。

――ペリクレス

シンシア・コヴィー・ハラー

父は、自分の未来を予測したいなら、一番確かな方法はその未来を創造することだと教えてくれました。父はいつも仕事の計画を立てていて、生きているかぎり貢献し、そして永遠に生きるつもりでいました。私たち家族にも、親しい知人たちにも、「R」で始まる言葉――リタイア――は自分の辞書にはないと断言していました。自分の年齢のことは良心の呵責を感じることなく嘘をついていましたし、自分のライフ・ステージを「老後」と表現されるのをひどく嫌がっていました。

父は、「カルペ・ディエム（その日を摘め）」、つまり「今日を大切に生きよ」という姿勢で生き、九人の子どもたちにもそうするように教えました。私たちが大きなチャンスを前にすると、好んでソローの言葉「人生の精髄を吸いつくす」を出し、背中を押してくれたものです。このような考え方ができたからこそ、父はいつまでも若々しく、学び続けることができたのでしょう。私たち家族は、父が自分の人生を楽しみながら、ほかの人たちの人生に変化をもたらす機会を見逃さずに生きていることを理解していました。

父は二五歳でハーバード・ビジネス・スクールを卒業したとき、兄から「これからどうするんだ」と訊かれ、「人の潜在能力を解き放ちたい」と答えたそうです。それから五五年、「原則中心リーダーシップ」という考え方を軸に、意欲を掻き立てる著書や活力に満ちた教育を通して、その目標を世界中で実行に移しました。父の会社のシンボルマークはコンパスですが、これは時を経ても変わらない根本的な原則にみずからの人生を合わせること、父の言う「真北」の大切さを伝えるという意味を持っています。時代を超えた普遍の原則を教えることが個人や組織を劇的に変え、良い影響を与えるのだと信じていたのです。父は、素晴らしいアイデアと理想に満ちあふれた先見性のある人物でした。

父は学ぶことが大好きで、暮らしや仕事、家族、信条、情熱を注いでいることなどをだれにでも訊ねていました。人の話を聴いて学び、他者の知識から自分とは違う視点を得ようとしていたのです。相手がまるでその道の専門家であるかのように熱心に耳を傾け、いくつも質問していました。教師、タクシー運転手、医者、CEO、ウェイトレス、政治家、起業家、親、隣人、肉体労働者、専門職、ときには国家元首、ありとあらゆる人々の意見を聴き、相手がだれでも等しく興味と好奇心を持って接していました。母はよく「スティーブン、どうしていつも人と話すとき何も知らないようにふるまうの」とあきれていたものです。すると父は、そんなの当たり前じゃないかという顔をして、「自分が何を知っているかはもうわかっているけど、他人が何を知っているのか知りたいんだよ」と言っていました。

私は九人きょうだいの一番上ですから、父が原則中心という考え方を家族の前で話し、また世界中の多くの聴衆の前で講演するのを聞く機会に一番恵まれて育ちました。私の好きな原則のひとつは、7つの習慣の「第3の習慣」「最優先事項を優先する」です。これは『7つの習慣 最優先事項』という本にもなっています。父が最優先していたのは家族との関係で、自分が教えていることを実践する努力をしていました。九人の子どもがいましたが、私たち子どもは、自分はかけがえのない家族の一員であると感じ、両親と良い関係を築くことができました。

子ども時代の大好きな思い出のひとつは、一二歳になったとき、父がサンフランシスコへの数日の出張に誘ってくれたことです。私はとても嬉しくて、父の講演が終わってから一緒にすごす時間を念入りに計画しました。

初日の夜は、噂に聞く有名な路面電車に乗って街をまわってから、おしゃれな店で学校に着ていく服を買おうと決めていました。父も私も中華料理が大好物なので、チャイナタウンで食事してからホテルに戻り、プールが閉まる前にひと泳ぎし、ルームサービスのホットファッジサンデーで一日を締めくくる計画でした。

お待ちかねの夜がやってきました。私はじれったい気持ちで講演会場の後ろで父を待っていました。父が私のほうへやってこようとしたとき、父の大学時代の友人が興奮ぎみに挨拶しているのが見えました。二人が抱き合って再会を喜んでいる姿を見て、私は父から聞かされていた大学時代の冒険譚、学友たちといろいろなことをして楽しんだという話を思い出しました。

「スティーブン、かれこれ一〇年ぶりかな。女房のロイスもいるんだ。一緒に食事に行こう。最近どうしてるか聞かせてくれよ。昔話もしたいしね」と彼は言いました。父が私を連れてきていることを説明すると、彼は私のほうをちらっと見て「そうか、もちろん娘さんも一緒にきてほしい。みんなで海岸のレストランに行こう」と言うのです。

父と私の特別な夜の壮大な計画ががらがらと崩れていきました。私たちを乗せずに線路を走る路面電車が目に浮かび、中華料理を食べるはずだったのに大嫌いなシーフードになってしまい、裏切られたような気分に。でも、「どうせお父さんは一二歳の子どもより仲良しの友だちと一晩中すごしたいんだろうな」とあきらめムードでした。

父は愛情をこめて友人に腕をまわし、「ボブ、本当に久しぶりだなあ、会えて嬉しいよ。夕食は楽しそうだね。でも今夜はダメなんだ。娘のシンシアと特別な夜をすごす予定でね」と言い、「そうだろ?」と私にウインクしたのです。すると路面電車がまた視界に戻ってきて、私は笑顔を止めることができませんでした。

私自身とても信じられなかったし、父の友人も意外に思ったはずです。私たちは、彼の返答を確かめることもせず、ドアを開けて出ていきました。

「ねえ、お父さん」私はようやく口を開きました。「本当にいいの?」

「おまえとの特別な夜なんだから、いいに決まってるよ。それに中華料理のほうがずっといいだろ? さあ、路面電車に乗りに行こう!」

子ども時代を振り返ってみると、この一見些細な出来事が父の人柄をよく表していることがわかります。思えばあの日から父との間に信頼関係が築かれました。父は「人間関係では小さなことが大きな意味を持つ」と教え、その模範をいつも示してくれました。そして私の弟たち妹たちそれぞれに、私の「サンフランシスコ体験」と同じような出来事があり、自分はかけがえのない存在で大切にされていると実感できたのです。この愛と信頼の預け入れが私たちの自尊心の中心にあり、成長期の私たちに大きな影響を与えました。

父は、肉体、知性、社会・情緒、精神、この四つのバランスがとれている人間、父の言葉を借りれば「揺るぎない個人」にならなければいけないという信念を持っていました。父の人生は、四つの分野それぞれで自分を成長させることでバランスのとれた人生を送れるよう意識的に努力する日々であり、ほかの人たちにもそうするように説いていました。父はこう書いています。

「私たちのエネルギーは、まずは自分自身の人格形成に注がれるべきである。人格は大木を支える根のように他人には見えない。根を育てれば、やがて果実が見えてくる」

だれでもそうであるように、父も自分が不完全な人間であることに悩みつつ、私が知るかぎりだれよりも努力して欠点を克服し、自分を高めようとしていました。父の職業人生が立派なものであることは皆知っています。しかしその輝かしいキャリアも、私たち家族だけが知っている父の姿と比べたら色褪せてしまうほどです。何十年もの間、父は母とともに豊かな家庭文化を築くことに心血を注ぎ、父が仕事を通して多くの人たちの可能性を解き放ったように、私たち子どもの可能性も最大限に引き出してくれました。父はずっと主体的に生きていました。そのように生きることができなくなる日が本当にくるとは、わたしたち家族は想像すらしていませんでした。

二〇一二年四月、七九歳の父は、自転車に乗っていて事故に遭い、ヘルメットをかぶっていたのですが、ゆるすぎて頭を打ち脳出血を起こしました。数週間後に退院して自宅に戻っても、快復することはありませんでした。再び出血し、ついに人生を終えました。

私たちは父の死を深く悲しみましたが、父は宗教心の篤い人で、人生に起こることには必ず神の目的があるのだと言っていました。私たちが想像していたよりもずっと早く父が逝ってしまったことにも、神の目的があるのです。これほどまでに素晴らしい父を持ち、長年にわたって無条件の愛を注がれ、洞察に満ちた導きを受け、私たち家族は本当に恵まれていました。コヴィー家の女家長で、最近亡くなった愛すべき母にも心から感謝しています。

亡くなる数年前のこと、父から、最後となった「ビッグアイデア」をテーマにした新しい本の制作に誘われました。そのテーマにかなり入れ込んでいるようでした。父はたいてい複数の本やプロジェクトを同時に進めていたのですが、私はこの新しい本に興味を持ち、関わりたいと思いました。

人生のマスタープランを立てるのと同じように、父はこの本を執筆する何年も前から題名をはっきりと思い描いていました――『クレッシェンド』。父は、この本で紹介する「クレッシェンド・マインド」を身につければ、どんな年代でも、どんなライフ・ステージにあっても、常に前を見て進んでいくことができると信じていました。この考えを日頃から熱心に語り、今の自分に満足していない人や過去の挑戦や失敗に落胆している人に、自分の将来を主体的に考え行動するように勧めていました。父にとって、「終わりを思い描くことからはじめる」(『7つの習慣』の「第2の習慣」)の終わりとは、絶え間なく有意義な貢献をして他者の人生を称えることであり、そしてこのマインドが長く続く真の幸福へのカギを握っているのです。

父は、自分が長年教えてきたさまざまな概念と同じように「クレッシェンド・マインド」も深く信じていました。いつものように実際に執筆しはじめる前に講演で取り上げ、晩年にはクレッシェンドに生きることが父のミッション・ステートメントとなりました。父は「クレッシェンド」という概念に深く傾倒し、これを実行すれば、世界中に多大な影響を与えることができると心から信じていたのです。

父と私は三年にわたってこの本に取り組み、定期的に会って父の考えやアイデアを記録しました。本の完成が予定より遅れぎみだったので、私は父に励まされながら自分の担当部分を書きました。ときにはせっつかれることもありましたが、まだ育ち盛りの子どもたちがいましたし、ほかの急ぎの用事があったりして時間がうまくとれないことも理解してくれていました。私はこのテーマに対する父の情熱に深く共感し、できるかぎり資料を集め執筆を続けたのですが、父が突然この世を去ったとき、私の担当部分はほとんどが未完成で、残念でなりませんでした。

私は父から頼まれていたとおりに、担当部分のストーリー、事例、解説を数年かけて書き上げました。まるで父がまだ生きているかのように思える部分もあると思いますが、そのような箇所は意図的にそう書いています。何年も前に渡された父の原稿の多くに、その時の父の考え、経験、洞察が表れています。それ以外に、著作や講演、個人的な会話からの引用もあります。「クレッシェンド」は私ではなく父独自のアイデアですから、本書は意図的に父の声で書くことにしたのです。また、父の人生にあった実話や経験、本書のテーマに関して父が仕事で知り合った多くの人たちから得た知見も盛り込んでいますが、それらは私の視点で書いてあることがわかるように分けてあります。

父は、この新しいアイデアを世界中の人々に紹介するために、「クレッシェンド」を構想しました。私たち家族は本書を父の最後の貢献、つまり「最終講義」、父の結びの作品ととらえています。ヴィクトル・ユーゴーは、「時宜を得た発想にまさるものはない」と書いています。父は原則中心の本をほかにも多数書いていますが、本書の背後にある考え方はほかに類がなく、この時代に大いに必要とされているものだと思います。父は、人はだれでも希望を持ち楽観的に未来を見つめ、あらゆるライフ・ステージで成長し、学び、奉仕し、貢献できるのだと信じていました。そして自分の最も偉大で一番重要な業績は、まだこの先にあると信じられるように、クレッシェンド・マインドという考え方を思い描いたのです。

本書『クレッシェンド』は、こうした考え方を中心に据えて構成されており、さまざまなライフ・ステージや年代に応じた四つのパートを通してこの原則を深く理解し、人生のあらゆる場面で「クレッシェンド・マインド」を発揮するための実践的な方法を紹介しています。父と私は、この考え方をわかりやすく伝えるために有名人や「普通の人々」の多様なエピソード、感動的な例も加えることにしました。他者の体験が多くの読者の気持ちを鼓舞し、自分も「影響の輪」の中でポジティブな貢献をし、他者の人生に影響を与えられるのだと思っていただければ幸いです。

父が亡くなって数日後、父がいなくなって私たちの生活はどう変わるのだろうと、妹のジェニーと話していました。するとジェニーが突然「父さんはここにはいないけど、本当はいなくなってないの。私たち子どもの中で、孫たちの中で、生きている。原則中心の生き方を学んだすべての人たちの中で、生きている。これが父さんのレガシーなのよ」と言ったのです。ラルフ・ワルド・エマーソンはこう書いています。「もし私たちが子どもたちや若い世代の中で生き続けるなら、死は終わりではない。彼らは私たちなのだから」

このことは、『7つの習慣』二五周年記念版の序文でジム・コリンズが的確に言い表してくれていると思います。

人は永遠には生きられない。しかし著作と思想はずっと生きる。本書のページをめくるとき、あなたはコヴィー博士の力が最高潮にあったときの彼と交流できるのである。すべての文章から「私はこれを信じている。あなたのために言いたい。これを学んで、身につけてほしい。成長し、より良い人間になってもっと貢献し、有意義な人生にしてほしい」という彼の声が聞こえてくるようだ。彼の人生は終わった。しかし彼の仕事は終わっていない。

私は、父が本書に描いていたビジョンを忠実に伝える翻訳者でありたい、ただそう願っています。それによって、父がよく言っていたように「人が持っている価値や可能性を伝えれば、その人自身が自分の中にそれを見出すようになる」ことにもつながるでしょう。

私の父、スティーブン・コヴィーは、クレッシェンドに生きることが、最高の未来を創造しようと努力する人々に強い影響とインスピレーションを与え、最後には個々人のかけがえのないレガシーになると深く信じていました。本書が父の偉大なレガシーの一部としていつまでも生き続け、あなたの最高の可能性を解き放つ助けになることを願っています。スティーブン・コヴィーは私たちの目の前から姿を消しましたが、彼のレガシーはまさにクレッシェンドに続いていくのです。

はじめに

クレッシェンド・マインド

私が森へ行ったのは、思慮深く生き、人生の本質的な事実のみに直面し、人生が教えてくれるものを自分が学び取れるかどうか確かめてみたかったからであり、死ぬときになって、自分が生きてはいなかったことを発見するようなはめに陥りたくなかったからである。人生とはいえないような人生は生きたくなかった。生きるということはそんなにも大切なものなのだから。私は深く生きて、人生の精髄をことごとく吸いつくしたかった。

——ヘンリー・デイヴィッド・ソロー

あなたは、人生のさまざまな年代、ステージをどのようにとらえて進んでいくのだろうか。自分だけのかけがえのない人生の旅に、どのような態度で臨むのだろうか。山あり谷あり、成功も失敗もある人生の舵をとり、予想もしなかった試練や避けられそうにない大きな変化に対応して生きていくためには、ライフプランを立てることが不可欠だと思う。最高の未来を生きたいなら、その未来を実際に生きる前に創造しなければならないのだ。

本書では、どんなライフ・ステージでもクレッシェンド・マインドで生きるという考え方を紹介したい。クレッシェンドに生きるというのはひとつのマインドセットであり、行動原則である。他者に貢献し、達成すべきことは常にまだ先にあると考えて生きていく独特の人生観である。それは社会が一般的に用いる成功の基準とは異なるものであり、成功の定義が変わる考え方である。クレッシェンド・マインドを持てば、あなたの人生に、あなたの周りの人々に、ひいては世界に、大きな変化をもたらすことができるはずだ。

音楽でいうクレッシェンドとは、絶えず膨らみ続けて壮大になり、エネルギーやボリューム、勢いを増すことを意味する。クレッシェンド記号の「<」を見れば、線を伸ばし続けていくと楽曲のボリュームが増し、無限に広がっていくのだとわかるだろう。ディミヌエンドはその真逆で、楽曲のボリュームやパワーが小さくなっていき、エネルギーが低下し、後退していく。ディミヌエンド記号の「>」が示しているように、だんだんと弱まっていき、やがてフェードアウトして終わりを迎える。ディミヌエンドの人生を生きるというのは、伸びようとも成長しようともせず、もう何も学ばず、過去に達成したことだけで満足し、そのうち生産も貢献もしなくなる生き方だ。

楽曲のクレッシェンド部分は、ただ単に音が大きくなるのではない。曲の構成や演奏が大きく激しくなり、広がりを増していくような感覚は、リズム、ハーモニー、メロディーによる表現の組み合わせから生まれる。そしてこれらは、ピッチとリズム、そして音の強弱という基本的な要素だけでなく、構成や演奏での時間の経過も組み合わさって成り立っている。

音楽と同じようにクレッシェンドに生きることも、自分の情熱、興味、人間関係、信念、価値観を表現することであり、それはすべてのライフ・ステージで私たちを導く基本的な原則の上に成り立っているのである。

クレッシェンドに生きるとは、貢献、学習、影響力において継続的に成長していくことである。「自分の最も重要な仕事は常にまだ先にある」というマインドセットは楽観的で前向きな思考であり、過去の自分に何が起こったのか、どのライフ・ステージにいるのかにかかわらず、どんなときでも何か貢献できるのだという考え方だ。自分の最大の貢献や業績、さらに言えば幸福も、過去だけでなく、常にまだ先にあるという視点を持ったとき、人生はどのように変わるか想像してみてほしい。

音楽は、前に演奏された音を土台にしながら、次に控えている音やコードを予感させながら進んでいく。それと同じように、人生はあなたの過去を土台にして築かれつつ、未来へと展開していくのである。
このクレッシェンド・マインドは「一回やれば終わり」というものではなく、生涯にわたって、あなたという人間の豊かさ、主体性をつくっていく。クレッシェンド・マインドは、自分の時間、才能、スキル、資質、天賦の才、情熱、お金、影響力など持てるものすべてを駆使して、家族や隣近所の人たち、コミュニティあるいは世界、だれであれ周りにいるすべての人々の人生を豊かにする行動を促す。

人生の意味は、自分の才能を見つけることである。人生の目的は、それを解き放つことである。

――パブロ・ピカソ

ピカソのこの言葉は、本書のミッション・ステートメントと言ってよいだろう。人はだれでも、人生の浮き沈みを経験しながら学び、成長し、周りの人々に貢献しようとする前向きなマインドセットを選ぶことができるのである。

これを古代ギリシャの思想で言えば、まず「汝自身を知れ」、次に「汝自身を治めよ」、そして「汝自身を与えよ」となる。古代ギリシャ人は、この順序が重要で効果的であるとした。自分自身の使命を自覚して生き、正しい選択によって自分の人生を治めることができれば、他者に奉仕し、その人たちも自分の目的や使命を見つけられるように手助けできる。こうして他者の内面も自分の内面も充実感と喜びで満ちあふれる。

次々と最高の仕事を成し遂げてクレッシェンドに生きるのも、少しの影響も及ぼせず、ついにはフェードアウトするディミヌエンドの人生を生きるのも、あなたの選択しだいである。本書は、その選択を迫られる重要なライフ・ステージに沿って四つのパートで構成されている。作曲家や演奏家が自分を表現する音楽がどんなに複雑であろうとも、必ず基本の要素が土台になっている。それと同じように、だれしも人間の行動や交流の基本的な原則に従って生きているのである。

第Ⅰ部：中年期の苦悩

中年期は、こうありたいと思う自分と現実の自分を比べるステージである。現実の自分を見て、価値あることはほとんど成し遂げていないと失望感を味わうかもしれない。あるいは、もうチャンスはこないと思い、何かを達成するのをすっかりあきらめてしまうかもしれない。しかし実際には、自分が思っている以上に多くの重要なことを成し遂げていることもある。そしてもし人生をより良くする必要があると考えるなら、生き方を変え、貢献と真の成功につながる人生を創造しなおすことを選択できるのである。

第2部：成功の頂点

人生で何か大きな成功を収めた人は、ただただ栄光を味わい、惰性で気楽に生きる傾向があるかもしれない。あるいは持てる力を出し尽くしたとして、「全部やった、もう十分」というような態度をとる人もいるかもしれない。だがクレッシェンドに生きるというのは、バックミラーを見て過去の成功に満足したり、失敗を残念がったりするのではなく、将来の価値ある目標や大きな貢献を見据えて生きることである。自分の最高の仕事は、まだこの先にあるエキサイティングなライフ・ステージで成し遂げられる、そう考えるのである。

第3部：人生を一変させる苦難

事故に遭う、深刻な健康問題を抱える、解雇される、病気の末期と診断される、近しい人が亡くなる——人生には大きな苦難にぶつかることが幾度となくある。そんなときに自分の生き方や目標、優先順位を見直すのは自然なことだ。このまま社会から身を引いてしまうのか？　この状況に流されるままになってしまうのか？　それとも困難に立ち向かい、困難にどう対応するか意識的に選択して人生を立て直し、前進を続け、これからも重要な貢献を続けるのか？

第4部：人生の後半戦

仕事をリタイアする年齢に達すると、あるいは社会から「シルバー世代」などとレッテルを貼られる年代になると、残された時間をどうするかという重大な選択に迫られる。人生のこの時期は、ひたすら自分のことだけを考えて生きることもできるだろうし、単調で充実感のない日々を送ることも、ただじっと我慢することもできるだろう。しかしそれとは逆にもっとずっと生産的になり、影響の輪の中だけにとどまらず、輪の外の人たちにも重要な貢献をする生き方を選ぶこともできる。自分の可能性を発揮するのか、それとも無駄にしてしまうのかは、自分にとって最も重要な貢献はまだ先にあると信じられるかどうかにかかっている。

クレッシェンド・マインドは、四つのライフ・ステージそれぞれを導く重要な原則に基づいている。

- 人生はミッションであって、キャリアではない
- 奉仕することを愛する
- 人はモノよりも大切
- リーダーシップとは価値と可能性を伝えること
- 影響の輪を広げる努力をする
- ディミヌエンドではなくクレッシェンドの生き方を選択する
- 仕事から貢献へ
- 有意義な思い出をつくる
- 人生の目的を見出す

文化の違い、誤解、育った環境、機会や経験に恵まれているかどうかなど、私たちはさまざまなもので互いに隔てられているかもしれないが、だれもが人類という家族の一員なのだから、じつは私たちが思うよりもはるかに多くの重要な共通点がある。世界各地を旅して人々と接したことがあるなら、だれもが基本的に同じ人間であることは実感できるだろう。裕福な人も貧しい人も、有名な人も無名の人も、皆が幸せと価値を得ようと頑張っているのだし、だれもが同じことを希望し、

同じ恐れを抱き、同じ夢をみている。ほとんどの人が家族を大切に思っているし、他者から理解されたい、愛されたい、認められたいという気持ちは皆に共通している。

私はジョージ・バーナード・ショーのこの言葉に共感する。「二つのことがあなたを定義する。何も持たざるときの忍耐とすべてを持てるときの態度である」――人生でこの両極端な状況にぶつかったときどう反応するか、それは試練であると同時にチャンスでもある。これについては本書でも取り上げる。

私の人間観は楽観的である。斜に構えて世界を見ることはしない。私たち人間の問題は大きく、しかも増す一方だが、ほとんどの人の内面の奥底には、善意、良識、寛容、家族やコミュニティへの献身、機知、創意工夫、そして並外れた精神、気概、決断力があると信じているからだ。そして新しい世代に大きな希望と可能性を感じている。だれでも想像をはるかに超えるとてつもない可能性を秘めているのだから。

第1部

中年期の苦悩

フェルマータ
休止を表す記号
適当な長さの休止

𝄐

幸福な人生を送るためには三つのことが必要である。すべきことがあること、愛すべきものがあること、そして叶えたい希望があること。

—— ジョージ・ワシントン・バーナップ

自分には何かを達成する能力が足りていないと思っている人が多い。それはたいてい自己認識が間違っているからである。同じことをただひたすら同じようにやっていて、自分のレッテルを剥がせず、他人の目に映る自分の姿を「打ち破る」ことができずにいるのだ。平凡な人間だから変化など起こせないと思い込んでいるために、自分にはたいしたことはできない、重要なことなど達成できないというように自分への期待が低く、それが自己予言となって、ほとんど成果をあげられずに終わってしまう。貢献を通して有意義な人生を送ることができたかもしれないのに、自分の価値や幸福を真面目に考えないせいで、平凡な人生に甘んじている。

とはいえ、「もっとこうしたい」「こういう人間になりたい」という願いはまだ残っている。だから もしそういう思いを抱いているなら、喜ばしいことなのだ。心の奥底ではだれしも、貢献し偉大なことを成し遂げる人生を送りたい、重要な存在になりたい、変化を起こしたいと切望している。自分の人生は平凡だと思っていても、そんな人生と決別し、家庭で、職場で、コミュニティで、偉大な人生を送るのだとみずから決意できるのである。

第1章

人生はミッションであって、キャリアではない

使命を尊重することほど、与えるにも受け取るにも素晴らしい贈り物はありません。
その使命はあなたが生まれてきた理由であり、
その使命によって本当の意味で生きられるようになるのです。

――オプラ・ウィンフリー

だれでも一度くらいは「自分の人生ははたして意味のある人生なのだろうか」と思ったことがあるだろう。そんな私たちに、クリスマス映画の名作『素晴らしき哉、人生』は重要なことを伝えている。あらすじを紹介しよう。ジョージ・ベイリーという男は大きな夢をあきらめて故郷のベッドフォード・フォールズに残り、父親の貯蓄貸付業を経営している。稼ぎの少ない職業に就く運命にあるとしか思えずにいる。あるとき、自分のせいでもないのに経済的破綻に陥る。もう希望はみじ

んも残っていないと絶望したジョージは、橋から飛び降りようとする。

あなたもジョージ・ベイリーのように、人生に夢も希望もなくなったと絶望したことがあるだろうか。今現在、あなたは自分が望んだとおりの場所にいるだろうか、それとも今とは違うことをしている自分を夢見ていたのだろうか。履歴書は薄っぺらで、低速車線に追いやられた実績しかないのだろうか。自分が本当に成し遂げようとしていることに自信が持てなくなり、幻滅し、世をすねて、人生への情熱が薄れているのだろうか。ジョージ・ベイリーのように、自分のしていることはだれの役にも立つわけがないと、飛び降りるための橋を探しているのだろうか。

社会ではこのような心の痛みを「中年の危機」と呼んでいる。四〇歳から六〇歳の年代の男女は、今いる場所は自分が思っていたような場所ではない、なりたかったものになれていないことに気づいて、とてつもない苦しみを味わう。それが中年の危機だ。多くの場合、周りの人たちのほうが順調で「成功」しているように見え、自分の人生がかすんでしまうのだ。

人は中年期という重要なライフ・ステージでさまざまな困難にぶつかる。

- 雇用者がスキルや才能を評価せず、適正な報酬を支払わない。
- 働きすぎなのに評価が低いという思いがぬぐえず、自分の仕事に価値があるのだろうかと疑問にかられる。

・キャリアパスが退屈で達成感がなく、ほかに選択肢がほとんどない状況に閉じ込められていると感じる。

・結婚生活その他の重要な人間関係で苦労している。

・自分のやりたいことや本当の幸せが見つかるとは思えず、やり直すべきか悩む。

・自分が今おかれている状況が信じられない。成功に通じる道を進んでいるとばかり思っていた。

中年の危機にある人たちの兆候

・意気消沈、無気力、燃え尽き

・真の目的や野心がない

・長期的なビジョンを持っていない

・自己中心的で、身近な人のニーズが見えない

・人工的な刺激、外部の刺激を求める

中年期に入ると、ときにパニックになり、普通ならしないようなことをしてしまう。成功者に見えるように派手な高級車を買ったり、安定した仕事を捨ててリスクのある仕事に転職したり、ティーンエイジャーのような服装やふるまいをしたり、はては大胆で危険な行動に出たりする。

最悪なのは、環境を変えて新しいスタートを切りたい、新しい人間関係をつくって若返りたい、停滞している自分のイメージを良くしたいと思うあまり、自分の責任から逃れ、配偶者や家族を捨ててしまうことだ。

私の友人の父親は、四〇歳をすぎた頃に典型的な中年の危機を経験したそうだ。友人は次のような話をしてくれた。

父は四三歳のとき数時間離れた別の都市に転勤になり、家族で引っ越すことになり、私も弟妹も慣れ親しんだ学校を移らなければならなかった。とくに私は最終学年に進級する直前だった。私たちはそんな状況でも何とか頑張っていたけれども、数ヵ月後、父は新しいチャンスを求めて長年勤めた銀行を辞め、またも引っ越し。それからわずか数ヵ月後のことだった。父は母に、家族を捨てて一七歳年下の秘書と一緒になると告げた。

数ヵ月たった頃、父と新しい妻（元秘書）が州を出て南カリフォルニアに引っ越したことがわかった。母は打ちひしがれ、自分の危機を何とか乗り越えようともがいていた。母の苦しみはとても言葉にできないほどで、あえて言えば「恐ろしいくらい」だった。二二年間の結婚生活が終わり、一〇代の三人の子どもたちは、何がどうなっているのかわからず不安を抱え、育児放棄と父親不在という現実にぶつかった。「父」が新しい妻とサンディエゴでゴルフをしてまわっているとき、私たちの心の安定はめちゃくちゃに崩れていた。

父の中年の危機は、かれこれ三八年経った今でも消えない爪痕を残した。母は不安定な精神を抱えながら三〇年間独身で生き、早くに亡くなった。私も弟妹も自尊心を持てず、自信を失くし、潜在能力を十分に発揮できずに生きてきた。人の愛情を信じられず、家庭は機能不全をきたし、自分たちまで離婚を経験した。アドバイスの言葉といえばもう何十年も「乗り越えよう」だけれども、そんなに単純な話じゃない[2]。

しかし、今の生活に不満があるとしても、普通は問題から逃げずに正面から向き合うことで解決策が見えてくる。家族から離れれば問題が解決するなどということはほとんどなく、残された家族を苦しめるだけだ。芝生がもっと青くなることを期待してもまず無理である。自分のおかれた状況を良くする理由を探し、すでに多くを投じて築いた大切な人たちとの関係を維持するほうが賢明なのだ。

　ここでジョージ・ベイリーの身に起こったことを思い出してほしい。映画では、クラレンス・オドバディ（まだ翼をもらっていない天使）が、橋から飛び降りようとするベイリーを思いとどまらせる仕事を命じられる。生まれてこなければよかったと嘆くジョージに、クラレンスは「ではその願いを叶えよう」と言い、ジョージのいないベッドフォード・フォールズの生活がどれほど違ったものになるか教えてくれる。

　彼がおらず、彼の影響力がみじんもないベッドフォード・フォールズは、ポッターズビルという暗く病的な町になっていた。ジョージが逃れようとしていた小さな素晴らしい町は、彼がいない間に、強欲と権力欲の塊である銀行家ヘンリー・ポッターが思いのままに操り、人々がいがみ合う荒んだ町と化していたのである。

　ジョージは愕然とし、人生を謳歌するチャンスをもう一度与えてほしいとひたすら祈る。願いは叶えられ、彼は大切な人たちのいる故郷へ急いで戻る。銀行詐欺で逮捕される危険はまだあったが、家族や友人たちは、ジョージが町のために長年払った多大な犠牲に報いようと、一致団結して彼を破産から救ったのだった。

「奇妙だろ？」クラレンスがジョージに言う。「一人の命は大勢の人生に影響し、その人間が欠けると世界は一変する。ジョージ、君は本当に素晴らしい人生を送ってきた」[3]

ジョージ・ベイリーのように、あなたもまだ気づいていないだけで人生の多くの領域で大きな成功を収めているかもしれないのだ。真の成功とは、他人の目に見えるものや他人が称賛するものだけとはかぎらない。周りの人たちが期待するような成功ではないかもしれないが、自分の人生で最も重要な役割で成功できれば、本当に大切なことで成功しているのである。

自分や家族の生活を支える仕事は不可欠だが、それは人生のミッションではない。クレッシェンド・マインドで何より重要なのは、世間から見て成功かどうかは気にしないこと。むしろ成功の意味を定義しなおし、世の中に良い影響を与えられる存在になることを目指すということだ。

自分の未来を創造する

未来を予測することはできないが、創造することはできる。

――ピーター・ドラッカー

私は講演会でよく、受講者に自分の死亡記事を書いてもらう。変なことをさせると思うかもしれないが、このプロセスを踏むことで、ほかの人たちに自分をどう記憶しておいてほしいかを考え、それを実現するために努力できるようになる。あなたの最高の未来を創造しよう。自分の葬儀で読んでほしい弔辞をじっくり考えてみてほしい。あなたにとっての成功の定義が見つかるはずだ。

自分の死亡記事を書くために、まず次のように自問してみてほしい。

- 自分の葬儀でどんな弔辞を読んでもらいたいか？
- どのようなことで社会に知られたいか？
- 何が自分の最大の業績になるか？
- 自分の人生を振り返って、最大の喜びと満足を与えてくれるものは何になるか？
- 残したいレガシーは何か？

次に、あなたが望む自分の死亡記事と、それを実現するために中年期の今やっていることを比べてみる。あなたの人生は、あなたが望む終わりと矛盾していないだろうか。自分が本当に大切にしていることを覚えておいてもらえる軌道に乗っているだろうか。この重要な問いかけを意識して、今後の人生を創造するプロセスに歩み出そう。計画し、目標を立て、必要があればそのつど調整し、実現するために行動するのである。

中年期という重要なライフ・ステージで自分自身を見つめなおし、自分の現在地を確認するとき、クレッシェンド・マインドの二つの原則を心に留めておいてほしい。

第一に、他人と比較せずに真の成功を見極め、自分の最も重要な役割で成功するために真摯に努力すること。

第二に、自分の人生で改善すべきことを明らかにし、勇気を出し主体的になって、ポジティブな変化を起こすこと。率先力を発揮し、実現に向かって努力をしよう。

正しいものさしを選ぶ

あなたがどう思っていても、何を信じていようとも、あなたには人生で直面する状況にどう対応するか自分で選択する力がある。効果性の低い人は、他人に責任を押しつけるか、周囲の環境のせいにする。成功できないのは「何か」のせい、「だれか」のせいなのだ。自分の内面との対話がこのようなものでは、状況を改善できる見込みはない。

主体的な人はこう言う。「私は自分の中にある脚本を知っているが、その脚本は私ではない。私はその脚本を書き換えることができる。自分がおかれた状況や条件付けの犠牲になる必要はない。私はどんな状況にあっても自分の反応を選択することができる。私の行動は私自身の決断の結果である」

前に紹介した私の友人は、その後、自分の人生を自覚的に改善し、ポジティブな変化をもたらした。家族を捨てるという父親のひどい選択は、彼自身にはどうすることもできなかった。しかし自分の身に起こったことから学び、自分の家族には父親とは違う選択をした。自分の境遇に反応するのではなく、行動することを選択できた。

荒廃と破壊の行動の連鎖は彼で止まった。彼は、自分の行動はおかれた状況で決まるのではなく自分自身の決断の結果であることを学び、「流れを変える人」（あとで詳しく取り上げる）になる努力をした。自分の家庭では同じ恐怖のシナリオを繰り返さないと決意し、愛、忠誠心、責任感を次の世代に伝えることを選択した。過去の辛い経験のせいで精神的な重荷は相当あっただろう。しかし自制心と意識的な努力によって、その重荷に今の自分を決めさせないことを選択した。だからこそ彼と妻は、新たな家族の文化、成功につながる素晴らしい文化を創造することができたのだ。

この友人は、キャリアでは望んだほど成功できなかったと思っているようだ。しかし私の目から見れば、彼の人生は信じられないようなサクセスストーリーである。困難な過去を乗り越え、幸せな結婚をし、六人の子を授かって揺るぎない家族の文化を築き、自分が受けたものとは異なるレガシーを子どもたちに残そうとしている。実際、これ以上の成功があるだろうか。

もし、自分は中年の危機に陥っていると感じているなら、あるいは「フェルマータ」（適当な長さの休止）を経験しているとしたら、パニックになって逃げ出したりしてはいけない。人間だけに授けられた自覚の能力を使って、自分自身から一歩離れ、自分がおかれた状況を客観的に観察してみよう。そうすれば、これでよかったのだと後々思えるような道を意識的に選べることに気づけるはずだ。

自分がなろうと決めた人間にしかなれない

――ラルフ・ウォルド・エマーソン

自分の反応を選ぶ自由の中にこそ、成長と幸福を実現し、自分が進んでいく道を創造する力がある。今でも覚えているが、ある人が自分のことを話してみなさいと著名な指導者に言われ、いささか戸惑いつつ、自分のことをこう話した。

まあ幸せな家庭生活を送ってきましたけれども、大成功と言えるような人生ではないですね。やりがいのある仕事をしてきましたが、出世したわけでもないし、大金を稼いだわけでもない。平均的な家庭で慎ましい暮らしですから、私のことは身近な人以外にはあまり知られていませんね。

そうはいっても、五〇年近く連れ添った素晴らしい妻と自慢の子どもたちがいること、何といってもそれは私の喜びです。五人の子どもの末っ子がつい最近結婚しましてね。どの子も自立し、責任感が強く思いやりのある大人に育ってくれて本当によかった。彼らはわが子を愛し、ちゃんとした価値観を教えています。こんなに素晴らしい家族に恵まれて、とても感謝しています。でも……仕事のほうはどうだったか、何か際立ったことをしたかと振り返ってみても、実際成功したことはないですし、結局のところ自分は何の変化も起こせなかったのではないかと悔やむことはありますね。

彼の話を聞いて、その指導者はかなり驚いた様子でこう答えた。「こんなに素晴らしいサクセスストーリーは聞いたことがないですよ。めったにないくらいの成功じゃないですか！」

話をした男性は、魚が水に気づかず泳いでいるように生きているから、「最後に水を発見する魚」

よろしく自分の成功にまるで気づいていないのである。「本当の成功」をしていたのに、「一番大切なもの」もずっと持っていたのに、見えていなかったのだ。この社会での成功は、一般的には富や地位、キャリアでの出世などを意味している。そのものさしで測れば、彼は成功しているとは言えない。しかしここで定義する成功は、まったく異なるものさしで測られるのである。

フィル・ヴァッサの「Don't Miss Your Life」という曲は、私たちは何に時間をかけるべきなのか、何を一番大切にすべきなのか語りかけている。歌詞の一節を紹介しよう。

西海岸に向かう飛行機の中で　ラップトップをトレイに置いて
席いっぱいに広げられた書類　大事な締め切りが迫っている
隣の席の年配の男性が「ちょっといいですか」と言う
多忙な友人よ　あなたは三〇年前の私だ
大金を稼ぎ　出世の階段をのぼった
そう　私はスーパーマンだった　その結果は？

娘のはじめの一歩を見逃した

息子が「ピーターパン」でクック船長を演じたとき
私はニューヨークにいて　こう言った「ごめんよ　お父さんは仕事があるんだ」
父娘ダンスをしそこなった
第一号ホームランに二回目はない
彼がホームインするときその場にいること
その瞬間はすぎ去り　もう遅すぎる
名声と富の代償は大きすぎる
息子よ　人生を取り逃がしてはいけない[4]

なんと心を揺さぶる歌詞だろう。人生で最も大切な役割のひとつ――この場合は親の役割――を思い出させてくれる。大切な人と一緒にすごす時間は、永遠の喜びを与えてくれる。それが本当の人生だ。取り逃がしてはいけない。

私はなにも、家族が安心して暮らせて、チャンスを掴めるようにするために、仕事は不可欠なものではないと言いたいのではない。いずれほとんど重要ではなくなる刹那的なものと引き換えに、大切な人たちとの関係、彼らとすごすかけがえのない時間を犠牲にしないこと、それがクレッシェンドに生きることの意味だと気づいてほしいのだ。

命にかかわるような大病にかかると、だれでも何より悔やむのは大切な人たちと一緒にいられる時間がなくなることだろう。試しに、だれかと会話しているとき家族のことを質問してみるとよい。その人の態度が途端に和らぐはずだ。私が見るところ、こうした反応は普遍的なもののようだ。ハーバード大学の著名な経営学教授で、私の友人でもあるクレイトン・クリステンセンは、『イノベーション・オブ・ライフ　ハーバード・ビジネス・スクールを巣立つ君たちへ』という本を書いた。一九七九年にハーバード・ビジネス・スクールを卒業したクレイトンは、同級生たちは人生のあらゆる面で成功するという大きな夢を抱いてそれぞれの道を歩みはじめたと語っている。五年後の同窓会に行ってみると、ほとんどの友人が結婚して子どもをもうけ、ベンチャーを立ち上げて金を稼ぎはじめていた。一〇年後、一五年後の同窓会では多くの級友がキャリアで成功し、大金持ちになっていた。

しかしクレイトンは、彼らの多くがすでに離婚し、私生活が思うようにいっていないことを知ってショックを受けたという。多くの友人はやがて子どもたちと離れて暮すようになり、各地に散らばっている彼らとの関係も希薄になっていた。ビジネスで成功したからといって、一緒に人生を歩み出した家族とずっと幸せに暮らせるとはかぎらないことを知って、クレイトンは愕然とした。

断じて言うが、彼らのうちだれ一人として、離婚するため、子どもと疎遠になるための戦略を立てて卒業したはずがない。それなのに、驚くほど多くの同級生が、まさにこのとおりの戦略を実行に移してしまった。なぜか。彼らは、自分の時間、才能、エネルギーをどのように使うかを決めるとき、人生の目的を前面に出していなかったからだ。

クレイトンは、自分の人生を評価する「正しいものさし」を選ぶことが重要だと考えている。彼はこう言っている。

もちろん何かで成功することは大切だが、それが人生のものしになるわけではない。私たちはたいてい人生の成功を仕事での出世の度合いで測ってしまう。しかし、その過程で人としての価値から外れないようにするには、どうすればよいのか[5]。

私の祖父スティーブン・L・リチャーズは、仕事でも私生活でも成功した。祖父からはいろいろ教わったが、なかでも「人生はミッションであって、キャリアではない」という力強い原則ほど私に影響を与えたものはないと思う。

スキル、信念、才能、情熱、能力、時間、資質など自分自身のすべてを見出し、生かす努力をすれば、最後には自分だけの唯一無二のミッションを発見できる。良心の声に耳を澄まし、日頃からそれに従って行動していれば、だれに手を差し伸べるべきか、何をすべきかを見極める力がどんどん強くなっていく。答えは必ず見えてくる。

要するに、自分の成功を他人に定義させてはいけないということだ。ソーシャルメディアやエンターテイメント業界、あらゆる業界の人たち、隣人、友人、なじみの美容師であっても、あなたの成功を定義することはできない。成功は人によって異なる。自分の成功の定義は自分の価値観と一致していなければならない。誠実であるには自分自身に忠実でなくてはならないのだ。

正直、公正、良識、忠誠、尊敬、思いやり、誠実などは、文化や地域が違っていてもほとんどの人がよく知っていて、受け入れている普遍的な原則である。それらはコンパスが指し示す真北のように、自然の法則を表す客観的で外的なものであり、主観的で内的な価値観ではない。

コンパスが常に指し示す真北――普遍的な原則――は、人生で進むべき方向、人生の目的やビジョン、展望、バランスを教えてくれる。自分の価値観が正しい原則と分かちがたく結びついているほど、正確で有用なものになる。そして地図の見方を知っていれば、矛盾する声や価値観に惑わされたり、混乱したり、迷ったりすることもない。

私たちは家庭や職場、コミュニティなどで何かの役割を担うものである。そのようなあらゆる場所で自分の目的と使命を見つけることが大切である。そして、その目的に従って生きていく。人生の荒波を進んでいくとき、とくに中年期には、私たちを導き、進むべき道を教えてくれる良心のコンパスが必要なのである。

ポジティブな選択をすれば、中年期の困難な、ときには停滞もする状況から、拡大し充実する人生へパラダイム・シフトを果たせると信じて、自分の身に起きることをコントロールし、その状況を自分で改善し変えていく。これがクレッシェンド・マインドを実践するということだ。

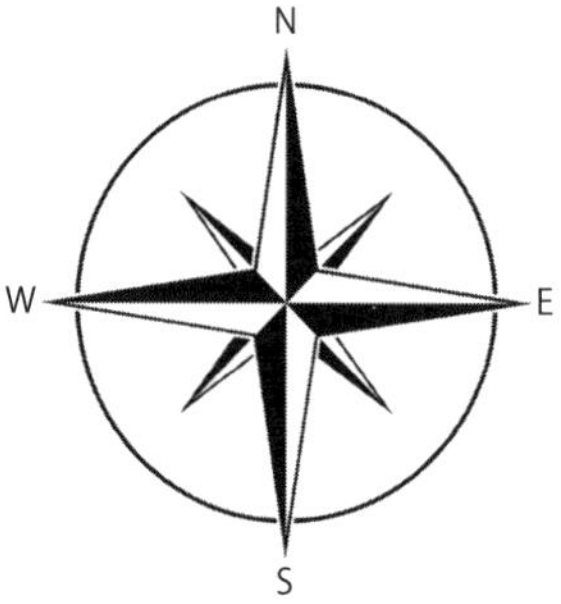

人生とは自分を見つけることではない。自分を創ることである。

――ジョージ・バーナード・ショー

「自分の最も重要な仕事は常にまだ先にある」と心から信じていれば、新たな試練や一時的な挫折にぶつかっても、挑戦し、学び、変化し、適応していこうという意欲が湧いてくる。そのように信じ、そして主体的に対応すれば、人生の舵取りを自分の手に取り戻し、中年期でも、何歳になっても、どんなライフ・ステージにあっても、自分だけの心躍る道筋を切り拓く力を得られる。

中年期の諸々の問題にぶつかっているなら、このパラダイムをとるべきである。人生に小さな変化を起こしたいのであれば、自分の態度に取り組めばいいけれども、大きな変化を望むなら、自分のパラダイムに取り組まなくてはならない。これは私が学んだことのひとつだ。パラダイムとはメガネのようなもの、人生を見るメガネである。クレッシェンド・マインドというメガネを選べば、ものの見え方ががらりと変わるのである。

常に最優先事項を優先する

私はよく、「これまで登ってきた成功のはしごが間違った壁に掛かっていたなんて、だれだって人生の終盤になって気づきたくないものだ」と教えている。自分が何を大切にしているのかを決め、最も重要なことを最優先する。つまり長い目で見て本当に重要なことを決める責任は自分にあり、自分が率先力を発揮して決めなければならない。「最優先事項を優先する」は、「7つの習慣」の第3の習慣である。これは行動と力の原則で、多くの場合、中年期の闘いに不可欠な原則である。

クレッシェンド・マインドの基本的な考え方は、年齢やライフ・ステージに関係なく、たとえこれまで成功したことがなくても、始めるのに遅すぎるということはないというものだ。今あなたは中年期の闘いに四苦八苦し、負けそうだと思っているかもしれないが、その状況はあなた自身の力だけで変えられるのだ。壊れてしまった家族の関係を修復したり、愛する人と一緒にすごす時間を増やしたり、物事の優先順位を見直したりするのに、遅すぎるということはないのだ。

大切な人間関係を修復するかどうかは、あなた一人の選択と決断しだいである。過去にやったこと、あるいはやらなかったことをまずは謝罪し、ダメージが大きかったとしても、自分が決断しさえすれば修復のプロセスに入れる。ビジョンを持ち、勇気を出して行動に移す。そうすれば、あなたがこれまでに下した最高の決断になるだろうし、絶対に後悔することのない決断になるはずだ。人生で最も重要な役割と人間関係で成功すれば、それこそが本当の成功と幸福なのである。

国連事務総長を務めたダグ・ハマーショルドは、「大勢の人を救おうと一生懸命に働くより、ただ一人に自分のすべてを捧げるほうが尊い」と言っている。仕事熱心で、教会や地域のプロジェクトにも前向きに取り組んでいる企業経営者が、配偶者とは意味のある関係を築いていないかもしれない。大勢の人に長きにわたって献身的に奉仕するよりも、たった一人の配偶者との関係を大切にするほうが、気高い人格、謙虚さ、忍耐力を必要とするのである。

「大勢」から尊敬されたり感謝されたりすると、一人くらいないがしろにしてもかまわないと思ってしまう場合がよくある。しかし、だれか一人のために時間をとり、その人のためだけにその時間を使うことはとても重要だ。とくに子どもは、あなたと二人きりになると、理解され大切にされていると感じるもので、すると自然と心を開くのである。

ある年の夏、家族をいろいろな場所に連れていった父親の話を今でも覚えている。歴史的な観光名所などを訪れ、夏のバカンスを楽しんだ。夏の終わりに父親がティーンエイジの息子に「何が一番楽しかった?」と訊ねると、息子は家族で訪れた有名な観光地は挙げず、「今年の夏で一番よかったのは、お父さんと芝生に寝転がって星を見ながら話した夜だよ!」と言ったという。

この父親は、重要なのは何をするかではなく、それをしているときにどう感じるかだということに気づき、パラダイム・シフトを経験した。彼はそれまでもずっと、自宅の裏庭から一歩も出なくとも、息子に大きな価値を与えることができたのだ。一ペニーもかからずに！

大事を小事の犠牲にしてはならない。

――ヨハン・ヴォルフガング・ゲーテ

最優先事項を優先することはクレッシェンドに生きることとどう関係するのだろうか。とりわけ、多くの人が精神的に苦しみ、しばしば闘いにもなる中年期の場合はどうなのだろう。中年期にある人たちの多くは、自分があまりに多くの方向に引っ張られているように感じ、大切にしている優先事項に従って生きるには闘わなければならないと思っている。キャリアに秀でて、世間で言うところの「成功」を収め、これをある年齢やライフ・ステージまでにやり遂げなければならないというプレッシャーがあまりに強く、人生で本当に大切なものとの間で綱引きになり、状況が歪んでしまう。「人に遅れをとる」ことのないように努力するという社会規範に屈したり、「私自身と私のもの」のためにもっともっと多くのものを手に入れたいと思ったりするのは、中年期によく見られる傾向である。中年期はこれに抗おうとする絶え間ない闘いの日々なのである。

居心地の良い家庭、教育の機会、交通の便、娯楽など、個人や家族が必要とするものはたくさんあるが、最も必要なのは、時間、愛、そして人への配慮である。

最重要の役割で成功する努力をする

家庭の状況に同じものはひとつとしてない。あなたは一人でいくつもの役割を果たしているかもしれない。子どもはおらず親の役割はないかもしれないが、健康問題を抱える年老いた親に息子あるいは娘として献身しているかもしれない。私の知人の独身女性は、糖尿病と心臓病を患う母親と二人暮らしである。娘としての役割も介護者としての役割も真剣に果たしていて、自分を犠牲にし、友人と出かけたりすることもほとんどない。年に数回ほど、郊外に住む妹が数日手助けにくるていどだ。しかし母親と一緒にいられる時間はもうほとんど残されていないとわかっているから、母親が一番幸せでいられる自宅で大切に介護する生活に満足している[6]。

きょうだいのだれかが間違った道に進んでしまい、励ましやアドバイス、何らかのサービスを必要としている、というようなケースもあるだろう。自分の子どもはいないかもしれないが、姪や甥がいるなら、関心を示すだけでもその子たちに大きな影響を与えられる。サッカーの試合や学芸会を見に行ったり、音楽のレッスンの送り迎えをしたり、学校の特別プロジェクトを手伝ってあげたりできる。

私の知人は、独身で一人暮らしの姉ジェニーを支える弟の役割に真摯に取り組んでいる。高齢の両親は四時間も離れた場所に住んでおり、健康にいろいろと不安があるため、娘の生活に思うように関われない。ジェニーはほかのきょうだいからは疎まれている。よく考えもせずに無神経なことを言ったり、お金の無心をしたりすることもあるからだ。しかし弟のブレイクは週に一回はジェニーに電話するかメールを送って就職の相談に乗ったり、病気になったときはサポートしたり、あるいはただ様子を見に行ったりしているという。ブレイクの奥さんも協力的で、休日や特別なイベントのときなど、家族の集まりにはたいていジェニーを誘うようにしている。こうしてジェニーは弟の家を気兼ねなく訪れ、甥や姪たちとも良い関係を持てている。

先日、ブレイクは姉のジェニーのお気に入りのレストランで家族一緒に彼女の誕生日祝いをした。ジェニーは、もしブレイクがこのパーティを計画してくれなかったら、誕生日に家でひとりぼっちだったと胸の内を語った。ブレイクが弟としての重要な役割を果たさず、家族の絆という大切な価値を彼女の人生にもたらす努力をしていなかったら、ジェニーはどうなっていただろう[7]。

私は常々、人生で果たす最も重要な仕事は家族の輪の中にあると言っている。結局はその輪の中で最も永続的な幸福と充足感を見出せるのだと信じているし、そう教えてきた。

医師や弁護士、ビジネスリーダーとしての義務を果たすことも大切ですが、まずは人間であることが重要なのです。そして、配偶者、わが子、友人との人間的なつながりは、皆さんがこれから行う投資の中で最も重要なものです。人生が終わろうとするとき、もうひとつ試験に合格していればよかった、もうひとつ裁判に勝ちたかった、もうひとつ契約を取りたかった、などと悔やむ人はいないでしょう。夫や友人、わが子や親ともっと一緒にすごしたかったと悔やむでしょう。社会的な成功は、ホワイトハウスで起こることではなく、自分の家の中で起こることで決まるのです。

――バーバラ・ブッシュ　ウェルズリー大学卒業式祝辞[8]

家族の中での役割、メンターとしての役割、信頼できる友人としての役割、仕事やキャリアでの役割、コミュニティの一員としての役割、価値ある理念への奉仕など、自分にとって重要で意味のある役割であれば、それらは成功を測る適切なものさしになる。成功とは、社会的な定義や他人との比較ではなく、自分が何を重視し、どのような反応を選択するかによって決まるのである。自分の人生で最も重要な役割で成功するために努力していれば、自分が定義する成功を自分の価値観に近づけ、一致させることができるのだ。

自分自身の価値観に忠実に生きているとき、人は誠実である。

リック医師のエチオピアの診療所にはレントゲン写真を見るためのライトボックスがないため、彼は焼けつくような日差しに写真をかざして見ている。彼はこうして毎日多くの人を無料で診断している。エチオピアには四万人に一人しか医者がいないという厳しい現実がある。リック医師の診療所はアディスアベバのマザー・テレサ・ミッションの施設にあるが、患者の多くはこのたった一室の診療所で診てもらうために、何百マイルも離れた村から、ときにはトラックの荷台に乗ってやってくる。リック医師は患者を診察して診断を下し、必要な薬や手術、特別なケアを施せるように、善意の人々からお金を集めたり、無償で手術をしてくれる医師に頼ったりと、いろいろな方策を考え出している。自分の存在は患者が生きるための唯一の希望であることをわかっているから、できるかぎりのことをしているのである。

ロングビーチ生まれのリック・ホーディス医師は、一九八四年のエチオピアの飢饉のとき、救援隊員として初めて同国を訪れ、人道活動がいかに必要とされているかを実感した。マザー・テレサ・

ミッションの存在を知り、施設に何度も足を運んで活動に協力し、ついには滞在することとなる。二〇〇一年、独身の中年男性だったホーディス医師は、自分の保険で手術を受けられるように二人の孤児を養子にすることを決意した。どうするか思い悩みながら祈っていたとき、「答えがやってきたんです」と彼は当時を振り返る。「神がこの子たちを助ける機会を与えてくれている。断ってはいけない！」

リック・ホーディス医師は、がん、心臓病、脊椎疾患の専門医である。口蓋裂などの顔面奇形、その他さまざまな病気の患者たちについては、無料で手術をしてくれるアメリカの医師を手配している。アディスアベバにある質素な自宅に常時多くの子どもたちを受け入れていて、多いときで二〇人の子どもたちと暮している。エチオピアで認められている最大五人の養子をとっている。「マットレスの半分が空いたら、新しい子を迎え入れるんですよ」といとも簡単に言う。

アーヴィング・フィッシュ医師は、ニューヨーク大学医学部の小児神経科部長だったとき、ホーディス博士が働いていた伝道団を訪れ、彼の無私の精神、どんなに困難な医療問題でも解決する並外れた能力に心を打たれた。「リックなら米国で開業しても十二分にやっていけたはずなのに、自分から進んで困難な道を選んだ」とフィッシュ医師は言う。「彼のような人物はほかに知りません。じつに有能な診断医です。そこには彼しかいない。彼の聴診器、彼の頭脳、彼の心臓が頼りなんです」

ほとんどのアメリカ人がお湯や電気はきちんと供給されて当然だと思って暮らしている一方で、ホーディス医師はそうした快適さとは無縁の生活を送っている。自身が暮らす地域全体の衛生に多大な貢献をしている。そんな彼の奉仕活動は、映画監督や作家、ジャーナリストをインスパイアしてきた。ホーディス医師の座右の銘は、タルムードの好きな一節からとった「一人の命を救うことは、世界全体を救うことと等しい」である[9]。

中年期にあるリック・ホーディス医師は、恵まれないコミュニティに奉仕するという自分の価値観に忠実であり、彼にとって最も重要なこの役割で大きな成功を収めている。リック・ホーディス医師にとって人生は間違いなくミッションであって、キャリアだけではないのである。

主導権をとって行動しよう！

何十年も前のことだが、私はある強烈な思想に偶然に出会い、まさに人生が変わるほどの衝撃を受けた。以来ずっと、私の考え方はその影響を受けている。その思想の出典あるいは作者は突き止められずにいるが、基本的には次のようなものである。

刺激と反応の間にはスペースがある。そのスペースには反応を選ぶ自由と力がある。その選択に、成長と幸福がある。

中年期にクレッシェンド・マインドを持つことの二つ目の意味は明確である。マンネリに陥っている、破壊的な行動スタイルを変える必要がある、自分自身や人間関係、キャリアを改善・改革したいなど、あなたが中年期の闘いをしているなら、それを自分事として引き受け、主導権をとって行動し、ポジティブな変化を起こすことである。

体重一八〇キロのアーニー・ニックス校長は、中学校の廊下を歩くのも一苦労だった。コレステロール値は四四〇、血圧は二二〇、医師からは「五、六年以内に非常に苦しんで死ぬことになりかねませんよ」と告げられていた[10]。

「私がだれかの役に立とうとするなら、この学校を私が思うあるべき姿に導きたいなら、変わる必要があったのです」とニックスは認めている。「一八〇キロの体重で校長を続けるのはとても無理でした」

アーニーは、自分の健康に、ひいては自分の未来に責任を持とうと決意し、生活を大幅に変えることにした。毎朝四時半に起き、五時から六時まで運動場を歩いた。毎日予定がぎっしりだったから、ライフスタイルを変えるという大仕事に使えるのは早朝だけだったのだ。毎日の運動に加えて、教育とサポートを受けるためにウェイト・ウォッチャーズに入会し、食習慣もがらりと変えた。妻も体調が思わしくなかったので、夫婦揃って新しい健康的なライフスタイルに取り組んだ。

進捗はゆっくりで、自制心も必要だったが、努力は報われた。アーニーは一年目に七八キロ減量した。この変化に副校長や事務員、用務員、一部の教師、カウンセラーも刺激され、アーニーにならって全員が体重を落とした。アーニーは良い手本を示そうと、生徒に健康的なランチメニューを提供し、体育の授業は楽しく競える内容にした。久しぶりにアーニーを見た生徒が驚いて足を止め、大きな笑顔で「ニックス先生、すごいや！」と絶賛してくれたことも収穫のひとつだった。

アーニーは七〇キロ減量してからランニングをはじめ、ついにはマラソン大会に出場し、ランナーズ・ワールド誌に掲載されるまでになった。二年後、ニックスは最終的に一〇〇キロ（妻は四五キロ）減量し、生徒に対する熱意、校長という管理職を果たす活力も格段に増した。健康的で幸せな気分を味わったのは本当に久しぶりのことだった。

アーニーは刺激と反応の間にある「スペース」で立ち止まり、習慣を変える選択をした。それが結局は彼の人生を救い、周りの人々の意識も高めた。アーニー・ニックスはこう言っている。「みじめにならないこと、それが私の選択です」[11]

中年になって停滞感を感じているあなたへの良い知らせは、自分にできることはたくさんあるということだ。方向転換し、自分が変わり、改善することができる。アーニー・ニックスが学んだように、行動というのは、自分に与えられた条件ではなく自分の決断の結果なのである。だれにでも自分を創り変える力があるのだから、最良の日々は常にまだ先にあるのだ。

キャリアで成功していたのに予期せぬことが起こり、一八〇度の方向転換を余儀なくされることもある。

スティーブは二〇年前に会社を立ち上げ、事業主としてやってきたが、パートナーから突然追い出された。四六歳で失業し、失意のどん底に。四人家族の長としてこの先どうしてよいか不安でたまらなかった。よく考えたすえ、キャリアを変える決断をし、四七歳のときにロースクールに入学した。クラスではダントツの最年長だった。

ロースクールに通いはじめて数カ月が経ち、あるどんよりとした冬の日の朝五時、空っぽな学校の駐車場に車を停めたときのことをスティーブは今も覚えている。真っ暗で、凍てつく寒さだった。「俺はいったい何をしたのだろう?」という恐ろしい思いが暗雲のように垂れ込め、押しつぶされそうになった。この先何年学校に通うことになるのだろう。彼の年齢で疑問と不安を感じるのも当然だった。しかし、失敗するのではないかという思いに身がすくみそうになりながらも、恐怖心と闘い、「どんなに道が険しくとも最後まで頑張ろう」と決意を新たにした。新しい未来を見ることだけに集中し、勇気と希望をもって前進するのだと決心した。

スティーブは一年間必死で勉強し、二年半で卒業し、四九歳で自分の法律事務所を開いた。数年ほどで事務所は軌道に乗り、弁護士という満足のいく新しいキャリアで手に余るほどの依頼をこなした[12]。

前進あるのみ！

中年期には予想もしなかった「フェルマータ」（休止）が生じることがあるが、そこで落胆したり、あきらめたり、逃げ出したりしてはいけない。クレッシェンド・マインドという新しいパラダイムを身につければ、まだまだたくさんの交響曲を書き、演奏することができるはずだ。人生の針路をいつでも思いどおりに選択できるとはかぎらないが、自分でコントロールできることに専念し、将来に明るい見通しを持って粘り強く努力し、今の状況はいずれ良くなるのだと信じることはできる。刺激と反応の間にあるスペースをうまく使ってほしい。そのスペースで立ち止まり、一歩下がって自分を見つめ、リセットし、賢明な選択をするのである。

中年期になって仕事に不満を感じる原因の多くは、新しい慣習や手法、トレーニング、テクノロジーについていけないといったことだ。スランプに陥ったり、転職したいと思ったりする理由は、やりがいがないとか、達成感を得られないことだけではない。ほとんどは、自分が選んだ道でありながら、時代の進歩についていくために能力を伸ばす努力をあまりしてこなかったためなのである。

学校に戻り、自分が情熱を注いでいることや自然に興味を持てる分野を研究するなどして自己改革に取り組む、あるいは大きなキャリアチェンジに力を貸してくれそうな人たちとネットワークを築くというような選択肢もあるだろう。時代遅れにならないように日頃から自分の能力を開発していく必要がある。

今日が永遠に続くのではないことを忘れないでほしい。危機を乗り越えたとき、その過程で学んだことが人生の旅で最も価値のあることだったと思えるようになるだろう。

意識的に努力すれば必ず人生を高められるという事実ほど、
人を勇気づけるものがほかにあるだろうか。

――ヘンリー・デイヴィッド・ソロー

中年のライフ・ステージにあったとき、私としては「中年の危機」という自覚はなかったが、個人的な葛藤はあった。ＭＢＡ（経営学修士）を取得したあと、自分の情熱とスキルは教壇に立つことに注ぐべきだと思い、興味を持てない家業のホテル経営には進まずに私立大学で教職に就いた。学生たちが人生や将来のキャリアに生かせる新しい概念やアイデアを教えるのはとても楽しかった。二〇年以上にわたりビジネスと組織行動のさまざまな講座を受け持った。約一〇年後に博士号を取得し、人間開発の分野で視野を広げることができた。

一九七〇年代から一九八〇年代初めにかけて、アメリカ中のさまざまな組織やリーダーたちにプライベートで事業のコンサルティングを行うようになった。依頼を受けた多くの企業に、大学の授業を通して発展させた原則を直接教えられることに喜びを感じた。その頃、組織行動学科の同僚が私を正教授に推薦してくれたことはとても光栄で、本当に嬉しかった。ところが、私の研究や出版の実績では正教授になるには足りないとの理由で学科長が反対票を投じ、そのポストを私に与えないよう委員会に圧力をかけた。

これには心底落胆した。自分の本当の情熱と使命は研究ではなく教えることにあると思っていたからだ。日々専門分野の文献を読み、文章を書き、後年に『7つの習慣』となるものを探求しはじめてはいたが、学術誌に発表することにはほとんど興味がなかった。また、多くの教授の授業時間は一セメスターに六～九時間程度だったが、私はたいてい一二～一五時間こなしていた。しかし大学で成功するには研究と出版が不可欠であることがわかったので、その後の選択肢を真剣に考え直さざるをえなかった。

私はビジネスコンサルティングの仕事を増やしはじめ、子育てで妻のサンドラを手伝いながら大学で教え、コンサルティングで飛び回っていて、二つの仕事を両立させるのが難しくなっていった。しかし「原則中心リーダーシップ」という概念を経営者に教え、リーダーシップに関する私の考え方を従業員や組織に直接応用してもらえるのは大きな喜びだった。二〇年も教壇に立ち続け、その仕事にどこか行き詰まりを感じるようにもなっていて、変化を起こす時期がきていたのだった。

サンドラと私はしばらく悩んだすえ、思い切って独力でビジネスの世界に飛び込む決断をした。五一歳という年齢で安定した収入を捨てるのはリスクが大きかったが、やはり自分のコンサルティング会社を立ち上げたかった。こうして自宅と別荘の山小屋を抵当に入れ、スティーブン・R・コヴィー&アソシエイツという会社を興したのである。サンドラはこの決断の共同パートナーとなり、「あなたなら事業を成功させられる」と言って全幅の信頼を寄せ、われわれの人生でとてつもない変化を起こすために必要なサポートを惜しみなく提供してくれた。わが家にはまだ独立していない子どもが何人かいて、大学に通っている子もいたため、切り詰めた生活をし、何かと犠牲にしなければならないこともわかっていたが、私も妻も行動を起こすならこのタイミングしかないと思っていた。

結局、この決断は正しかった。ビジネスコンサルタントを正業としたことで、私のスキルも能力もそれまで経験したことがないほど広がり、伸びていった。一〇年かけて本を執筆するための資料を整えると、サイモン&シュスター社は無名の私にチャンスをくれ、一九八九年に『7つの習慣』を出版した。そこから物事が大きく動き出した。すべての文化、すべての人が持つ重要な原則を世界中に伝えたいという夢が叶ったのである。

私はずっと、自分の天職は教師だと心の底から思っていた。しかしその天職をしていた大学を去らなかったなら、これほど多くの人に到達する機会は絶得られなかっただろう。そして中年になってからコンサルティングや執筆の仕事ができるようになったのは（まさにクレッシェンド）、大学での教師時代に土台を築けたからだとずっと感謝している。

ここで個人的な経験を話すのは、自分の情熱や才能、人生のミッションがどこにあるのかを見つけるのは必ずしも簡単ではなく、得意なことややりたいことに気づくまでには相当な時間と労力がかかる場合もあることを知ってほしいからである。

しかし、人生で何かが停滞していたらそれを自分で掌握し、主体的に、そして勇気を出してポジティブな変化をもたらす行動をとることが重要である。クレッシェンド記号「＜」のように、中年期にも前進し続けるべきである。自分の範囲を広げ、機会を増やし、新しいことを積極的に学び、達成する。このようにして、次に訪れる大きな機会をとらえる準備をしておくのだ。

第2章

奉仕することを愛する

大きなことを探すのではなく、小さなことを大きな愛を込めて行いなさい。

――マザー・テレサ

他人への奉仕を愛することとは、クレッシェンドに生きることの核をなす特徴である。どんなライフ・ステージにあっても、奉仕する人は自分の外側に目を向け、自分が満たすことのできるニーズを見つけるものである。ごく普通の、とりたてて重要でもない些細な親切であっても、だれかにとっては大きな価値があるかもしれないのだ。

小さな奉仕は、からし種を蒔くようなものである。からし種は目に見えないほど小さいが、種を蒔いて育てていくと大きな葉になる。やがて巨木になり、大きく広がる枝には鳥がとまるようになる。奉仕する機会も同じだ。探そうと思えば、機会は自分の周りにたくさんある。そうした小さな奉仕の積み重ねが大きな結果につながるのである。

感謝の気持ちを表す

あなたの身に訪れる良いことすべてに感謝する習慣、それも絶えず感謝する習慣を養いなさい。あなたが成長するにはどんな物事も役立つのだから、すべてのものに感謝を捧げるべきです。

――ラルフ・ワルド・エマーソン

人生は自分の前を通りすぎたと感じはじめたとき、あなたにできる最善のことは、皮肉にも自分が持っているすべてのものに感謝することである。クレッシェンドに生きることには、絶えず感謝の気持ちを表すことも含まれる。感謝することなどないと思っているときでも感謝しよう。自分を憐れむ気持ちを捨て、物事に感謝し前向きな気持ちになれば、癒されるし、変化も起きる。

奉仕の愛は、自分の外に目を向けることからはじまる。外に目を向けると、中年期の挫折を味わっているときでも、感謝できることが何かしら見えてくる。そして感謝すれば、どんなに困難な状況におかれていても、視野が広がるものだ。

ジョン・クラリクは五三歳のとき、自分の人生が恐ろしいほど落ちぶれていて、ひどいありさまであることに気づいた。経営する小さな法律事務所は倒産しかけていた。二度目の離婚は悲痛で、精神的にまいっていた。三人の子のうち上の二人とは疎遠になり、幼い末娘との連絡も途絶えるのではないかと不安だった。冬には凍えるほど寒く、夏には焼けるように暑くなる小さなアパートに住んでいた。体重は二〇キロもオーバーしていた。つい最近、恋人にもふられた。どこをどうみても人生の夢は永遠に手の届かないところに行ってしまったようだった。

元恋人にクリスマスプレゼントを贈ったら礼状が届いた。簡潔で素敵な礼状にジョンは感銘を受け、こんなふうにして感謝の気持ちを伝えてみようと思い立った。前進していくために、翌年は何が何でも三六五枚の礼状を書くことを目標にした。

愛する人たち、同僚、昔の仕事仲間（裁判で闘った弁護士も）、大学時代の友人、医者、店員、便利屋、近所の人――だれであれ大なり小なりお世話になった人を毎日一人ずつ片端から選んで、ギフトや親切にしてもらったことへのお礼を手書きした。

ジョンが礼状を書きはじめてから間もなく、経済的な利益、友情、減量、心の平和まで、驚くほど大きな見返りがあった。ジョンが礼状を書いている時期、不況のあおりで事務所の向かいの銀行が倒産した。しかしジョンのほうは、礼状を一通ずつ送り続けているうちに人生が好転した。外に目を向け、自分の人生に恵みを与えてくれた人たちに心から感謝していると、皮肉にも内面が癒され、もう一度明るい気持ちで未来を見られるようになったのである。

カリフォルニアで三〇年間弁護士をしたあと、ジョン・クラリクは夢を実現し、ロサンゼルス上位裁判所判事に任命された。人生のどん底からわずか二年後、ジョンは「中年の危機」を克服した体験を『３６５通のありがとう』という本にして出版した。人生で出会った人たちに感謝する理由を見つけ、心を込めた手書きの礼状で気持ちを伝えるというシンプルな行為は、礼状をもらった多くの人たちの気持ちを高めるメッセージにもなった。「ありがとう」は幼い頃に学ぶ言葉だが、このデジタル時代にあって手書きの礼状は珍しく、意外なほど価値のある行為である[13]。これはクレッシェンド・マインドの考え方だ。つまり、フォーカスを自分から他者に移すと、自分の人生と影響力を広げることができるのである。ジョンが体験したように、自分の最良のときは常に先にあるのだ。

奉仕の生涯を送ったマザー・テレサは、感謝することの大切さ、与える人が得られるものを知っていた。

ある日、物乞いが私のところにやってきて、「マザー・テレサ、みんなが貧しい人たちのためにあなたにものをあげている。私もあなたに何かあげたいけれども、今日は一〇ペンスしか稼ぎがなくて。それをあなたにあげたいんです」と言うのです。
私は思いました。「もし受け取ったら、彼は何も食べずに寝なければならないかもしれない。でも受け取らなかったら、彼を傷つけてしまうだろう」と。私は受け取りました。お金や食べ物を差し出して、彼ほど喜んでいる顔を見たことはありませんでした。彼は、自分も何かを与えられることを喜んでいたのです[14]。

このような貧しい人の寄付はとてもささやかで、受け取る人よりもむしろ寄付した彼を喜ばせるのかもしれないが、それでも彼が感謝の気持ちから行ったことであるのは明らかだった。自分よりも恵まれない人に何かを与えられることに真の喜びを感じ、感謝の気持ちでいっぱいだったのだ。これと同じように、中年の危機のさなかにあっても、自分が持っているものに感謝することができるなら、思ってもいなかった豊かな喜びを経験し、自分がおかれた状況を良くするための洞察を得られると断言する。

恩返し

善人がその生涯に為す最良のことは、ささやかで、名もなく、
記憶もされない優しさと愛の行いである。

――ウィリアム・ワーズワース

あなたが今、中年の危機にあって苦労していて、何か良いことが起こるのを待っているなら、自分自身や自分の問題のことはしばらく忘れて、外に出てだれかのために尽くしてみよう。だれかの力になったり励ましたりして、その人の負担が少しでも軽くなり、気持ちも明るくなれば、あなた自身の気持ちも上向きになるだろう。

あるカップルの近所に、精神的にまいっていて、ほんの少しでも希望を持たせてあげたい女性がいた。そこで小さなグループを組み、女性が留守の間に数時間かけて家と庭をきれいに掃除し、明るい雰囲気にした。帰宅した女性は心底驚き、感謝の気持ちに満たされ、感動的なメッセージをFacebookに投稿した。

どなたか存じませんが、今日、私の家を訪問することにした「掃除の妖精さんたち」に心から感謝します。わが家の冷蔵庫を動かすには何人か必要だったみたいね！　私の人生にあなたがたのような友人がいることは、言葉では言い表せないほどありがたく、幸せなことです。今夜、家のドアをくぐったとき、泣いてしまいました。圧倒されるほど愛に満たされました。あなたがたは奉仕の意味を本当に知っています。私がどれだけ感謝しているか、とても伝えきれません！　あなたがたは私の重荷を軽くしてくれたのです。心の底から感謝します。ありがとう！[15]

彼女の人生にポジティブな影響があったことは当然だが、この活動をはじめた人たちにとっての影響も想像してみてほしい。周りを見渡せば、自分よりも困難な状況におかれている人がいたりする。この若いカップルも何かの試練に直面していたのなら、苦労している隣人の負担を軽くすることで、彼らの人生にも喜びがもたらされたことだろう。それはお金で買えるものではなく、いくらあってもいいものである。見返りを期待せずに人に与えるという行為は、それ自体が自分への報酬なのである。

自分が厳しい問題にぶつかっているとき、同じような状況にある人に救いの手を差し伸べたらどんな気持ちになるか想像してみてほしい。クレッシェンドの考え方の一部分は、「自分の最も重要な仕事は常にまだ先にある」と心から信じることなのだから、困っている人がいたら、自分がだれかに助けられたことがあるならばなおさら、積極的に手を差し伸べよう。

メキシコのチワワで育ったホルヘ・フィエロは、アメリカに行き事業を興すことをずっと夢見ていた。何年かして、たった一人でついに国境を越えたとき、わずかばかりの金しか持っておらず、英語は一言も話せなかった。最初の仕事はテキサス州エルパソで自給一ドルの溝掘りだった。次にワイオミング州で羊飼いをした。しかし、英語を話せるようにならなければ、自分が立てた高い目標は達成できないとわかっていたし、いつの日かアメリカンドリームを実現するために必要なことは何でもすると決意していた。

ほかの移民たちから、ソルトレイクシティに行けばさまざまなプログラムがあるから英語を学べるという話を聞いていた。そこで一人でユタ州に向かった。知り合いがだれもいないから、着くなりホームレスの仲間入りだった。しかしすぐに、そこは心の優しい人たちのコミュニティであることに気づいた。どういうわけか、食べ物を恵んでくれる人がいつもいたのだ。ホルヘは救護所に数カ月間いて英語を学びはじめ、皿洗いなど最低賃金の仕事で自活した。

ある日、彼は故郷が恋しくなり、豆と米の伝統的なメキシコ料理を食べたくなった。ところが、そこで食べられるメキシコ料理は今ひとつだった。母親が作ってくれたおいしいピント豆の料理を思い出して懐かしくなり、ダウンタウンの農産物直売所で「デ・ラ・オリャ」という本格的な豆料理を少しばかり販売することにした。するとお客さんたちが試食してくれ、励ましてくれた。得意客もつき、しだいに作る量も増えていった。ホルへはそのうち直売所で定期的に販売するようになった。さらに本格的なブリトーも作り、ほかにもいろいろとお馴染みのメキシコ料理を取りそろえた。

多様で彩豊かな故郷の味を知ってもらいたいという思いが高じて、ホルへはメキシコの食と文化の大使のような存在になった。ピント豆やブリトーから、トルティーヤ、ライス、サルサ、ワカモレなど少しずつ品揃えを広げ、最終的には七五種類以上の商品を扱うまでになった。

現在、これらの商品はRicoブランドとして彼の住むコミュニティのスーパーマーケット、コーヒーショップ、レストランなど一〇〇近い店舗に毎週納入されている。Ricoブランドは人気を集め、今や数百万ドル規模の企業に成長した。

ホルへはあるとき、友人たちからブリトー・プロジェクトに参加しないかと誘われた。ブリトー・プロジェクトとは、政治や宗教の党派に関係なく、世界中の都市で飢えた人々やホームレスに食事を提供することをミッションとする全米規模の運動である。中年期に入ったホルへは、奉仕を自分にとって最も大切な役割のひとつとして重視していたので、すぐに参加を希望した。自分もホームレスを経験していたこともあって、いつか恩返しをしたいと心に決めていた。「ペイ・フォワード」（恩送り：だれかから受けた恩を本人に返すのではなく別の人に返すこと）が彼のモットーとなり、この刺激的な考え方にすっかり傾倒し、腕にでかでかとタトゥーまでした。そしてホームレスの人たちを支援する絶好の機会と考え、ホルへはブリトー・プロジェクトSLCを設立した。

ブリトー・プロジェクトは、二〇一二年四月から一二月にかけてRicoブランドの物流倉庫を拠点にし、ボランティアが週に六〇〇～一千個のライスブリトーとビーンブリトーを作り、配布した。ホルへの指示で、トルティーヤ、米、豆も現地で調理し、作りたてのものを用意した。ボランティアたちが集まってきてブリトーをアルミホイルで巻き、クーラーや保温バッグに入れる。それらをほかのボランティアたちが車や自転車、徒歩で一日に最大五〇〇個を配ってまわった。

二〇一二年以来、このユニークな人道援助プロジェクトを大成功に導くために何百人ものボランティアが時間と労力を提供し、ブリトー・プロジェクトのミッション「一個ずつブリトーを配って飢餓をなくす」に忠実に取り組んだ。ブリトー・プロジェクトSLCは二〇一七年以降、ソルトレイクシティで週四日（月～木）、九〇〇～一四〇〇個の栄養価の高いできたて熱々のブリトーを作って配っているが、この数は北米でブリトー・プロジェクトを運営しているほかの三〇都市のどこよりも多い。

ホルへは自分の動機を次のように話している。「人は自分がどれほど恵まれているか気づいていないものです。私はなんとしてもアメリカ人として成功したいと思っていました。私を支え、成功に導いてくれた人たちに感謝しています」ブリトー・プロジェクトはだれでも参加できて、だれもが変化を起こせるほかに類のない人道援助活動である。だれかを助けるのに金持ちである必要はない。必要とされているのは時間の寄付だ。ホルへは、このプロジェクトがホームレスの人たちに影響を与えたと信じている。「何よりよかったのは、食事を提供するだけでなく、私たちが彼らを気にかけていると知ってもらえたことですね」[16]

この奉仕は、自分の問題ではなく困っている人に目を向けるから、奉仕を受ける側と同じくらいに、ホルへをはじめプロジェクトの参加者も満足できる。クレッシェンドに生きるというのは、自分を取り巻く状況がどうあれ、自分が過去に受けた恩を目の前の困っている人に返す、ペイ・フォワードをすることでもある。これは中年期の闘いに打ち勝つための重要な行動だ。外に目を向けて他者に恵みを与えていると、自分の苦悩を乗り越える方法も見つかるだろう。

感謝で支払うことはできない。人生のどこかで「現物」で支払うしかないのだ。

――アン・モロー・リンドバーグ『翼よ、北に』より

ブライアン・レスタージュが科学の先生になったのは、大好きだった科学に生徒も夢中になってほしいと思ったからだ。彼は八年生のクラスを受け持ち、できるだけたくさんの実験を考えるのが好きだった。事物が機能する理論や法則を知れば、生徒は楽しみながら科学を行動に移せることを彼は知っていた。

彼は自身の思想を次のように語っている。「中学教師の仕事というのは、自分の担当学科に生徒が〝恋をする〟ようにすることだと思っています。生徒を惹きつけて、もっと関心を持たせたいですね。子どもたちが楽しく授業を受けているかいつも観察していますし、熱意をもって教えようと心がけています」

生徒が科学に「恋をする」ようにと、毎年一人ひとりに自分のロケットを作らせている。ロケットを学校の裏庭で発射し、飛距離を測り、それぞれのロケットで推進力が違うのはなぜか議論する。これは一年のハイライトとなるイベントで、生徒は最長飛距離賞をとろうとロケット作りを競い合う。特定の化学物質を使って授業で物を爆発させることもあり（教師の監督のもとで）、子どもたちは爆発させられる化学物質の正しい組み合わせを見つけては喜んでいた。レスタージュ先生は人気があった。生徒に本当に関心を持っていて生徒全員の名前を知っていたし、科学への情熱を楽しく面白く教えてくれる教師だったのだ[17]。

しかし長年にわたって教壇に立ち、中年期に入ると、科学に対する生徒の気持ちを変えることにはたして成功しているのか、生徒の将来に影響を与えているのか、自信がなくなってきた。設定した目標の具体的な成果がわかりにくく、ポジティブなフィードバックもあまりなかったこともあって、気持ちも沈みがちになり、そしてそもそもなぜ教師になったのかさえわからなくなってきた。

その頃、運良く学区の権威ある教育賞に思いがけず推薦された。推薦した保護者たちは、レスタージュ自身も知らないうちに、彼が生徒たちに与えていた影響を認めていたのだった。大勢の教え子たちが、大学の科学分野に進学するときに彼から直接的な影響を受けたと書いていたのである。

レスタージュが受賞してから、彼の奥さんは関係者に次のような礼状を出した。


このたびは夫を教育賞に推薦していただき、感謝の念に堪えません。わざわざ時間を割いてこのように労を尽くしてくださるのは、とても意味のあることです。夫は何年も教師として努力してきましたが、正直申しますと、あまり評価も尊敬もされない地味な仕事です。自分の仕事に落胆し、長年続けてきたにもかかわらず転職を考えていたとき、この賞の知らせをいただきました。しかし受賞したことで、これまでの努力が実際に多くの教え子の人生に良い影響を与えていたことがわかり、夫は気持ちを新たにすることができました。科学を教えることへの献身と情熱によって人々を鼓舞することが夫の長年の願いでしたが、彼は今まさにそれを実感しています。このたびの受賞にご尽力くださったすべての方々に深く感謝いたします[18]。

それ以降、レスタージュ先生の教室にはかつての教え子たちがふらりとやってくるようになり、彼から受けた影響に感謝の言葉を伝えた。そのおかげで彼も高いモチベーションを維持できた。

ある女子生徒は、彼の授業を受けてから一〇年後に大学の機械工学科を卒業し、その分野で就職した。彼女はレスタージュ先生の授業が自分の人生にどれほど影響を与えたか伝えにやってきた。「大学でも、就職してからもやっていくことができたのは先生がいらっしゃったからです」と彼女は言った。「先生が蒔いた種が大きく育ちました。あれで火がついたのです。私は先生の素晴らしい教えに影響を受けました」[19] 二七年間教壇に立ってきて、このような言葉を聞くのはやはり嬉しいことだった。

この例からもわかるように、中年期の多くの人の場合、自分が他者の人生でどれほど役立っているか、ただ気づいていないだけなのだが、それは自分の直接的な影響力がすぐには見えないからだろう。あるいは、ポジティブな影響を与えているのに、それ相応のフィードバックがないからかもしれない。他人と比較して自分の成功を測ろうとする人が少なくないが、傍目からは成功しているように見えても実際のところ成功しているとはかぎらない。だれかから受けた良い影響に感謝し、その恩返しをしたときに、自分の成功を実感できることもある。こうしてひとつの成功が次の成功を促し、また次の成功が生まれるというように、良い方向へ進んでいく。

奉仕にはいろいろなかたちがある。中年期にクレッシェンドに生きるために覚えておいてほしい第一の原則は、自分にとって最も重要な役割で成功するために努力するということだ。奉仕をする人はたいてい、他者の人生に与えるプラスの影響がやがて自分自身の「真の成功」になることに気づいていない。次に紹介するのは、ごく普通の人が中年期にほかの人たちの幸福のために並外れたことをしている例である。

ある女性がこんな話をしてくれた。

「母が食料品店で年配の男性に呼び止められました。彼は私の母の母、つまり私の祖母クレオ・スミスを知っていて、自分の人生に影響を与えてくれた人だと言うのです。彼の父親はアルコール依存症で、自分も弟もとても辛い思いをし、子ども時代は不幸せだったそうです。母親は彼が幼い頃に家を出ていってしまって、母親のことは何ひとつ覚えていない。町外れの荒れ果てた家に住んでいて、訊ねてくる人などほとんどない。でも毎年、彼の誕生日に玄関をノックする音が聞こえ、ドアを開けると、バースデーケーキを持ったスミス夫人が立っていたと言うのです。彼女は、彼が幼い頃に誕生日ケーキを作ってくれたただ一人の人だった。彼の人生で彼女だけが彼に愛情を注ぎ、自分は特別な存在なんだと思わせてくれた。彼女は彼の過酷な世界を照らす光だった。何年も経ってから子ども時代のことを全部思い返すと、この出来事がとりわけ際立っていて、自尊心を育ててくれたおかげで、自分自身と家族のためにより良い幸せな人生を創ることができたと話してくれました」[20]

子どもたちが通う高校のＰＴＡ会長を務めているロビンという女性がいる。その高校は三〇カ国から一〇〇人以上の難民を受け入れていて、ロビンは、放課後の個別指導で多くの生徒が空腹のせいで集中できていないことを知った。思いやりがあり、主体的に行動する彼女は、許可をもらって学食の古い物置を掃除し、そのまま食べられる食品の寄付を保護者に呼びかけた。まもなく生徒たちは放課後に栄養価の高いスナックを手に取れるようになった。ある日、一人の生徒が「きょうだいに食べさせるものを持って帰りたいのですが」と言ってきた。ロビンは、たしかにそうするべきだと気づき、スナックにかぎられていた食品を充実させ、食料配給所にしようと動き出した。地域の人たちは缶詰やその他さまざまな日用品を求める彼女の呼びかけに応え、寄付だけでなくボランティアもすぐに集まり、食品の補充や困っている生徒たちへの配給を手伝いはじめた。食料配給所はしだいに規模が大きくなり、毎週数百個の缶詰、衛生用品、食料品店で売れ残ったパンやベーカリー、新鮮な果物や野菜まで効率よく配給されていて、いつも大勢の人たちの需要がある。ロビンが立ち上げた学校の小さなおやつルームは、今ではコミュニティの食料配給所として効率的に運営され、週に一、二回の頻度で一〇〇世帯以上の難民家族にサービスを提供している。ささやかなプロジェクトとしてスタートした試みが、からし種のように大きく育ち、多くの人たちに必要とされる大規模なサービスに成長したのである[21]。

愛のためになされる奉仕は、永遠の詩を秘めている。

――ハリエット・ビーチャー・ストウ

必要とされる奉仕を行う方法は無数にある。ミールズ・オン・ホイールズで食品配達のボランティアをしている女性は、配達するとき年長の子どもたちを同伴させている。高齢になって援助を必要とし友情を欲している人や、素晴らしい人たちなのに忘れられてしまっているような高齢者に、奉仕活動を通して出会ってほしいからだ。ある多忙な弁護士はホームレスの人たちのために週末に法律のボランティアをしている。彼らが必要なリソースにアクセスして適切な仕事を見つけ、より良い未来につながるように、法律問題を無料で解決しているのである。

またある人は、移動シャワーと散髪のトラックを走らせ、身なりを衛生的にする必要がある人に無料でサービスを提供してまわっている。身ぎれいになることで自信を取り戻させ、定職につけるようにしているのである[22]。

ある母親は、息子のマイクから新しい友達のＴＪが学校にランチを持ってきたことがなく、ポテトチップスを買ってくることもあると聞かされた。ＴＪには母親がおらず、父親は二つの仕事を掛け持ちしながら三人の男の子を男手ひとつで育てていることがわかった。ＴＪはマイクと一緒にバスケットボールのチームに入っていたので、放課後すぐに練習があるときは、お腹をすかしたまま走り回っているのだった。そこで、子どもたちのお弁当を作るときは必ずＴＪの分も作り、マイクに持たせるようにした。ＴＪもマイクと同じように栄養たっぷりのお弁当を食べられるのだから、ひとつくらい余分に作ることなど面倒でもなんでもなかったのだ。

彼女は、中学、高校とＴＪのために小さな奉仕を続け、マイクとＴＪはチームメイトとしてプレーし親友であり続けた。あるときだれかから家族のことを訊かれたＴＪは、「僕には見守ってくれるお母さんがいるんだよ」と誇らしげに言ったという。ささやかな奉仕ではあるが、何年もＴＪの成長を見守り、これほど強い愛の絆を築いたことは、彼女にとって大きな喜びであっただろう[23]。

一〇〇人に食べものを与えることができないのなら、一人の人に与えなさい。

――マザー・テレサ

奉仕というのは、手軽に都合よくやったり、楽しみながらできたりするものばかりではないが、どれも大いに必要とされている。中年期に奉仕の精神を持つことができれば、自尊心と感謝の気持ちが生まれ、自分の人生だけでなく奉仕した相手の人生も豊かにできる。

児童養護基金の創設者で会長のマリアン・ライト・エデルマンは、洞察に富んだ見解を示している。「奉仕とは、あなたが存在するために支払う家賃である。人生の目的そのものであって、暇つぶしにするようなものではない」[24]

奉仕は人生の目的そのもの――なんと力強い考え方だろう。「小さなことを大きな愛を持って行う」人たちの例を見てもわかるように、あなたにも愛を持って奉仕することはできる。その過程で他者の、そして自分自身の幸福を祈るのである。

私は眠り、夢見た　人生が喜びだったらと

私は目覚め、知った　人生は奉仕であると
私は行動し、気づいた　奉仕は喜びであった

――ラビンドラナート・タゴール[25]

私は長年にわたって多くの人に「あなたにとって最も影響力のあるロールモデルやメンターはだれですか」という質問をしてきた。教師、親戚、友人、リーダーなど、ほとんどの人が自分の人生に大きな影響を与えた人物の名前をすぐに挙げる。メンターという役割は、とくに中年期の人にとってはとても重要であり、この役割で成功すれば他者に大きな影響を与えられる。だれかの能力を高め、その人の可能性を引き出そうとしているうちに、思いがけず自分の可能性に気づくこともある。われわれが定義した中年期の「真の成功」の例をもうひとつ紹介しよう。

マイケル・クラピアは、家族を養いながらおよそ二千人の若者のメンターとなり、彼らを支えてきた。これはマイケルの家族や親しい友人しか知らないことだ。彼は何年も少年たちに無報酬でレスリングを教えた。中学、高校、クラブレベルで競える技術を身につけ、自信をつけさせたかったのだ。彼らが成長できるよう励まし、将来の自分をポジティブに思い描けるようにし、小さな成功もまるでわが子のように褒めた。

彼と妻のリンダは少年たちを自宅に招き、彼らの多くが自分の家族から得られずにいた愛情を注ぎ、関心を向けた。家族からまったく理解してもらえずに育った子もいたし、何人かは親が育児を放棄していた。少年たちは、六人の子を育てているクラピア夫妻から受ける愛情や配慮を切望していたのだ。リンダはいつでも彼らをあたたかく迎え、手料理をふるまい、休日や特別な日に家族が一緒にすごすときは彼らにも声をかけた。

マイケルとリンダは裕福ではなかったが、少年たちに必要だと思えば、自分たちの経済状態が苦しくても、持っているものは惜しみなく分け与えた。だれにも気づかれることなく、頼まれてもいないのに、必要であれば衣類やスポーツ用具を買ってやることもあったし、何人かの少年には数年にわたって毎日のように食事を与えていた。多くの少年たちにとってクラピア夫妻は「第二の両親」となり、進むべき道がわからず自信を持てずにいた弱い立場の少年たちから愛され、感謝された。

マイケルのレスリングの指導を受けたある少年の父親は、「あなたがレスリングで息子に割いてくれた時間は、私が父親として息子に割いた時間よりも長いんですよね」と悔いるように語ったという。マイケルとリンダの努力のかいあって、「養子」たちは素晴らしい青年に成長し、社会に出て生産的な生活を送るためのすべを身につけた。やがて彼らは大学で学位を取得し、結婚して家庭を築き、現在は立派なキャリアの道を歩んでいる。彼らの成長期に大きく貢献したクラピア夫妻も、心から満足していることだろう。

数年前、マイケルは息子のレスリングの試合で、もう退任していたがMIT（マサチューセッツ工科大学）の著名な工学教授だったルイスと知り合った。お互いの家を行き来していているうちに、ルイスが七二歳で離婚しており、一人暮らしで、近くに家族もいないことを知った。クラピア家はすぐにルイスを迎え入れ、日曜日や祝日、誕生日のお祝いを何度も一緒にすごした。クラピア家の成長した子どもたちやその配偶者、孫たちは、ルイスを「おじいちゃん」のように慕い、敬い、彼と一緒にいるのを楽しんだ。ルイスはクラピア家のまだ小さい子どもたちに数学や科学を教え、自分の人生経験をもとにいろいろと助言した。

ルイスはクラピア家の人々と知り合って二〇年間、家族の一員として愛され大切にされていることを実感して、九二歳でこの世を去った。ルイスは、クラピア家に迎え入れられていなかったなら経験することのなかった喜びを知ったのである[26]。

クラピア夫妻にとって、これは疑いようもなく真の成功だろう。クレッシェンドの視点は、真の成功とは必ずしも見かけや他人の目に映るものではないことを教えてくれる。夫妻は、世界中の金を集めても買えないほど豊かな家族の文化を築いている。マイケルとリンダは、自分たちの六人の素晴らしい子ども以外にも多くの子どもたちの人生を豊かにしてきた。それは二人が他者を鼓舞するメンターとしての役割で成功したいと思っていたからだろう。「成功者」に見える人たちの中にも、できることならクラピア夫妻の成功と取り替えたいと思う人がいるにちがいない。

あなたの最も重要な仕事はまだ先にある

カントリー・ミュージックのスター、ガース・ブルックスがキャリアの絶頂にあった二〇〇〇年一〇月に突然引退を表明し、音楽界に衝撃を与えた。彼はそれまでにカントリー・ミュージック・アワードの最優秀エンターテイナー賞を四度受賞していた。一九九七年には、ニューヨークのセントラルパークで開催されたHBOコンサート・スペシャルに百万人の聴衆を集めた。アルバムは一億枚という驚異的な売上を記録している[27]。

キャリアでは数々の成功を重ねたブルックスだったが、私生活では試練に直面していた。彼にとって最大の支えであった母コリーンがガンで亡くなり、妻サンディとの結婚生活は破局を迎えようとしていた。しかし一番の悩みは、三人の幼い娘たちとの絆を失ってしまったように思えてならないことだった。「他人が娘たちを育てていたんだ」と後悔していた。だが、まだ幼い娘たちを育てるという「自分の重要な仕事はまだ先にある」ことに気づき、親としての最も重要な役割に集中する必要があると悟ったのだった。「子どもたちのそばにいなくてはいけない。すべてが私にそう教えていたのだ。音楽から離れて平気なのかとみんなに言われた。でも、父親であることは何ものにも代えられないことなんだ」28

こうして、中年期に入ろうとしていた三八歳のとき、彼は勇気を出して自分の心と父性本能に従い、絶頂期にあった音楽のキャリアを捨て、それから一四年間も別のキャリア――子育て――に専念した。

彼は少しも後悔していない。前妻と協力し、三人の娘が毎日両親といられるようにした。夏中かけて家の敷地いっぱいに五〇フィートの橋を架けるなど、お手本のような父親ぶりを発揮した。娘たちもこの大仕事を一緒にやり遂げ、橋のできばえに満足し、やろうと思えば何でもできると自信をつけた。彼も子育てをしていることを実感し、大きな充足感を得られた。

二〇〇五年、ブルックスは音楽界のスター、トリーシャ・イヤウッド――彼の言葉を借りれば「生涯の恋人」――と結婚した。そして末の娘が大学に進学して家を出ると、ブルックスは音楽界に復帰することを決意する。カントリー・ミュージックのメインストリームにいきなり戻ってツアーを再開しようというのだから、思い切った決断だった。「だれもきてくれないんじゃないかと死ぬほど不安だった。みんなをがっかりさせたくないし、前よりもいいじゃないか、と言ってもらいたかったしね」

そんな心配をよそに、「ガース・ブルックス&トリーシャ・イヤウッド ワールドツアー」がシカゴでキックオフするや、三時間で一四万枚のチケットが売れた。長年のブランクなどなかったかのように大勢のファンが押し寄せた。ワールドツアーは二〇一四年から二〇一七年まで続き、大成功だった。「引退」後も二〇一六年、二〇一七年、そして二〇一九年と最優秀エンターテイナー賞に輝き、受賞回数は前人未到の七回になった[29]。

ブルックスは年を追うごとに、みずからの才能やチャンスを縮小させるどころか、まさにクレッシェンドのごとく「V」拡大させている。ガースとトリーシャは常に周りの人々のニーズを意識していて、二〇二〇年三月には新型コロナウイルスによる隔離生活のストレスを発散したいファンのために、自宅のレコーディングスタジオから放送するゴールデンタイムの音楽特番のスポンサーとなり、みんなで力を合わせて乗り越えようという重要なメッセージを送った。二人は共同声明で「私たちは今、皆がひとつになればこんなに大きなことができるということを実際に経験しています。この特別番組に加え、私たちとCBSは新型コロナウイルスと闘う慈善団体に百万ドルを寄付します」と述べている[30]。

Netflixの「バイオグラフィー・スペシャル ガース・ブルックス The Road I'm On」では、

二〇一九年のツアーのリハーサル中、後ろではなく前を見ること、まさにクレッシェンド・マインドをスタッフたちに語っている。

「自分が築いてきた歴史は大切にしたいが、歴史は過去のものだ。今回はこれまで以上にタフなツアーになる。過去にやったことで十分だと思ってはだめだ。音楽人生で一番厳しいチャレンジはもう経験ずみだと思っているなら、考え直してほしい」31

「自分の最も重要な仕事は常にまだ先にある」と信じるのと同じで、自分にとって最も重要な役割で成功するために努力し、自分の人生で変えるべきことを変えれば、新たな試練や挫折にめげることなく挑戦し、学び、適応しようという意欲が沸いてくるだろう。信念を持ち、ポジティブに対応していれば、人生の舵取りを自分の手に取り戻し、中年になっても、何歳になっても、自分だけの心躍る道を進んでいく力が得られるのである。

第2部

成功の頂点

フォルテ
強弱を表す記号
大きく、強く、生き生きと
得意とするもの、強み
という意味を持つ

f

成功とは、世界を少しでも良くすること、自分が生きたことによって、ほっと息をつけた人が一人でもいると知ることである。

―― ラルフ・ワルド・エマーソン

前を見ず、バックミラーや肩越しに後ろだけ見て車を運転するとどうなるか。当然、たいした時間もかからずに溝にはまってしまう。私たちは、キャリアや人生で達成したことをバックミラーで見続けていたいという誘惑を追い払い、次にくるものに明るい見通しを持ちながら前を見ていなければならない。

第1部で述べたように、クレッシェンド・マインドを持つことで得られるパワーは、中年の危機から成功と充実に向かう軌道に人生を戻すことができるほどである。とはいえクレッシェンド・マインドは、中年の危機に苦労し、軌道修正を必要としている人たちだけのものではない。クレッシェンドの人生は、自分はもう成功の頂点に到達したと思っている人たちの人生にも喜びを注ぐことのできる生き方である。

中年期に浮き沈みを経験するように、成功の頂点に到達したらしたでそれなりの問題が起こる。自分のことや家庭生活で十分な成功を収めていると、他者に手を差し伸べる責任や義務をあまり感じず、つい気が抜けてしまう。最高のものを達成するのはまだ先だというのに！

クレッシェンドに生きるための重要なカギは、「自分の最も重要な仕事は常にまだ先にある」と心から信じることだ。今現在取り組んでいることは何であれ、それがあなたにとって最も重要な仕事である。過去に達成したことは過去のことなのだから、今やっていることに没頭しなければならないのだ。前向きな人は、明日何を達成できるか考えるものである。

なぜそう考えることが重要なのか。自分にはもう役立てることが何もないと思っていたら、自分にできる最も重要な貢献は全部終わってしまっていたら、どんな動機や願望を抱いて朝ベッドから出るのだろう？　あなたの目的は何だろう？　毎朝起きるとき、目的やビジョン、達成すべき目標があったほうがいい。それらは以前とはまったく異なるものかもしれないが、あなたの最大の貢献はまだこれから成し遂げられるかもしれないのだ。

個人的な話になるが、娘の一人が『7つの習慣』のような本をまた書いたらどうか、と言ってきたことがある。そういうつもりではなかったのだろうが、娘の質問は私を侮辱するものだった。『7つの習慣』は私の考えや教育概念をすべて網羅していたのか。私にはもうほかに貢献できることはないのか。私はただの「一発屋」だったのか。私にはもう生み出せる価値がないとしたら、毎日何をすればいい？　私は娘に、自分の最高のものはまだできていないし、今も本のアイデアをいくつか温めているのだと言った。

私はべつに自分を誇張しているわけではないし、過大評価しているわけでもないのだが、私だってあなただって、こんなふうに思ってはいけない理由などないはずだ。私はずっと、どんなライフ・ステージにあっても自分の最高の仕事はまだ先にあり、それを発見して皆に教える機会を待っているのだと信じてきた。そのような態度―クレッシェンド・マインド―を持ち続けることが、情熱、夢、感動、使命感を生涯持ち続けるためのカギである。あなたも私も、それこそが毎日目覚める理由であるべきなのだ。

ピーター・ジャクソンは、一四年の歳月をかけてJ・R・R・トールキンの『指輪物語』（ロード・オブ・ザ・リング）シリーズを映画化した。映画が大成功し、数々のアカデミー賞を受賞したジャクソンは、これはあなたの最高の仕事で、生涯のレガシーか、というような質問を受けた。そのときの彼の答えこそ、まさにだれもが思うべきことなのだ。「イエスと答えたら、私はもうこれ以上のものはつくらないことになる。まあ、そうかもしれない。でも今それを認めるつもりはない。もっとつくるつもりだからね」[1]

彼の言葉どおりになった。ジャクソンはその後、『ホビット』三部作、『キング・コング』、『ラブリーボーン』、『彼らは生きていた』のメガホンをとり、ほかにも多くの作品の製作を手がけている。彼が『ロード・オブ・ザ・リング』で自分のすべては出し切ったと思っていたら、こうはなっていなかっただろう。キャリアで経済的にも大成功を収めたジャクソンは、恩返しも破格だった。妻のフランとともに、必要な人たちに役立つようにと幹細胞研究に五〇万ドルを寄付している[2]。また、ニュージーランドのウェリントンにあるセント・クリストファー教会の改修に百万ドル余を寄付し、地域の人々から愛されていて由緒ある教会を取り壊しの危機から救った[3]。ピーター・ジャクソンはこうして、キャリアで大成功を収めてから、慈善活動を通して別の分野でも有意義な貢献を続けた。

クレッシェンドに生きるという考え方は人をエンパワーメントするものであり、前述したように、私はこれを自分のミッション・ステートメントに取り入れている。仕事としてこの原則を教えているが、これまで教えてきたさまざまな考え方と同じように強いポジティブな反響があり、多くの人に理解してもらうことができた。この原則は、自分にはもう差し出せるものがない、人生でやるべきことはやり遂げたと思い込んでいた人たちの心に火をつけ、力を引き出した。自分の職業に新たな命と情熱を見出した人、あるいはこのマインドセットにモチベーションを掻き立てられ、取り組んでみたい社会的正義を見つけた人、多くの人が目を輝かせていた。過去の業績や成功とは関係なく、最も重要で偉大な仕事はまだ先にあるのだと信じる希望と刺激を人々に与えたのだ。

あなたがこの世界で見たい変化にあなた自身がなりなさい。

——マハトマ・ガンディー

本書で取り上げる四つのライフ・ステージのそれぞれで、年齢にかかわらず、どんなライフ・ステージにあっても、クレッシェンドに生きるために個人の人生に直接応用できる実際的で有益なものを提供したいと考え、このセクションの最後にパーソナル・インベントリー（個人能力明細）の質問票を添付してある。「成功の頂点」に関連する目標を設定するときに使ってほしい。

第3章
人はモノよりも大切

大切なのは人生で何を持っているかではなく、だれとすごすかである。

――J・M・ロレンス

シンシア・コヴィー・ハラー

一九九九年の冬、わが家はモンタナに山小屋を建てることになり、建築業者のチップ・スミスと契約しました。そのチップさんから次のような話を聞きました。

スティーブンとサンドラの山小屋を建てていたとき、私は意に反する離婚を経験して、人生がめちゃくちゃになっていたんです。山小屋のことで質問したいことがいくつかあったのですが、予定が押していたので、お二人に三五〇マイルも車を運転してきていただいて、夕食を食べながら二時間打ち合わせをし、ホテルで休んで翌朝五時に車で帰るという強行スケジュールを飲んでいただいたんですね。スティーブンは翌日戻ってすぐに飛行機で出張の予定だったので。短いけれども重要な時間であることはわかっていましたから、話し合う項目を書き出し、図面や資料をすべて用意して、効率よく打ち合わせできるようにしておきました。お二人が到着し、挨拶を交わし、席に着きました。

夕食を注文し終えると、サンドラが「ねえチップ、スティーブンも私もあなたが私生活で大変な思いをしていることを知っているのよ」と切り出したんです。私はサンドラの気遣いに感謝してから、山小屋のことを詳しく話そうと話題を変えました。するとサンドラがまた私の話を遮って、自分とスティーブンに何かできることはないかと言うんですよ。私はお礼を述べ、「本当に大丈夫です。問題を解決していけばいいだけのことなので」と言いました。

サンドラは私の手をとり、言いました。「チップ、私たちはあなたのためにここにいるのよ。私たちにとっては山小屋をどうするか心配するより、あなたの今の境遇のほうがずっとずっと大切なの」

言うまでもないのですが、私は泣き出してしまって。それから三時間、悩みや心配事を打ち明けました。凍てついた道路を延々と運転してきてくださったのに、お二人の用件に何も対処できないまま帰ってもらうことになって、申し訳ない気持ちでいっぱいでした。でもお二人が本当に心配して、家族の山小屋を建てることよりも私を大切に思ってくださっていることがわかったんです。私にとって、お二人との絆ができた時間でした。

その後まもなくチップさんは人生の一部を取り戻し、わが家の美しい山小屋の建築を再開しました。数年後、父が亡くなったとき、家族で山小屋に行ってみると、コウモリの害でひどいありさまでした。葬儀を終えたばかりでまだ喪失感も残っていましたし、そもそも山小屋のことは父がいつも気を配っていたので、どうすればよいのか途方にくれてしまいました。ともかくチップさんに電話をして状況を説明しました。チップさんは大勢のスタッフを引き連れてすぐにきてくれ、一日がかりで問題を解決し、頼んでいないのにガレージの掃除までしてくれたのです。そして彼は、人生で一番落ち込んでいたときにそばにいてくれた私の両親に恩返しをさせてほしいと言い、報酬を受け取らなかったのです。[4]

人間関係においては、人はモノよりもかぎりなく重要である。この原則に忠実に生きると心に刻むことが肝要であり、あなたの人生で最も大切な人たちとあなたを結びつけることになる。お互いの違いは無視されるものではなく、従属的なものなのだ。対立する問題や自分や相手の主張が人間関係以上に重要であるわけがない。物質的なことよりも、家族や友人との関係を築き、大切にすることに時間を割いたほうが、必ずよかったと思えるはずだ。

他者に優しさをどう示し、他者の優しさをどう受ければよいかを知っている人は、どんな財産にもまさる友人となる。

――ソフォクレス

人生とは貢献であって、富を積み上げることではない

あなたの運命がどうなるかはわからないが、ひとつだけわかっていることがある。本当に幸せになれるのは、人に奉仕する道を探し求め、それを見出した者だけだということである。

――アルベルト・シュヴァイツァー

ある富豪の葬儀に出席した友人同士がこんな話をした。一人が「彼がいくら残していったか知っているか？」ともう一人にささやくと、当然だというように答えた。「全部おいていったにきまっているじゃないか」

私は長年、講演会などでよく、死の間際に「もっと長く会社にいたかった」と悔やむ人はいない、という話をしてきた。後悔するのは、わが子と疎遠になったことや意味もなくだれかに恨みを抱いたこと、人のためになる機会を逃したこと、叶わなかった夢、家族や愛する人とすごせなかった時間などだ。親しい友人や家族の葬儀に参列し、棺に近づくと、そこにあるのは亡くなった人の肉体だけであることを思い知らされ、驚きを覚えることすらある。残っているのは、故人の生前の善行、家族や友人たち ―故人が愛し、故人を愛した人たち― との関係だけである。それがその人の「レガシー」なのだ。

私は年を重ねるうちに、目に輝きをもたらし、魂に意味をもたらすものは貢献であるという視点を得た。生涯を通じて人のために貢献する方法は無数にあり、そうすることによってお金では買えない充実感と幸福を味わえるのだ。ある程度の経済的成功を果たし、あるいは影響力を持つようになった人なら、貢献する機会はさらに大きくなる。私は、幸福になる秘訣は貢献であって富を積み上げることではないと確信している。

アレクサンドル・ソルジェニーツィンは、第二次世界大戦後、ソ連をストレートに批判し、長く強制労働収容所に入れられていた。この過酷な経験から、彼は富と貢献について独自の考えを得た。彼はこう書いている。「所有物を際限なく増やしたらどうなるだろうか。それでもやはり、充足感を味わうことはできないだろう。所有することよりも、もっと高い次元の原則を優先させなければならない。人間は正義を守るという崇高な使命を持つべきなのである」[5] 所有に関して正しい考えを持っていなければ、所有することで逆に私たちが所有されることになるのは間違いない。このセクションでは、クレッシェンド・マインドを実践し、外に目を向けて貢献する生き方を選ぶことで、所有物では得られない内面の平和と安心に到達することを述べていく。

マザー・テレサは一〇〇カ国以上で講演し、富の目的は人に恵みを与えることだと教えた。

富に執着し、富の心配ばかりして生きている人は、じつはとても貧しい人だと思うのです。その人が自分のお金を他人のために使うなら、とても豊かな人でしょう。お金があれば幸せになれると考える人が多いですね、とくに西洋ではそうです。もし神があなたに富という贈り物をしたなら、それは神の目的のために使いなさい。他人を助け、貧しい人々を助け、仕事を生み出し、他人に仕事を与えなさい。富を無駄にしてはいけません。[6]

マザー・テレサが富自体は問題ではないと考えていたのは明らかだ。たしかに富は世界の最も困難な問題の多くを軽減する手段になり得る。しかし富をためることに心血を注いでも、その富をほかの人たちのために使わなければ、人生で永続的な幸福と充足感は得られない。人のためになる貢献は、お金そのものよりも大切なのである。

オーストリアのインテリア家具販売起業家カール・レーベダーは、貧しい境遇から身を起こし、世間一般から見れば桁外れの成功を収めた人物である。「貧困家庭に生まれ、より多くのものを手にするにはより多く働かなければならないというルールが支配する環境で生きてきました」とレーベダー氏は言う。「しかし富は幸福を生み出しはしません。二五年もそういう生活を送ってきたからわかるんです。金持ちになるほど気分が悪くなる」

カールはグライダーに情熱を傾け、南米やアフリカを何度も訪れ、これらの国々の度を超した貧困を目の当たりにした。この経験が彼の人生に強烈なインパクトを与えた。贅沢三昧の生活を送っていた彼はついに、たいして欲しくもなく必要ですらないもののために奴隷のように働いている自分が惨めであることを本心から認めた。彼の言葉を借りれば「気持ちがこもっておらず、魂が抜けていて、おぞましい五ツ星の生活」を何年も送ってきて、ようやく自分の内なる声を聞いたのだった。その声は「今やっていることはやめよう。贅沢や消費主義を捨てて、本当の人生を生きよう!」と言っていた。

彼は長年、快適な暮らしを象徴するものを捨てる踏ん切りがつかずにいたが、妻とハワイ諸島で三週間の休暇をすごしたあと、「今やらなければ死ぬまでやらないだろう」と悟った。勇気を出して内なる衝動に従い、アルプスを見渡す一四〇万ポンドの豪華な別荘、六一万三千ポンドにもなる美しい石造りの農家、グライダー六機(三五万ポンドで売却)、さらに約四万四千ポンドの価値のあるアウディを売り払った。アルプスの美しい隠れ家から山の中の木造の小屋に移り住み、久しぶりにシンプルで幸せな生活をはじめたのである。

財産を売却したあと、日々のやりくりに苦労している中南米の零細事業者への少額融資のために、マイクロクレジット慈善団体に三〇〇万ポンドを投資し、商品を仕入れて販売し、商売を成長させていけるように、わずかな利息または無利息でマイクロクレジット融資を提供した。

これらの自営業者はほんのわずかな資本で事業を成功することができ、それはカールにとって本当に驚くべきことだった。彼らは自尊心を持ち続けながら家族のためにまっとうな仕事で生計を立てられるようになり、融資も返済することができた[7]。

カールは、長く幸福でいるために必要なのは財産を増やすことではなく、他者への貢献であることを発見した。世界中を旅して多くの人と会っているうちに、「家も、高級車も、グライダーも、ばか高いディナーも必要ではないことに気づきはじめた」と彼は言う。「次のステップは人とつながることだった……二五年間、ほしくもないもののために奴隷のように働いてきたので、今の夢は何も持たないことなんですよ！」と嬉しそうに声を上げる[8]。

皮肉にも、物質的な豊かさというなら何もなくなってしまったが、真の貢献と価値ならすべてあるのだ。苦労していた自営業者たちにマイクロクレジット融資が与えた影響を想像してみてほしい。彼らは家族を養い、子どもたちに教育を受けさせ、より良い未来に希望さえ持てるようになったのだ。カールは、自分の富を積み上げるのではなく他者が富を築く手助けをすることに、本当の幸せを見出したのである。

お互いの人生をもっと楽にするためでないのなら、
私たちは何のために生きているのだろう？

——ジョージ・エリオット

なにもカール・レーベダーのように全財産を捨てて木造の小屋で質素に暮らすべきだと言いたいわけではない。しかし彼のエピソードには重要な教訓がある。カールが人生の意義を見出したのは、物質的な豊かさではなく他人のために尽くすことに目を向けたときだったということだ。

作家のジェフ・ブランボーは『The Quiltmaker's Gift』という洞察に富んだ絵本を書いている。大人にとってもためになるメッセージを読み取れる、ほしいものは全部手に入れても幸せになれない欲張りな王様の物語である。

王様は、世界で一番美しいキルトを作り、そのようなキルトを買う余裕のない貧しい人々に無料で配っている老婆がいるという話を耳にする。老婆は一日中キルト作りに励んでいて、物質的な財産はほとんどないが、質素な暮らしに満足している。王様は老婆のキルトが何としてでもほしくなるが、金ならいくらでも払うと言っても売ってくれず、愕然とする。老婆は「これは貧しい人たちだけのものだから」と説明する。王様は激怒するが、老婆はいくら脅されても、罰を受けても、王様が何をしようとも頑として応じない。

老婆はついに王様と取引をする。老婆は、王様がとても自分勝手で、自分が持っている美しい品々を人に分け与えるのを嫌がることを知っていた。そこで老婆は、あなたが自分の持ち物をひとつ手放すたびにキルトの四角いピースを一枚作ります、と王様に告げた。王様はいやいやながら承知する。自分が持っている宝物はどれもこよなく愛してはいるが、老婆が作る美しいキルトだけは手に入れられずにいたからだ。最初は、すべての宝物の中から手放せるものを選ぶことができなかった。しかしようやくビー玉を一個だけ手放すことにした。驚いたことに、ビー玉を受け取った少年はとても喜んだ。そこで王様は別のものを次々と手放していく。受け取った人の喜ぶ顔を見るたびに、王様も思わず笑みがこぼれる。

「なぜこうなるのだ」と王は叫んだ。「自分のものをあげるのがこんなに嬉しいのはなぜなんだ?」王様はわけがわからなかったが、召使に「全部持ってこい、一度に全部!」と命じた。

こうして王様が国の民に贈り物をあげるたびに、キルトの名人はピースを一枚ずつ王様のキルトに加えていく。王国のすべての民が王様から贈り物を受け取ると、王様は世界中の人々に配りはじめ、宝物を笑顔と交換した。

やがて王様は与えるものがなくなり、老婆は美しいキルトを仕上げる。王様の衣はもうボロボロになっていたので、老婆は完成したキルトを巻いてあげた。「ずっと前に約束しましたよね」と老婆は言う。「あなた自身が貧しくなったら、そのときにキルトを差しあげます、と」

「しかし私は貧乏ではありませんよ」と王様は反論する。「私は貧しく見えるでしょうが、私の心は、私が与え、そして受け取ったたくさんの幸せな思い出で満たされ、はちきれんばかりだ。私が知るかぎり、私はこの世で一番豊かな人間です」

それ以来、キルトの名人は昼間は美しいキルトを縫い、夜はそれを王様が町に持って行き、貧しい人や元気のない人を探して手渡した。王様にとって、何かを与えるときほど幸せなことはないのだった[9]。

自分の持ち物を与えるといっても、与えるのはほんのわずかだ。
自分自身を与えるとき、それが本当に与えることである。

——ハリール・ジブラーン

自分の外で生きる

人生で最も緊急の問いかけは、「あなたは他人のために何をしているか」である。

——マーティン・ルーサー・キング・ジュニア

キング牧師がよく投げかけていたこの鋭い問いは、すべての人の心を打ち、行動を起こす動機となるだろう。

アダム・グラントは二〇一四年にペンシルベニア大学ウォートン・スクール・オブ・ビジネスで最年少の終身教授となり、教授としても最高評価を得た。彼は『GIVE & TAKE「与える人」こそ成功する時代』という本を書き、個人目標を立てるときは与える行動も含めるべきだと説いている。

グラントは「私はギバーと呼ばれる人たちについては、人助けに喜びを感じ、多くは何の見返りを求めずそれを行う人と定義したい」と書いている。グラントによれば、慈善活動は成功を収めてからするものだと考えている人がほとんどだが、彼の研究はそれとは逆であることを示している。「ビル・ゲイツのように、まず成功し、それから慈善事業をはじめる人もいるが、世の中の成功者の大半は、偉大な業績をあげるずっと前から与えることをやっている」とグラントは言う。「成功を再定義したい。成功には、自分が達成したことだけでなく他人の達成を助けたことも含まれる、と」[10]

自分の金、影響力、努力で文字どおり数え切れない命が救われるとしたら、どのようなインパクトがあるか想像してみてほしい。次に紹介する例に刺激を受けることだろう。

ビル・ゲイツはマイクロソフト社を共同創設し、数十億ドル規模の企業に成長させ、テクノロジー業界で成功を収めた。世界中の消費者がコンピューターを利用できるようにし、テクノロジーに革命をもたらした。フォーブス誌の世界長者番付でトップだったこともある。しかし歴史は、彼をこの時代の最も偉大な慈善家として称えることになるかもしれない。彼が後世に残すレガシーは技術革新だけではない。世界中の衛生・教育分野の取り組みによって何百万人もの人々を鼓舞し、彼らの人生を決定的に変えたことも彼のレガシーなのだ。そしておそらく最も重要なのは、莫大な富と影響力を持つほかの人たちからも同じような行動を引き出していることだろう。与えることの影響力、それが為す善は、湖に石ころを投げるとできる波紋のように大きく広がっていく。波紋は触れるものすべてに影響を与える。

映画『スパイダーマン』の中で、ベンおじさんは甥のピーターに「大いなる力は大いなる責任が伴う」というおなじみの原理を説き、才能を善のために使うことのカギを教える。ビル・ゲイツは、社会奉仕や周りの人々への恩返しに高い関心を寄せる両親のもとで育った。それに加え、同じような境遇で育ち、やはり同じように奉仕の精神あふれる妻メリンダの影響も受けた。さらにロックフェラーやカーネギーといった慈善家の生き方を学んだことで、自分の資産は慈善事業に捧げるべきだという義務感を抱くようになり、しかも生きているうちにそうすることが重要だった。ゲイツはロックフェラーとの面識はなかったが、生前に財産のほとんどを自身の信念に沿う慈善活動に寄付したロックフェラーの戦略的なやり方に感心していた。

お金は、ある程度の額を超えたら私にとってはまったく無用です。お金の効用はもっぱら、組織を築いて世界中の貧しい人々を支援することにあるのです。

——ビル・ゲイツ[11]

二〇〇〇年、ビル・ゲイツはマイクロソフト社のCEOをしりぞき、ギビング（与える）というパラダイムを通して世界を変えることを目標に掲げ、ビル&メリンダ・ゲイツ財団に多くの時間を割くようになる[12]。二人の友人で財団の共同議長でもあるウォーレン・バフェットはかつて、慈善活動について素晴らしい助言をしている。「安全なプロジェクトだけでなく本当に難しい問題にも取り組め」と。二人はバフェットの助言に従い、果敢な活動を展開している[13]。

ゲイツ夫妻は、「すべての生命の価値は等しい」という信念とビジョンのもと、米国最大規模の慈善信託を創設し、適切な医療、早産防止、感染症対策（とくにマラリア）、極貧対策、衛生問題、教育の不平等（とくに女子児童と女性）、情報及びテクノロジーへの平等なアクセスなど世界で最も緊急性の高い課題に時間と資金を投じている[14]。

ビルとメリンダは、世界の貧しい国々では毎年五〇万人もの子どもが下痢性疾患で亡くなっていることを知り、愕然とした。米国では考えられないことだ。いくらもしない経口補水塩があれば子どもたちの命を救えるのに、行動を起こす責任を感じた人はそれまで一人もいなかったのである。

ゲイツ夫妻は、現実に子どもたちの命を救うには、すぐ目の前にある機会を自分たちがとらえればよいことに気づいた。政府や市場が対応していない問題を突き止め、だれも試みていない解決策を探せば、財団を通して大きな影響を与えられることを知ったのである。こうして、子どもたちの命を救うことを目標として、貧しい国々にまだ届いていないワクチンに最初の大規模な投資を行い、グローバルな活動を開始した。

あるワクチン接種のイニシアチブは五歳以下の子どもに絞って実施し、小児死亡数を年間一二〇〇万人から六〇〇万人に半減させることができた[15]。

二人とも命は平等だと考えていましたが、世界の実情はそう言えるものではなく、貧困や健康問題により大きな格差があります。格差をなくすために活動する財団を設立したいと思いました。

――メリンダ・ゲイツ[16]

ポリオは世界中でほぼ根絶されていたものの、ワクチン・キャンペーンがスタートする前はアフガニスタン、インド、ナイジェリア、パキスタンで猛威をふるい、多くの子どもの命を奪っていた。二〇一二年には世界のポリオ症例の半数以上がナイジェリアで発生している。世界保健総会は、ビル&メリンダ・ゲイツ財団と国際ロータリーが参加する大規模な予防接種キャンペーンを中心にした世界ポリオ根絶イニシアチブを立ち上げた。二年後、ゲイツ財団はポリオ根絶のためのナイジェリアの借款七六〇〇万ドル（二〇年返済）の肩代わりを約束し、さらに同国の努力のかいもあり、二〇一七年にはナイジェリアで新たなポリオ症例は報告されていない[17]。

二〇一七年までにゲイツ財団は世界ポリオ根絶イニシアチブに約三〇億ドルを拠出しており、ポリオの症例数を九九・九％減らし、一三〇〇万人以上の子どもを麻痺から救った。毎年三五万件あった症例数は、アフガニスタンとパキスタンの二カ国で二〇件を下回るまで減少した[18]。

ビル・ゲイツは、ゲイツ財団の仕事はマイクロソフトのCEOをやっていたときと劣らずきつく、エネルギーを消耗するものであり、興味深さにおいてもやりがいの点でも遜色のない仕事であることを発見している[19]。ビルと同じようにテクノロジーに秀で、裕福なアメリカ人女性のメリンダ・ゲイツは、もっとはるかに楽な道を歩むこともできたはずだが、みずから別の選択をし、世界の極貧という複雑で危機的な問題に深く関わった。

メリンダがとくに影響を与えたのは、財団で行う仕事の方向性や優先順位だった。彼女は居心地の良い自宅でデータを調べ、理論を分析していただけではない。財団が活動するコミュニティにも積極的に足を運んだ。チームを率いてアフリカや南アジアの低所得国を幾度となく訪れ、母親や助産師、看護師、地域のリーダーと話をし、現地の生活の実態や課題を知った。どんなに困難な問題でも目をそむけようとせず、多様な文化を研究し理解することに努め、いくつかの重要な分野で女性のための変化と進歩を推し進めてきた。彼女のチームが教育とエンパワーメントによって達成した多くの文化的なブレークスルーは、生活を豊かにするだけでなく、命を救うことにもつながっている[20]。

メリンダはすぐに、「深刻な貧困に苦しむ地域では、女性は隅に追いやられ、部外者として扱われる」ことに気づいた。「はじき出そうとする力に打ち勝つことは、人類の最大の課題です。根強い不平等を終わらせるカギはそこにあります。私たちは、自分の身に起きてほしくない、抱えたくない要素を持った人々を探し出し、彼らに烙印を押して追い出してきたのです。高齢者や弱者、病人、貧しい人が標的にされるのはそのためです。世界の人を一人残らず輪に入れることが、人々の命を救う初めの一歩です。誰一人はじき出されなくなった時、社会は健全になります。そんな世界を実現させていかなければなりません。手を差し伸べるだけでは十分ではありません。真の勝利は、私たち自身が他人を排除するのをやめた時に、初めて手に入れられるのです」[21]

メリンダは、困難を極める問題を自分の目で見つめ、学び、答えを見つけようと何年も積極的に活動し、極貧の中で生きる人々の生活をめぐる経験と洞察を『いま、翔び立つとき 女性をエンパワーすれば世界が変わる』という本にまとめた。

ビルとメリンダは、成功の頂点に到達してから自分自身の外に出て生きることを選択し、世界中に影響の輪を広げている。ゲイツ夫妻は二〇二一年に離婚したが、二人は現在も財団の共同議長・理事を務め、二〇〇〇年から続けてきた活動に専心している。築いた財産で悠々自適に生きることもできただろうし、二人にとってはほかにも征服できるものや証明できるものがあったかもしれない。しかし人生の目的は貢献であって、単に富を積み上げることではない。二人の世界的な貢献は計り知れないものである。

二〇一〇年、ビルとメリンダはウォーレン・バフェットとともにギビング・プレッジを設立した。「生前もしくは死後に資産の半分以上を自身が選んだ慈善活動に寄付する誓約をするよう富裕層に促す」ことをミッションとする活動である。ギビング・プレッジは、「財政手段もバックグラウンドもさまざまな多くの寄付者が示してきた模範に触発されている。世界をより良い場所にするために、惜しみなく（ほとんどは個人的な犠牲を払って）寄付をする何百万人ものアメリカ人が体現してきた模範にならっている」[22]という。

今日、木陰で休むことができるのは、ずっと昔にだれかが木を植えてくれたからである。

――ウォーレン・バフェット

ギビング・プレッジの創設から二〇二一年一二月時点で、この活動に参加したメンバーは世界二八カ国から二三一人にのぼり、三〇代から九〇代まで幅広い年齢層の人たちが多様な目的のために財産の寄付を誓約している（givingpledge.org）[23]。これらの誓約者たちは、ＩＴ、医薬、バイオテクノロジー、不動産、酪農など多岐にわたる業界の起業家やビジネスリーダーでもある[24]。ヘルスケアから教育問題、貧困緩和に至るまでイニシアチブは広範囲に及んでおり、社会の最重要課題に取り組むためのグローバルで多世代からなる新しいアプローチである。

ビル・ゲイツは、財産の九五％をほぼ生前に寄付すると誓約している。ウォーレン・バフェットは二〇〇六年に、財産の九九％を生前または死後に慈善事業に寄付すると誓約した。バフェットは次のように話している。「こうして桁外れの財産を寄付するのは、私にしても家族にしても罪悪感からではない。むしろ感謝の気持ちだ。財産の一％以上を自分や家族のために使ったところで、今よりも幸福になれるわけでも、健康になれるわけでもない。逆に残りの九九％は、多くの人々の健康や福祉のために大いに役立つ」[25]

近代飛行訓練の父と呼ばれるアル・ウェルチは、財産のほとんどを失明対策に寄付した。白内障は失明原因の五一％を占めるが、わずか五〇ドル、五分足らずの手術で元に戻すことができる。ウェルチは、人生を変える手術を行う活動「HelpMeSee」に五一〇万ドルを寄付した。彼はギビング・プレッジの誓約書に「トレーラーを引っ張る霊柩車など見たことがない。金を墓場まで持っていくことはできない！」と書き、手遅れになるまで待たないでほしいとほかの人たちにも寄付を呼びかけた。その一カ月後、二〇一二年にウェルチは九五歳で亡くなった。彼の呼びかけに応じて集まった寄付は二億六千万ドルにのぼった[26]。

成功の頂点に到達した人たちがこぞってギビング・プレッジの誓約書に署名したら、さまざまな慈善事業や慈善団体にどれほどの変化があるか想像もつかない。富裕層の何十億ドルもの金はどれだけの人々の人生を変えられるだろう。彼らの影響の輪（自身が価値を認め支援すると指定した活動も含めて）は世界中に広がっていく。多くの人々の人生を変えるだけでなく、命を救うほどのインパクトなのだ。
ほとんどの人の影響の輪はそれほど大きくはないから、身近な人やグループにしか影響は及ばないかもしれない。それでもこうした貢献にはやはり大きな価値がある。この社会にポジティブな変化を起こし、永遠に続く善がなされるようにするには、大きな貢献と小さな貢献の両方が必要なのである。
カギとなるのは主体性だ。主体的な人が成功の頂点に立つと、過去の成功や失敗などもはや自分の手の及ばないところにあるものには目を向けず、明るい未来を築くために自分にできること、自分の周りにあるニーズに時間と労力を注ぎ、人々に決定的な影響を与えられる人脈を広げ、リソースを増やしていくのだ。

与える行為は、自分のニーズという見慣れた領域から、
他人のニーズに占められた未知の世界へ私たちを解き放つのです。

――バーバラ・ブッシュ

ケリーとケヴィンの例を紹介しよう。テキサス州北部の小さな町で長年努力して身を立て、六人の子どもたちを育てているケリーとケヴィンは、自分たちが住む町には多くのニーズがあるのだから、ただ惰性で家族のことだけを考えるのではなく、奉仕活動やコミュニティのことに自分たちの力を惜しみなく提供しようと考えた。

ケヴィンは歯科医をしながら長年ロータリークラブの会長を務め、少年少女のためのほとんどのスポーツチームでコーチをしてきた。ある年、市が地元の野球場の整備と芝生の水やりの費用を出さなかったため、ケヴィンはその年の春の野球シーズンを子どもたちから奪ってはいけないと、自分で整備の作業をし、水代も負担した。またケヴィンと市内のもう一人の歯科医は、地元の子どもたちに虫歯予防のシーラントを毎年無料で施している。

ケリーのほうは、シーラントクリニックの手伝いに加え、クリスマスのオープン・ハウス・ツアーの企画、長年続けられているフード・ドライブなど地元のさまざまな慈善事業の募金活動にも積極的に関わってきた。子どもたちが通う「タイトル1小学校（訳注：低所得の家庭の子どもが多数通う学校）」でも、生徒に読みか聞かせをするボランティアを毎週行っている。

ある日のこと、二年生のマリアという女の子が泣きながら教室に入ってきたので、ケリーはとっさに彼女を抱きしめた。マリアはすぐに落ち着いた。それから数週間、ケリーはマリアを見守っていた。そして、マリアは個性が強すぎるためにクラスのみんなから嫌われていて、いじめている子もいることに気づいた。こうした社会性の問題に加え、マリアの場合は読解力と計算力が学年の平均を大きく下回っていたが、教師はまったく対処していなかった。

ケリーはマリアと仲良くなろうと思い、放課後、家に呼んで自分の子どもたちと一緒に遊ばせるため、校長にマリアの両親の連絡先を聞いた。しかし校長のぶっきらぼうな返答にショックを受けた。「だめだめ。あの子にもあの子の父親にも関わらないほうがいいです。母親なんかずっと刑務所にいるんですからね。家族全員が不誠実なんです。嘘をつき、盗みを働く。距離をおくべきですよ」

ケリーは校長の話から、マリアが感情的になったり問題行動をしたりする理由を察することができた。校長からは注意されたが、ケリーはマリアと妹のアンジーに関わる必要があると判断し、ほどなくして二人の父親に連絡した。

一家は町はずれに住んでいた。父親は車を持っておらず、彼自身読み書きができないこともあって、娘たちの教育にはまるで無関心だった。ある日の放課後、ケリーは父親の了解を得て、マリアと妹のアンジーが自分の子どもたちと一緒に下校して家にくるように手配した。初めてケリーの家を訪れた二人は、あまりの嬉しさにただ泣いていた。ケリーはすぐに、姉妹はケリーのそばに座って次から次へと本――ほとんどが幼児向けの絵本――を読んでもらうのをとても喜んでいることに気づいた。二人はケリーの関心を引こうとし、彼女が母親らしい愛情を見せると嬉しそうだった。本を読んでいたとき、アンジーがケリーに寄りかかり、おずおずと「お母さんのふりをしてくれる？」と言った。ケリーは、愛情深い両親がいる普通の家庭を求める二人の気持ちに心が張り裂けそうになった。二人はケリー家の子どもたちと楽しく遊んではいたが、それより何より、ただ彼女からの愛情と配慮がほしかったのだった。

マリアもアンジーもケリーと一緒に下校するのが大好きだった。週一回、家で姉妹の宿題を手伝い、自分の子どもたちと遊ばせ、たいていは夕食を一緒に食べてから帰らせるという習慣ができた。父親はきちんとした人だったが、片親に必要とされる能力が足りず、生計を立てるのにも苦労していた。ケリーは父親を学校のプログラムや活動に参加させるようにした。父親はやがて、自分が学校に行くことが娘たちにとってどれほど重要であるかを理解した。自分が行かなければ、親のサポートがないのはマリアとアンジーだけになることに気づいたのである。

マリアとアンジーは開花しはじめた。ほどなくして問題行動もなくなり、放課後のケリーの指導が実り、読解力と計算力は飛躍的に伸びた。ケリーの子どもたちと一緒に遊んでいるうちに社会性も身につけ、ほかの子どもたちからも好かれるようになった。こうして学力や社会性が向上すると、自信もついてきた。

アンジーのクラスの毎年恒例の活動〈生きた蝋人形館〉では、ケリーはアンジーがほかの生徒と同じように歴史上の人物の衣装を用意できるようにした。案内ポスターやビデオの制作も手伝い、この重要なプロジェクトで彼女が自分をうまく表現できるようにサポートした。プレゼンテーションが終わったとき、ケリーは、自分も成功できることをはじめて知ったアンジーの姿を見ることができたのだった。[27]

ケリーは母親代わりとなり、母親不在でネグレクトされていた二人の少女の人生に希望を吹き込んだ。自分の家族のために素晴らしい家庭を築き、コミュニティで影響力を持つようになったあと、ケリーは二人の少女の力になった。自分も愛され大切にされているのだと思えるようにし、成功できる新しい人生を築く手助けをしたのである。

幸せになるカギは、自分の外に出て、共通のビジョンやミッションを持つ人たちと協力し、貢献することにある。ある若い母親は、「今日は大変な一日だった。さあ、だれかのために何かしよう」という祖母の口癖を覚えているという。なんと見事な、賢明な考え方だろう。他者のニーズに応え、自分にしかできないことをその人のためにしてあげることが、クレッシェンド・マインドの実践には不可欠なのである。

本当のプロフェッショナルになりたいのであれば、自分の外で何かをする、コミュニティの悲しみを癒す、自分よりも恵まれない人々の生活を良くするために何かをすることです。それが有意義な人生だと思います。人は自分のためだけでなく、自分のコミュニティのためにも生きているのですから。

——ルース・ベイダー・ギンズバーグ[28]

第4章
リーダーシップとは他者の価値と可能性を本人に伝えること

シンシア・コヴィー・ハラー

私の父は多才で何でもできた人でしたが、機械に強いというのは含まれていませんでした。家族に伝わるエピソードによれば、両親が結婚して間もない頃、照明器具の調子が悪いので電気屋さんを呼んだところ、新しい電球に替えればよいだけだと言われたそうです。母が言うには、父は電球の取り付けにいくらかかるのかとまで質問したとのこと。父はこのときのことを生涯恥じていました。

父が亡くなってからこの話を思い出したのは、父が長年頼りにしていたジョン・ヌネスという善良な男性のおかげです。彼は私たち家族のお気に入りの休暇先であるモンタナで、いろいろな設備の修理をしてくれていました。陽気な人で、まるで自分のもののようにわが家の設備を自慢していて、注意を怠らず、いつも最高のサービスを提供してくれていました。父はジョンに頼りきりで、ジョンはよく仕事がひけてから夜に湖まで行き、翌日にジェットスキーやその他の機材が使えるようにしてくれたものです。休暇の日数がかぎられている家族もいたので、これには本当に助けられました。

父が亡くなってからも、ありがたいことにジョンは私たち家族の力になってくれました。ある日、私が感謝の気持ちを伝えると、彼は次のような話をしはじめて、私を驚かせたのです。

「お話しておきたいことがあるんです。スティーブンは、私の仕事をきちんと評価してくれたただ一人の人でした。私はずっと彼の仕事をするのが好きでした。というのも、私の技術やご家族へのサービスを本心から褒めてくださったので、スティーブンといると自信がもてたからです。あなたのお父さんは、私を人として、職業人として評価してくださった。ですから、これからもご家族の力になれて幸せなのです」[29]

思いもよりませんでした。「あなたの仕事ぶりは本当に素晴らしい。ありがとう」と言うのはとても簡単にできることなのに、自分の人生に恵みをもたらしてくれている人に、私たちは

ふだんどれだけ感謝の気持ちを伝えているでしょうか。

何年も前、ケネス・ブランチャードが『一分間マネジャー』という小著ながらパワフルな本を書いた。ブランチャードの本には素晴らしい考え方がいくつもある。たとえば、「口に出して褒めなければ何の意味もない！」といった考えは本当にそうだと思う。ブランチャードはさらにこう書いている。

私が長年にわたって教えてきた考え方の中で最も重要なのは「部下が仕事をうまくやっているところを見つける」というものだ。人を育てるカギは、うまくやっているところを見つけ、仕事ぶりを褒めることである。それについてはほとんど疑いの余地はない。すると、その部下は仕事に熱中するようになる。[30]

だれかの良いところに気づいたら、その場で口に出して褒めることを今ここで約束してほしい。その瞬間をとらえなければ、チャンスを永遠に逃してしまうかもしれない。たった数秒ですむことだが、これはとても良い習慣だ。この習慣を身につければ、だれかがその日気分良くすごせるだろうし、良い行動がさらに良くなり、自信を持たせられる。こちらの感謝の気持ちも伝わるし、本人も気づいていなかったニーズや問題の解決につながるかもしれない。褒めてもらうと、これからも頑張ろうという気持ちになれるのだ。中国には「好一句三冬暖（優しい言葉ひとつで冬中暖かい）」ということわざもある。

昔の流行歌が「この道はもう二度と通らないかもしれない」と嘆いているように、大切な瞬間は逃してはいけないのだ。良識ある人は「子どもたちがまだ小さかったころ、あんなに優しくしてあげなければよかった！」などとは言わないし、思いもしない。

夜中に泣いたことがある
自分の視力の弱さに
人が必要としているものが見えない自分に
でも、少し優しくしすぎたことに
後悔で胸を痛めたことはない

――未詳

親ならだれでも、外食中に幼い子どもを行儀よくさせるのは簡単ではないことを知っている。ひとり親ならなおさらだ。ある週末、若いシングルマザーがノースカロライナ州ローリーのピザハットに子どもたちを連れて行った。彼女は離婚していて、二人の子はまだ幼いから、よく注意していなければならなかった。彼女は近くの席に座っていた男性のところに行き、「うるさくしてご迷惑をおかけするかもしれません」とあらかじめ謝っておいた。この男性は、「自分も父親なのでよくわかります、大丈夫ですよ」と言って彼女を安心させた。

その男性の親切な行為がわかったのは、彼女が会計をすませようとしたときだった。彼はすでに彼女の家族の食事代を支払っていて、またこのレストランを利用できるようにギフト券まで買ってくれていた。そしてレシートの裏に書いてあったメモに彼女は思わず泣いてしまった。

あなたの事情はわかりませんが、この三〇分間、あなたとお子さんたちの姿を見ていて、あのように愛情深くお子さんたちを育てているあなたに感謝の気持ちを伝えたかったのです。人に敬意を持つこと、教育、正しいマナー、コミュニケーション、自制心、親切にすることの大切さをお子さんたちに根気よく教えていましたね。もう二度とお目にかかることはないでしょうが、あなたのお子さんたちには素晴らしい未来があると確信しています。これからも頑張ってください。困難にぶつかっても、ほかの人たちが見ているかもしれないことを忘れないでください。素晴らしい家族の様子を見て励まされる人たちもいるのです。神のご加護を。

ジェイク[31]

彼女はこの出来事をとても喜び、ひどく落ち込んでいた時期に励ましてくれたジェイクにお礼を言いたくて地元のテレビ局ＡＢＣ11に連絡した。彼女はこう語った。「自分の身にこのようなことが起こるとは思ってもいませんでした。この数年間は人生最悪の時期だったのに、こんなふうに認めてもらえるなんて！　私はただ生きていくためにできることをしているだけです。この男性と彼の家族に、彼が素晴らしい人だと伝えたいのです。だれが見てくれているか、本当にわからないものです」[32]

手のかかる子どもたちを辛抱強く育てているシングルマザーの頑張りをジェイクは何とか認めてあげようとした。彼の行為の価値は計り知れないものだった。ジェイクは、食事代やギフト券以上に、若い家族を励ますことがいかに大切で価値あることであるかを知っていたのである。

私たちはしばしば、触れ合うこと、微笑むこと、優しい言葉をかけること、耳を傾け

ること、ちょっとした気遣いをすることの力を過小評価してしまう。どれも人生を一変させる力を秘めているというのに。

――レオ・ブスカーリア

ドゥルシネアの原則：ポジティブ・アファメーションの力

私は、セルバンテスの『ドン・キホーテ』をもとにしたミュージカル作品『ラ・マンチャの男』の物語が大好きだ。だれかの可能性を信じるというメッセージが心を揺さぶる。ドン・キホーテは中世の騎士で、ただの百姓娘で娼婦のアルドンサに恋をする。だれもがアルドンサを現実の彼女のままに扱うが、勇敢なる騎士ドン・キホーテはそんな現実はいっさい無視し、アルドンサは高貴な女性になれると心底信じ、彼だけは彼女にそのように接する。

最初はドン・キホーテが本気であることを彼女も信じない。しかし彼は繰り返し彼女の姿を肯定し、ドゥルシネアという新しい名前までつけ、彼女が新しいアイデンティティで自分自身を見られるようにする。ドン・キホーテは辛抱強く彼女を肯定する。しだいにアルドンサの固い殻が破れはじめる。彼女が娼婦にしか見えない人たちにとっては残念なことだったが、アルドンサは自分の人生に少しずつ変化を起こし、ドン・キホーテの言う自分のイメージを受け入れていく。この新しいパラダイムによって、彼女はついに美しく高貴な女性ドゥルシネアとなる。新しいイメージを得て、これまでとはまったく別の人生を歩んでいくのである。

やがてドン・キホーテが死を迎えようとしているとき、アルドンサが臨終の床にやってくる。そこで彼は再び彼女の価値を認め、あの感動的な「見果てぬ夢」を歌う。ドン・キホーテがアルドンサに送っているメッセージは明快だ。自分の可能性、自分の夢をあきらめるな。いつでも自分の中にある最高のものを信じろ。彼は彼女の目を見つめ、もう一度彼女の新しいアイデンティティを肯定し、「君がドゥルシネアであることを忘れてはいけない」と心から願う[33]。

心で見なくちゃ、ものごとはよく見えないってことさ。かんじんなことは、目に見えないんだよ。

――アントワーヌ・ド・サン＝テグジュペリ『星の王子さま』

ドン・キホーテには、アルドンサの中に彼女以上のもの、彼女自身にも見えないものが見えていた。彼はそれを無条件の愛で彼女に見せたのである。私たちはドン・キホーテから多くを学ぶことができる。ドゥルシネアの原則とは「自己達成予言」だ。人は心から信じる自分自身に忠実に生きていると、そのとおりになるのである。

ドン・キホーテと同じことをほかのだれかのためにやれる力はだれもが持っている。人生の何かの領域で成功の頂点に立った人ならとくに、自分が思っている以上に人々の役に立つことができる。私は影響力のある人にはよく、その機会を生かして自分以外の人に目を向けてほしいと助言してきた。言い換えれば、「人を感動させようとするのではなく、幸福にする努力をする」ということだ。

周りを見渡して、自分を信じることを必要としている人を探してみてほしい。その人の人格の素晴らしさを信じ、もっと強い人格に育てる。たとえそのような人格がまだ現れていなくとも、信じることで可能性は現実のものになる。過去や現在の現実とは関係なく、その人がなるべき人になれるように愛し、励ますことができるのだ。

現在の姿を見て接すれば、人は現在のままだろう。人のあるべき姿を見て接すれば、あるべき姿に成長していくだろう。

——ヨハン・ヴォルフガング・フォン・ゲーテ

真のメンター、真の教師、真のリーダーの役割は、人を肯定する力―ポジティブ・アファメーション―を働かせることである。人が自分の可能性に気づき、最高の自分を実現できるように鼓舞し、手助けすること以上に充足感を得られることはない。

- 自分の良心からの、あるいは外部からのインスピレーションに心を閉ざさず、受け入れる。そうすれば相手に与える影響も大きくなっていく。
- 先にこちらが相手を理解し、本心から心配していることを知ってもらわなければない。そうしてはじめて相手はこちらの影響力を受け入れることができる。
- メンタリングをする必要があると思う相手と関係を築いたら、相手について知っていること、信じていることを「自然に伝えるタイミング」を探る。
- 実際に起きていることを例にして、どう対応したらよいかを教える。ロールプレイをしてもよい。
- その人の生き生きとした新しいセルフイメージを与える。
- 直面している問題に対処し、適切な選択ができる自信を持てるように手助けをする。
- 過去を振り返るのではなく、将来へ想像力を働かせて生きることを教える。

自分を信じられないときも愛し信じてくれるだれか、その人の存在こそ内面の安心の強力な源泉になる。あなたがだれかを肯定することの価値と力は、その人が成長し、潜在能力を発揮するために不可欠であり、このうえない内面の平和と安心を与える。そうすれば、それまで閉じこもっていたコンフォートゾーンから外に踏み出せるようになる。

ポジティブ・アファメーションは個人を肯定するものであり、現在形で視覚的に、気持ちを動かす言葉で表現する。相手の能力に沿っていて、本心からの正直で簡潔な言葉であることが大切だ。

- 「金融の授業は競争が激しくてきついけれども、あなたはとても真面目だから努力は必ず報われますよ。アンジー、再履修になったとしても、あきらめずに頑張って。この専攻では概念を理解するのに時間がかかるのは普通です。あなたの頑張りは知っています。必ず合格できます」
- 「君は生まれながらの芸術家だな、ジョン。クリエイティブだし、絵に感情がこもっているから、ほとんどの画家とは違う視点を与えてくれる。今油絵に挑戦するとは、君はとても勇気がある。新しい技術を幅広く学べるよ」

・「あなたは自分が思っている以上に良い父親よ。ああいう悪ふざけはディーンエイジャーならよくあることだから、自分を責めちゃだめ。野球場でサムのピッチングにずいぶん時間を割いているでしょう。サムもあなたが気にかけていることはわかってるの。あなたって昔から人間関係をつくるのがうまいから」

・「今日は違う意見が出たときのチームのメンバーたちとのやりとりがよかったね。ああいう場面は紛糾してもおかしくなかったが、皆の意見をオープンに受け入れて議論を進めたから、全員が自分の意見を話せると感じていたようだ。これはなかなかできることではない。君にはリーダーの資質がある。このチームの大きな助けになると思う」

・「弟や妹が話を聞いてほしいとき、いつも耳を傾けてくれてありがとう。ちゃんとしたアドバイスをしてくれるから、あなたのことを頼りにしているのよ。まず相手に意見を言わせるから、相手もあなたの話をよく聞いて受け入れやすくなるのよね。あなたは分別があって、厳しい決断を下せる。本当に頼りにしている」

もちろん、アファメーションというのは肯定しようとする相手に対するこちらの主観ではあるが、ほとんどの人は他人の目に映る自分、他人に思われている自分を表に出すものだから、よく考えた誠実なアファメーションであれば大きな効果がある。成功の頂点を極めた人は、他者に効果的なポジティブ・アファメーションを行える絶好の立場にある。次に紹介する簡単だが効果的な行動を実践し、習慣にすれば、大きな影響力を発揮できるだろう。

肯定したい人の名前、古い脚本、レッテルを変える

- 古い名称、レッテル、肩書き、ニックネーム、アイデンティティは前進を阻む。ほぼすべての社会の通過儀礼では新しい肩書きや名前が与えられるが、それによって行動の変化が強く促されるからである。ドゥルシネアの場合のように文字どおり新しい名前にする必要はないが、あなた自身が相手に対する認識を改め、相手も同じように新しい認識を持てるように手助けしなければならない。
- 相手が今までとは違う自分が見えるようにする。あなたが気にかけている人に、過去を振り返るのではなく未来への想像力を働かせて生きることを教えよう。
- 自分の最大の敵はたいてい自分自身であることに気づかせる。自分を創りなおそうとせず、自分についての古い脚本を信じて、自分から負けてしまうのである。

新しいアイデンティティで相手を肯定する

・だれかの人生やミッションの脚本を書き換える手助けをするには勇気が必要である。しかしそれは十分に私たちの力の及ぶ範囲にある。その人があなたを愛し信じているならなおさら、古い脚本を新しい脚本に変えることはできる。

・自分を信じきれていない人にとってはとくに、新しいアイデンティティで自分を肯定してもらうことは大きな力になり、強くなれる。だれかに信じてもらうと、被害者意識がなくなり、自分の行動に責任を持たざるを得なくなるのだ。

・それはまた、自己憐憫というネガティブなマインドは跳ね返し、自分から変化を起こそうという気持ちにさせる。

自分がどのような人間になり得るか、どのような人間になるべきかに気づかせると、その人は自分の可能性を実現させていくのである。

——ヴィクトール・フランクル『夜と霧』34

ポジティブ・アファメーションの土台となるのは信念だ。人、製品、プロジェクトに秘められた目に見えない可能性を信じる深い信念である。この信念の源泉は、一般的にはビジョンである。革新と創造の果実は、やりがいのあるビジョン、子どものように純真な信念、そして忍耐強く勤勉な仕事が組み合わさると自然と生まれる。

他者の中に秘められた可能性を信じるのは、竹を植えるのと似ている。中国では、竹を植えた人は四年というもの何も見えないという。地表に小さな球根と芽があるだけだ。最初の四年間の成長は根を張るためだけに費やされる。しかし信じられないことに、五年目には一気に二五メートルも伸びるのだ。

根がなければ、いつまでも実はならない。だれかを肯定し、その人の目に見えない可能性を信じて、やがて果実を得るためには、根を地中深くまで伸ばして張りめぐらせ、しっかりとした土台を作らなくてはならない。そうしてはじめて、ときには竹のように何年もかかって、根は果実を生む。そしてようやく花を咲かせた人にとっても、その土台を作るのに力を貸した信頼できるメンターにとっても、その果実の甘さはいかばかりだろう。人を短所で定義してはいけない。必ず長所で定義しなければならないのだ。

リーダーシップは意識して選択するもの

私は長年、講演会などで次のような質問を聴衆に投げかけている。

「自分で自分が信じられなかったとき、だれかが信じてくれたからこそ今の成功がある、と思っている人はどれくらいいますか？」

毎回、出席者の三分の二くらいが手を挙げる。次にこう問いかける。

「だれが信じてくれたのですか？ その人のどういう言動から信じてもらっていることがわかりました？ それはあなたにどんな影響を与えたでしょうか？」

私は会場を歩き回り、何人かに経験を話してもらう。体験談を話しているうちに感情がこみ上げてくる人も少なくない。そして最後に、一番重要な質問をする。

「同じことをだれかにやろうとしていますか？」

私が定義するリーダーシップとは、他者の価値や可能性を本人に明確に伝え、自分の中にあるその価値や可能性を発揮しようという気にさせることである。だれでも自分を心から信じてくれる人に触発され、励まされ、導かれて生きているのであり、それがあらゆる変化を生み出しているのだ。

自分が他人に大きな影響を与えられること、そしてその影響は次の世代へ、さらにその先へと広がっていくことに、私たちは気づいていないかもしれない。

だれの人生でも内なる炎が消えるときがある。そんなとき、だれかと出会い、炎がまた燃え上がる。私たちは内なる精神を蘇らせてくれた人々に感謝すべきである。

――アルベルト・シュヴァイツァー

私は、両親はもちろんのこと、多くの人が私を信じ、私の中にある可能性を引き出してくれて恵まれていたと思う。夜中に目が覚めると、母がベッドのそばで私を見下ろしていて、おまえなら明日の朝の大事な試験はうまくいくよ、とささやいていた。そのときは少し不気味だと思ったことは認めるが、母は私を信じていて、私が関係することは何であれ肯定しているのだということは疑いもしなかった。父もそうだった。父と母の二人分の信念は、私の人生に計り知れない影響を与えた。

二〇歳のときイギリスでボランティア活動をする機会があり、それが私の人生を深く形成した。当時、A・ハイマー・ライザーが現地のシニア・リーダーで、到着して数カ月後、イギリスのいくつかの主要都市で地元のリーダーを訓練してくれないかと頼まれた。訓練するといっても私の二倍から三倍の年齢の人たちで、そのようなことを頼まれるとは思ってもいなかったし、自分が安心していられるコンフォートゾーンからはるか遠くまで出ていくようなことができるとは思えなかった。しかし彼は「私は君を大いに信頼している。君ならできる」と言った。彼は私自身よりもはるかに多くの可能性を私の中に見てくれていたのだ。

実際やってみると、意外にも自分には人を鼓舞するように考えを伝える能力があることがわかり、これがきっかけで教えることに情熱を持つようになった。人を教えリーダーを育てる可能性を私に見出してくれたライザー氏は、私にとって信頼できるメンターとなり、そして彼を尊敬していたからこそ、私は彼の信頼と期待に応えたかった。自分が成長し、ほかの人たちが成長するのを見て、私は自分の声を見つけることができた。この経験が、私のパラダイム、自分自身に対する見方を変え、やがて私の生涯をかける職業を方向づけることとなった。教える仕事から、最終的には書くことを生業とするようになり、それは自分が想像していた以上に多くの人々に影響を与える手段となった。

真のリーダーシップとは意識的に選択するものである。私は、真の指導者、メンターは次の三つの方法で影響力を発揮するものだと考えている。

模範を示す：あなたがメンタリングをする相手は、あなたの行動を見ている。愛の法則を実践して、人生の法則に従うように相手を励まそう。人の内面はとても柔らかだ。自分に満足しているかのようにタフに振る舞っている人はとくにそうである。メンターは、「第三の耳」、つまり心で相手の話を聞かなければならない。愛を、とくに無条件の愛を示すことで、相手に対する影響力は大きくなる。無条件の愛というのは、特定の行動を強制したり、他人と比較したりせず、相手に安心感を与え、その人本来の価値を気づかせるのである。その人にどうなってほしいのか、その模範をあなたが示さなければ、何を言っても空疎である。言葉よりも、場合によっては行動よりも、あなたがどんな人間であるかのほうがはるかに雄弁であるし、説得力のあるコミュニケーションになる。

思いやりのある関係を築く：メンタリングをする相手は、あなたの行動を感じとるものである。あなたが何かにつけて分類や区分け、判断、測定をしようとするなら、それはほとんどの場合、めまぐるしく変化する複雑な現実に対処することに不安やフラストレーションを感じているからだ。人はいろいろな面を持っていて、潜在能力がすぐに見えてくる人もいるが、多くの人の場合、潜在能力は眠っている。人はだれしも、こちらがどのように接し、その人の何を信じているかに応えるように行動するものである。

その人は、あなたを失望させるようなことをしたり、信頼を利用してあなたを甘く見たり、だまされやすい人間だと見下すかもしれない。しかし信じてもらっていると思えば、ほとんどの人はやり遂げるものである。そうではないごく一部の例外を恐れて何もせずにいてはいけない。正しい動機と内面の安定から生まれる善意を前提としていれば必ず、相手の良い面に働きかけることができる。誠意があれば、きっと良い実を結ぶ。

メンタリングを行う：メンタリングをする相手は、あなたの話を聴く。本当に影響を与えたいと思うなら、話す内容を考える前に必ず心と頭の準備をする必要がある。何を話すかよりも、どう話すかのほうが重要な場合もある。あなたを尊敬し、ついてくる人たち、とくに身近にいる家族には、メンタリングの機会があるだろう。

子どもがいるなら、次の実践例を参考にしてほしい。子どもが学校から帰ってきてあれこれ要求してくる前に、あるいはあなたが仕事から帰宅するときに、準備の時間をとる。何かの状況に身をおく前にまず立ち止まって自分を抑え、子どもがどんな言葉を投げかけてきても、親としてどう対応すればよいか決めておく。

・考えをまとめる
・心構えをする
・快活で陽気な態度になる
・子どものニーズに一〇〇％の注意を向けることにする
・子どもが話しているときに自分が話す準備をせず、子どもの話（口に出していないことも）にきちんと耳を傾けることを心がける
・最高の自分であろうとすれば、疲労感を押しやり、常に最善の決断を下せる

だれかにメンタリングをするときは、私が「収穫の法則」と呼んでいる考え方（蒔いた種を刈り取る）に従ってほしい。ほとんどすべての価値あるものには、近道もなければ簡単な解決策もなく、応急処置をしても効果はない。土に何を植え、どのように手をかけるかによって、最後に収穫できるものが決まるのである。農場に近道はない。一夜漬けも先延ばしもできない。代償を払わないまま、母なる自然をだまして豊かな収穫を得る方法などない。

結局のところ人間関係と同じなのである。メンタリングをする相手には、人生で成功を刈り取るためには土を耕し、種を蒔き、栽培し、水をやり、雑草を抜き、そしてようやく収穫するという時

代を超えた「農場の法則」が必要なのだと教えてほしい。私たちは自分自身を常に四方八方に見せていて、いつもだれかに何かしら教えているのだということを覚えておこう。

橋を架ける

ウィル・アレン・ドロムグールという女性詩人による「ブリッジビルダー（橋を架ける者）」という洞察に満ちた詩がある。一九三一年に発表された作品で、現代よりも「自己中心的」ではなく「奉仕志向」の時代であったことがじつに興味深い。

老人は人里はなれた道を行き
寒々としてどんよりとした黄昏時に
深く切り立った広い谷に行き着いた

そこには陰鬱な川が流れていた
薄暗いなかを老人は渡った

その陰鬱な川は老人にとって恐れるべくもなかった
しかし無事に対岸に立ってから振り返り
老人は川に橋を架けた

「ご老人」そばにいた旅仲間が言う
「ここに橋を架けるのは体力を無駄にするだけ
あなたの旅は最後の日とともに終わる
この道を通ることは二度とない
あなたは深く切り立った広い谷を渡り終えた
なぜこんな夕暮れに橋を架けるのか」

橋を架ける者は老いた白髪頭を上げた
「友よ、わたしが歩んできた道には」と老人は言う
「わたしの後に続く若者がいる
若者もこの道を通らねばならない

わたしは造作もなく渡ったこの深い谷は
あの立派な若者には落とし穴となるかもしれない
彼もまた薄暗い黄昏時に渡らねばならないのだ
友よ、わたしは彼のために橋を架けているのだ」[35]

自分の行動が自分に直接的な利益や影響をもたらすとはかぎらないが、後に続く人たちのためにはなる。岐路に立ったとき、賢者や経験者が道を示してくれるとしたら、どんなにありがたいことだろう。次の世代に大きな影響を与え、深い意味のある模範を示し、道を整え進みやすくしてくれる善人は大勢いるのである。

私たちは皆会ったこともない人たちによって形作られている。

――デヴィッド・マカルー

ある青年は、大学在学中に某大手地方銀行のCEOであるスコットの個人アシスタントとして採用されるという幸運に恵まれた。入社初日にスコットに呼び止められ、「君は書類仕事をするだけのインターンではなく、数百万ドル規模のビジネスの経営を学ぶインターンなのだよ」と告げられ、度肝を抜かれた。

ＣＥＯの言ったとおりだった。インターンは次のように話している。

スコットは、仕事を与えてあとは何もしないというような人ではなかったですね。私が取り組んでいるプロジェクトを本当に気にかけてくれて、私からの提案はいつも支持してくれました。新鮮な視点を得られるから私の意見を聞くのはとても重要だとよく言ってくれて、毎週月曜日の朝に行われる取締役会議でプレゼンをさせてもらえることもありました。私としては当然ベストを尽くさなければならなかったので、これはスコットと私のお互いにとってＷｉｎ－Ｗｉｎでした。私は新人インターンとして経営幹部の前でプレゼンするというものすごい機会を掴み、スコットは私が入念に作成し、銀行のためになる質の高い報告書を手にしたわけです。私は自然と、彼のために頑張って前週以上の成果を出したいと思うようになりました。

正直言ってプレゼンは大変で、緊張したし、スキルを磨くのもすごく苦労しました。でもスコットがプレゼンの前に必ず私を紹介し、私が取り組んでいるプロジェクトがいかに重要か話してくれたので助かりました。取締役たちが私のプレゼンを高く評価するようにと、プレゼンの要点を強調してくれたりしました。スコットはいつも気を配り、私がチームの一員で重要な存在であると思えるようにしてくれていたのです。

経営幹部がスコットのオフィスにきたときに同席させてもらえることもあり、彼らの話を聞いたあとで、内容を話し合ったりしました。聞いているだけでもすごく勉強になりました。驚いたのは、彼が有名な人たちに私を自慢げに紹介していたことです。まるで私が重要人物か何かのように「私の新しいインターンです。よろしくお願いしますよ」と力を込めて言うんですから！

出張に連れていってもらったこともありましたね。そのときも、CEOとして大企業を経営して学んだ実践的なスキルをいろいろ教えてくれました。私のキャリアパスについてもアドバイスしてくれて、私の力になってくれそうな人につないでくれたりしました。ためになる本もいろいろ薦めてもらいました。仕事だけでなく、大学生活や社会生活についても関心を示してくれて、私にとって本当に信頼できるメンターでした。スコットが私を信じてくれていることが着実に私の自信を育て、彼を手本にして同じようなキャリアを歩みたいと思うようになりました。彼のもとでインターンを経験した夏はかけがえのない時間でした。いつか彼のようにだれかに良い影響を与えることを将来の目標にしています[36]。

キャリアを歩みはじめた人のために影響力のある人が橋を架ける例をもうひとつ紹介しよう。

ハイテク業界に就職したとき、私が採用されて当然の人材ではなかったことは確かだったと思います。だれかがオフィスで「コード3」と言うのを聞いて、「ここでは暗号で話さなければいけないのですか?」と間抜けなことを質問しちゃいまして。全員爆笑ですよ。あとで、コード3はあるクライアントの名前だと教えてもらいました。そのとき上司はきっと、駆け出しの私を手取り足取り指導する人が必要だと思ったのでしょう。幸運にも業界で職歴一五年の女性が担当してくれることになりました。

私は彼女の保護のもとでコンピューター業界の専門用語をしっかり教えてもらい、おかげで恥をかかずにすみました。客先や打ち合わせに行くときは私も誘ってくれましたし、戦略や営業効果など仕事でひとり立ちするために必要なことを訓練してくれました。

もっと重要なのは、「私だってできる」という自信を植え付けてくれたことですね。彼女はポジティブで何事も肯定的にとらえる人でしたから、私は素晴らしいスタートを切ることができました。大学を出て最初の就職先で、きめ細かに指導してくれず、私がうまくやっていけるように気に掛けてもくれないような人のもとに配属されていたらどんなに苦労していたかと思うと、ぞっとします[37]。

クレッシェンド・マインドを持つと、最も偉大な貢献のいくつかはほかの人たちのために橋を架ける人によって、私利私欲を捨ててなされるのだと思えるようになる。称賛されたいとは少しも思わずに橋を架ける人たちが他者の人生に及ぼす影響は計り知れないものであり、それは卓越性と変化を実現させる力になる。

出会った人たちの人生にとって自分がどれだけ大切な存在であるか、夢にすら出てこない人たちにとって自分がどれだけ大切な存在になれるか、それを感じてもらえたら。人と出会えば必ず、あなたの何かをその人に残すものなのです。

——ミスター・ロジャース

人格形成としてのリーダーシップ

著名なバスケットボールコーチ、ジョン・ウッデンは最後の本『A Game Plan for Life: The Power of Mentoring（人生のゲーム・プラン：メンタリングの力）』（ドン・イェーガーとの共著）の中で、自分の人生に影響を与えた七人の偉大なメンターとして、父親、数人のコーチ、最愛の妻ネリー、マザー・テレサ、エイブラハム・リンカーンを挙げている。本の後半では、自分が受けた恩のお返しに今度は自分がメンターとなって指導した人たちに焦点を当てている。カリーム・アブドゥル・ジャバーやビル・ウォルトンなど有名人だけでなく、孫娘のようにあまり知られていない人たちもいる。

インディアナ州のデイトン高校で英語を教えながらバスケットボールのコーチをしていた一年目、ウッデンは自身のキャリアで最初にして唯一の負けシーズンを経験している。そのとき自分にはコーチとして成功する能力がないとあきらめていたら、どうなっていただろう。ジョン・ウッデンはあきらめずにコーチを続け、UCLAブルーインズを一二年間で六六五勝、前例のない一〇回のNCAAチャンピオンシップ（そのうち七回は連続）、四回のパーフェクト・シーズン、八八連勝（史上最多連勝）、八回のパーフェクト・カンファレンス・シーズンに導いた。選手及びコーチとして史上初めてバスケットボール殿堂入りを果たした。二〇〇九年にはスポーティング・ニュースの「米スポーツ史上最優秀コーチ」に選出されている[38]。

ウッデンがコーチとしてバスケットボールのアリーナで成功の頂点を極めたことに疑いの余地はないが、彼にとって最も意味のある役割は教師であった。選手たちが優れたバスケットボール選手になるだけでなく、人格者にもなるよう教えることが自分の使命だと信じていた。彼はこう書いている。

私はこれまでずっと、バスケットボールは究極のものではないとはっきり言うようにしてきた。人生全体に比べたら、バスケットボールの重要性は小さい。私がこうして生きてきたのは、メンターになるためである（そしてメンターに出会うため！）。多くの人はメンタリングを仕事のようなものと考えているが、人を鼓舞する行動はすべてメンタリングなのである[39]。

メンタリングをする相手との関係が正式なものである必要はない、と彼は言う。メンタリングとは、人に親切に接し、励まし、鼓舞することであり、信じるべき中核的な価値観、つまり神聖なる信頼を教えることなのである。

リーダーは追随者をつくるのではない。さらに多くのリーダーを生み出すのである。

――トム・ピーターズ『エクセレント・カンパニー』

ジョン・ウッデンも彼の兄弟も、高校を卒業するとき、父親の七つの信条を記した一枚の紙を卒業祝いにもらったという。ジョンはその紙を父から受け継いだ遺産として長年財布の中に入れていた。以来、この紙はジョン・ウッデンから何千何万という人たちに受け継がれているのである。

1 自分に忠実であること
2 毎日を最高傑作にすること
3 人を助けること
4 良書とくに聖書を深く読み込むこと
5 友情を芸術の域に高めること
6 雨の日に備えてシェルターを組むこと
7 毎日、神の導きを祈り、恵みに感謝すること[40]

ウッデンの成功の定義は、単に勝つことではなかった。成功は態度と準備の副産物だという信念を持っていた。成功は「自分にできる最善の努力をすること」であり、「評判よりも自分の人格を重視すること」だと考えていた。なぜなら「人格は自分の本当の姿であり、評判は他人に思われている自分の姿にすぎない」からである[41]。

ウッデンは、コーチとしての輝かしいキャリア（彼にとっての成功の頂点）を終えてからも、人生の三分の一以上を有意義な仕事に捧げた。信じられないことに九六歳まで元気いっぱいでクレッシェンドに生き続けた。本を書き、年に二〇～三〇回の講演をこなし、多くの選手、友人、崇拝者たちと交流していた。一〇〇歳まであと数カ月の二〇一〇年六月に亡くなった。UCLAブルーインズはウッデンを偲んで、彼が生涯教え続けた人格形成のための「成功のピラミッド」モデルを表す黒い三角形を喪章にした。ウッデンはコーチとして長年の間に多くの賞、栄誉を受けているが、彼はただ人々の人生を豊かにした人物として記憶されたかったのだ[42]。

あなたが知っていることの中でだれからも教わっていないものはない。世の中のすべてのものは受け継がれてきたものなのである。このように理解すれば、メンタリング

はあなたの真のレガシーになる。それは、あなた自身が他人に与えられる最大の遺産だ。そのためにあなたは毎日起き、教え、教わるのである[43]。

——ジョン・ウッデン『A Game Plan for Life（人生のゲーム・プラン）』より

第5章
影響の輪を広げる努力をする

奉仕の輪を広げれば影響の輪も広がる
――ジョセフ・グレニー『インフルエンサー――行動変化を生み出す影響力』の著者

主体的な人は自分ができることに取り組み、自分の「影響の輪」の中に努力を集中させる。ポジティブなエネルギーがあれば、輪はどんどん大きくなって影響が広がっていき、影響の強さも増していく。

だれでも自分の影響の輪の中にいる人たちに差し出せる自分だけの才能、生まれながらにして授かった天賦の才を持っている。能力を伸ばす理由はいつだってある。学ぶ理由や貢献する理由も、影響力を広げる理由も常にある。そしてほかの人たちも同じことをできるように手助けする理由もある。それが人生を生き生きとし、生きるに値するものにする。

なんぴとも一島嶼《とうしょ》にてはあらず
なんぴともみずからにして全きはなし
ひとはみな大陸《くが》の一塊《ひとくれ》
ゆえに問うなかれ
誰《た》がために鐘は鳴るやと
そは汝《な》がために鳴るなれば

——ジョン・ダン
三笠版現代文学全集16（大久保康雄訳）

ときは一七八二年、ウィリアム・ウィルバーフォースは英国議会の若く人気ある議員であり、英国の奴隷制を廃止する法案を提出しなければならないという使命感に燃えていた。しかしながら、ほぼすべての議員が奴隷貿易の利益を代表していた。彼らは法案提出をあきらめないウィルバーフォースに腹を立て、あっさりと何度も廃案にした。

ウィルバーフォースが取り組んでいた奴隷廃止運動は、彼のかつてのメンターだったジョン・ニュートンと再会して深まったのだった。ジョン・ニュートンはそれ以前に奴隷船の船長をしていた。冷酷な実業家であり、何も感じずに悲惨な奴隷制度に加担していた。あるときニュートンはそれまでの罪深い人生を少しでも償おうと、奴隷貿易から完全に足を洗い、英国国教会の司祭になる。そして、最も長く歌い継がれている賛美歌のひとつ「アメイジング・グレイス」の詩を書いた。

ウィルバーフォースは、仲間の議員たちの慈悲心やキリスト教徒としてのルーツに訴えることにし、残酷な現実を自分の目で確認できるように、奴隷制の証拠である手錠、足かせ、焼き印を見せた。政治家や市民の有力者を遠足だと騙して奴隷船に連れていったこともある。惨状をじかに見せ、死の匂いをかがせたのだ。

ウィルバーフォースの努力は二〇年に及び、徐々に多くの国会議員の良心を動かしはじめた。彼の影響力は広がっていき、反対の立場を考え直す議員も増えていった。一八〇六年、ついにそのときがきた。ウィルバーフォースが提出した英国奴隷貿易廃止法案は、二八三票対一六票の大差で可決された。何十年も猛烈に反対していた議員たちが、崇高な目的をあきらめなかったウィルバーフォースに立ち上がって大きな拍手を送った。

奴隷貿易は違法となったが、それから二六年間、議会は奴隷制そのものの禁止は拒み続けた。ウィルバーフォースは再び闘いを続け、一八三三年にようやく、庶民院は大英帝国全域で奴隷制を禁止した。このときウィルバーフォースは重病に冒されていた。使者が朗報を急ぎ告げてから三日後、彼は息を引き取った[44]。

ウィリアム・ウィルバーフォースは当初、奴隷制廃止を実現させる権力も影響力も持っていなかった。それでも二〇年にわたって熱心に活動しているうちに、同僚議員たちはこの崇高な目的を真摯に追求する彼の姿に影響され、やがてクレッシェンド記号が外に向かって広がるように（<）、影響の輪は議会全体を包み込むまでに広がり、歴史を永遠に変えたのである。クレッシェンド・マインドで生きるというのは、必要があると思う重要な目的を追求する生き方のことだ。そうしているうちに影響の輪が自然と広がり、多くの人を永遠に輪の中に包摂していく。ウィルバーフォースの偉業ほどではないかもしれないが、クレッシェンド・マインドを実践することは「常に先にある」あなただけの「最も重要な仕事」の一部なのである。

みずからの使命に対する消すことのできない信念に燃え、固く決意した人なら、小さな身体でも歴史の流れを変えることができる。

——マハトマ・ガンディー

自分のボイスを発見し、ほかの人たちも自分のボイスを発見できるように奮起させる

『7つの習慣』を書いてから一五年後、私は第8の習慣「自分のボイス（内面の声）を発見し、ほかの人たちも自分のボイスを発見できるように奮起させる習慣」を加えなければならないと感じた。自分のボイスを見つけないうちは、他者が自分のボイスを見つける手助けをしようにもできるわけがない。自分が得意なことを見つければ、それを他者もできるように手助けできるのである。

見返りを期待できない人に奉仕する、だれかにとってまたとない学習と成長のチャンスがあるときに経済的に支援する、本人が気づいていない可能性を示してみせる、生涯を通してわが子を信じ肯定する――これらの行動、そしてほかにも多くの同じような行動によって、その人が今どのような人で、これからどのような人間になり得るかの総和を大きくするのである。

私たちはお互いの魂の池に小石のように落ち、その波紋の軌道は無数の他者と交わりながら広がり続けていく。

――ジョーン・Z・ボリセンコ

だれもが人生のあらゆる段階でそのような努力をしたら、世界にどのような影響を与えることができるか想像してみてほしい。ドミノ効果のように、あるいは池にできる波紋のように、ひとつ、またひとつ、さらにまたひとつと、善の効果が広がり続けていくだろう。

一九七〇年、アメフト界のだれもがほしがる「NFLマン・オブ・ザ・イヤー賞」が創設された。プロフットボール界の慈善事業とコミュニティへの奉仕活動の取り組みを表彰するもので、毎年、フィールド上の成績だけでなく、フィールドを離れてもボランティアとして慈善活動を行うなど卓越した業績を残したアスリート一名に贈られる。ジョニー・ユナイタス、ロジャー・ストーバック、ダン・マリーノ、ペイトン・マニングなどアメフト史に残る名選手たちがこの栄誉ある賞に輝いている[45]。

NFL最高のランニングバックの一人とされるウォルター・ペイトンは、イリノイ州で虐待やネグレクトなど恵まれない環境にある子どもたちを支援する自身の財団の活動が評価され、一九七七年に同賞を授与された。ペイトンはこう語っている。

子どもたちはいつも、ものすごく大きな喜びをくれます。まだ小さいうちに保護できれば、本当に人生を変えることができると思います。こうした子どもたちは、親切というたったひとつの行為で人生がまったく変わる確率が四〇％もあるという研究結果がたくさんあります。子どもが何かを信じられるようにすれば、その子は自分を信じられるようになる。そこに希望があるのです。[46]

ペイトンが一九九九年に四五歳の若さでガンによって亡くなると、ＮＦＬは彼に敬意を表して同賞を「ウォルター・ペイトンＮＦＬマン・オブ・ザ・イヤー賞」とした。二〇一五年にはアンクワン・ボールディンが受賞し、フォーティナイナーズで初の栄誉に輝いた。ボールディンは一四年間のキャリアを通じて四回もノミネートされた特別な存在である。彼の慈善活動は、プロフットボール選手として活動していた時期に住んだ三つのコミュニティに広がっている。

恵まれない子どもたちの教育や人生の機会を広げるための財団は受賞の何年も前にすでに設立していて、夏の強化学習プログラム、感謝祭のフード・ドライブ、新学期や休日の買い物イベントなどを行っている。二〇一四年、アンクワンと妻のディオンヌは財団に百万ドルを寄付した。さらに注目すべきは、高等教育の支援を必要とする優秀な学生一三人に四年間の奨学金各一万ドルを授与していることも重要である[47]。
ボールディンは、フットボール以外にももっと何かしたい、恩返しをして影響を与えたいと話している。

NFLに入ったばかりの頃は、だれも人生について何も教えてくれなかった。私は人生を生きていたというのに！　NFLに入りたいという夢は叶ったけれども、人生はそういうものではないことにすぐ気づいた。自分の人生の目的はNFLに入ることでも、タッチダウンを決めることでもないことに気づいたのだ。神は、それよりもはるかに大きなことのために私を地上に遣わした。そして今ようやく、自分の目的が何であるか気づき、理解できた。これからの人生は神を敬いながら一人でも多くの人の力になることが私の祈りであり、希望である[48]。

ボールディンは、広がり続ける影響の輪の中で、若者たちにどれほど大きなインパクトを与えていることだろう。彼らもこうして自分の人生を最大限に生かすチャンスを広げているのである。

池にできる波紋

あなたをメンターとして尊敬している人はいるだろうか。あなたの信念、あなたからの支援や励ましを必要としている人はいるだろうか。それはだれだろう。具体的な人物を思い浮かべてみてほしい。その人と話す時間をとり、その人の目標や夢、その人にとって大切なことをよく知り、その人が自分のボイス（内面の声）を見つける手助けをはじめてみよう。他者が自分のボイスを見つけられるように力を貸すことに取り組んでいる人は、相手の試練や問題を自分のものとして解決するのではなく、相手に助けや導き、励ましを提供し奉仕するのだということに気づいてほしい。ほんのわずかの時間と労力で他者の人生に大きな変化を起こせることに驚くだろう。

興味、時間、信念、スキルなどあなたがその人に与えるものが何であれ、その人を自分の情熱とボイスを発見する正しい道へ導くことができる。そのようにしてあなたもその人の成長と成功を見れば、深い喜びを感じるだろう。自分のボイスを見つけられるように手助けしてあげたい人がいても、どうすればよいか自信が持てないのであれば、簡単なプロセスがあるので参考にしてほしい。まず次の四つの基本的な質問をして、その人のニーズ、あなたにできることを確認する。

1 その人がどのように生きているのか、具体的にどのような困難に対処しているのか確認する。
2 その人がやりたいと思っていることについて、現在何を学んでいるのか質問する。
3 そのときの状況や学んでいることをふまえて、一緒に目標を設定する。
4 目標達成のために手伝えることがないか質問する。

本当の意味であなたの影響力が相手に及びはじめるのは、あなたが相手から影響を受けていると相手が感じとったとき、つまり相手があなたに理解してもらえたと感じたときである。それには本心から真剣に相手の話に耳を傾け、相手に心を開かなくてはならない。何を言うかよりも、何をするかのほうがはるかに大きなインパクトを持つことを覚えておいてほしい。

ウィリアム・アーネスト・ヘンリーは幼い頃に父親を亡くし、母親のもとには六人の子どもが残された。ヘンリーはその後、イギリスのグロスターにあるクリプト・スクールに入学し、トーマス・エドワード・ブラウンという聡明な校長の指導を五年間受けた。ブラウンは詩人で、ヘンリーの言葉を借りれば「私が初めて出会った天才」である。ヘンリーとブラウンは生涯の友情を育て、ヘンリーは後年、「励ましよりも優しさを必要としていたとき、ブラウンは格別に優しくしてくれた」

と書いている[49]。

ヘンリーが骨の結核にかかり、左足の膝から下を切断することになったのは、まだ一二歳ときだった。この病気は右足にも及び、三年間の入院生活を余儀なくされた。しかし校長先生は、ヘンリーの内面に自分の詩を探求して書くという火をつけた。ヘンリーは結核を患い五三歳で亡くなったが、彼の詩は長く残り、多くの人の心を動かし、影響を与えた。

後年、ヘンリーの最も有名な詩「インヴィクタス」は、南アフリカで投獄されていたネルソン・マンデラに大きなインスピレーションを与える[50]。そしてマンデラは南アフリカに、そしてアパルトヘイトから解放された何百万人もの人生に、影響を与えた。

一人がだれかに影響を与え、一人のボイスがだれかのボイスを生むのである。

世界をより良い場所にする

自分の最も重要な仕事あるいは最も重要な貢献をいつ行ったのか、それはだれにもわからない。だから私たちは何歳になっても、どんなライフ・ステージにあっても、前に立ちはだかる困難にもめげずに学び続け、挑戦し続け、前進し続けなければならない。バックミラーを見るように過去の成功を振り返りたくなる誘惑を跳ねのけ、この先もまだできることを前向きに考えるべきなのである。

お金や名声、才能、資質に恵まれ、成功の頂点を極めてから、信じられないほど多くの善行を積む人がいることはだれでも知っている。しかしいくら「金はあの世まで持っていけない」とはいっても、「子どもには一銭も残さず自分のために使いきります！」と考え生きている人は今も少なくない。

自己のための行いはみずからの死とともに消えるが、他者や世界のための行いは永遠に生き続ける。

――アルバート・パイク

ポール・ニューマンは「クレッシェンド」を体現し、最も重要な仕事はまだ先にあるという生き方を貫いた。世代を超えて多くの映画ファンに愛されたニューマンは、五〇年以上のキャリアで六五本の映画に出演し、映画界を代表するスターだった。一九八七年、六二歳のときにアカデミー主演男優賞を受賞したが、引退など考えもせず、七〇歳をゆうにすぎても現役を続けた。七七歳のときに撮った映画が最後で、その作品でも主役をはった。二〇〇八年、ガンを患い八三歳で亡くなる直前まで働き続けた。俳優としての輝かしいキャリアもさることながら、彼の最大の喜びと満足の源泉は慈善活動にあった。

一九八〇年のクリスマス、ポールと友人のA・E・ホッチナーは自家製のサラダドレッシングをギフトにすることにした。これが大好評で、二月になる頃には近所の人たちや友人たちが「もう一本ほしい」とニューマンの家にやってきた。地元の食料品店の店主は、ポール・ニューマンのマグカップを景品につければ商品は人気商品になると提案した。

ニューマンは自分を宣伝に使ったことがなく、このアイデアにも最初は難色を示した。「サラダドレッシングの瓶に私の顔を貼りつけるなどという低俗なやり方で金儲けするなんてごめんだ！」と彼はホッチナーに言った。「だが、低俗なやり方でもそれが正しい目的につながるなら、慈善や公益のためになるなら、やってみる価値はある。互恵通商協定だ！」[51]

ニューマンは、この試みは世界をより良い場所にするまたとない機会だと確信し、「必要な人たちに全部残そう！」と力強く宣言した。「クローゼットにはこれくらいしかしまえない！」という論理的な説明をして、利益は慈善事業に全額寄付すると約束した。そして「公共の利益を追求するための恥知らずな売り込み」というスローガンを掲げ、Newman's Own（ニューマンズ・オウン）という会社を立ち上げる。会社は数週間で一万本のサラダドレッシングを販売し、年末までに三二〇万ドルを売り上げて大成功を収めた。

ニューマンズ・オウンは設立当初から、ロイヤルティと利益（税引後）の全額をしかるべき慈善事業に寄付すると約束していた。ニューマンの言葉を借りれば、「それが正しいこと」だったからだ。会社の設立から一〇年で五千万ドル以上が寄付されている。ニューマンは常々、俳優で得た報酬よりもサラダドレッシングの売上のほうがはるかに多いことにばつの悪さを感じると言っていた[52]。

ニーズが大きければ、変化を起こせるチャンスも大きい。自分より恵まれない人々に手を差し伸べること以上に良いことがあるだろうか？

――ポール・ニューマン

ポール・ニューマン自身が立ち上げた慈善団体は「壁の穴ギャングの隠れ家」といい、彼が一番大切にしていた活動である（映画『明日に向かって撃て！』に登場するアウトローの一団「壁の穴強盗団」にちなんで名づけられた）。重病の子どもたちが一週間無料で滞在して冒険を楽しめるキャンプ施設で、ニューマンズ・オウンの利益七〇〇〇万ドルが投じられている。一九八八年以来、三〇種類のキャンプやプログラムのネットワークに百万人以上の子どもたちが参加しており、「壁の穴ギャングの隠れ家」は世界最大規模のグローバルなファミリー・キャンプ・グループになった。重病のため一年のうち何カ月も入院している子どもたちが子どもらしい時間をすごせるように、釣りや水泳、キャンプ、乗馬、工作、そしてただ子どもらしく楽しめる機会を提供している。ニューマンが目指したのは、病気であっても人生は可能性に満ちていることを発見できる希望の場を子どもたちのために創ることだった[53]。

ニューマンは、一緒に活動する人たちとともに奉仕の力を体験した。「皆さんは自分のように幸運ではない子どもたちのために何かを生み出しているのです」と彼は言う。「この子たちのために活動している人たちは、自分が与えた以上のものを得ていることに気づくでしょう」[54] 彼は次のようなエピソードを語っていた。ある日キャンプの食堂に歩いていくと、小さな女の子が彼の手を取って見上げ、「ニューマンさん、私、一年のうちこの一週間のために生きているの!」と言ったという。「これなんだよ!」と彼は言った。「これこそが喝采なんだ! 人生で本当にほしいものはこれなんだ! 自分より恵まれない人たちに手を差し伸べること以上に良いことなんかないんだよ」[55]

ポール・ニューマンは、一流の俳優として成功の頂点に立ってから、自分にとって最も重要な仕事を創りだし、クレッシェンドの人生を生きて人々を鼓舞した。二〇〇八年に八三歳で亡くなってからも、彼の家族、従業員、支援者たちは財団を運営し、彼が望んでいたとおりに収益の全額を寄付している。ニューマンズ・オウンは、企業の慈善活動推進委員会（Committee Encouraging Corporate Philanthropy）の設立に協力し、セーフ・ウォーター・ネットワークやディスカバリー・センターをはじめ、栄養教育や生鮮食品へのアクセスを促進する活動、軍人や退役軍人、その家族の生活の質を上げる活動など、数多くの有意義な慈善事業を支援してきた[56]。ニューマンズ・オウンは現在、三〇〇種類以上の商品を生産し、二万二千件の助成金を提供するほか、合計五億七千万ドル（現在も増えている）を数千の慈善団体に寄付し、世界中の何百万人もの人々の生活の向上に貢献している[57]。

二〇一八年一月、財団は世界中の人々に「ニューマニタリアン」になろうと呼びかけた。人に親切にしたり、善いことをしたりして、ニューマンのように他者への寛容な態度を広げようという活動である。「親切にしようと呼びかけるのは、慈善事業はお金だけの問題ではないという考えを広めたいからです。だれでも世界をより良い場所にするために何かできるということです」[58]とニューマンズ・オウンの社長は話している[59]。

私たちは人生を浪費していると感じる。私はなにも聖人に選ばれたいわけではない。私はただ、人生においては、土から取り出したものは土に戻す農夫を少しは見習う必要があると思うのだ。

——ポール・ニューマン[60]

貧困から抜け出そうと努力する多くの人に希望を与えたムハマド・ユヌスと彼が考案したマイクロファイナンス（小規模金融）のモデルについては広く知られている。ユヌスは一九四〇年、インド北東部の国境にあるバングラデシュの小さな村で一四人きょうだいの三番目として生まれた。父親は進学を強く勧めていたが、彼の人生に最も大きな影響を与えたのは、家を頻繁に訪ねてくる貧しい人々を助ける母の模範的な行動だった。こうして、貧困をなくしたいという思いが彼の中に芽生えたのである。

一九七四年、バングラデシュでは何千人もの餓死者を出す大飢饉が発生した。当時、チッタゴン大学の若き経済学教授だったユヌスは、自分が教えている理論では教室のすぐ外にある悲惨な現実を解決できないことに気づいた。

「私が教えていた経済理論は、私の周りにある生活とは何のつながりもなかった。経済学の名を冠しながら学生に作り話を聞かせるわけにはいきません。私は経済学の理論や教科書から離れ、貧しい人々の現実の経済学を発見する必要があったのです」[61]

彼の話によれば、ある女性は竹製のスツールを作るために、ほんのわずかなお金を借りて竹を買う必要があった。ところが担保がないため高リスクとみなされ、銀行は妥当な金利で貸してくれない。仲買人から借りざるをえず、しかもたいてい週一〇%という途方もない金利だったため、手元にはほんのわずかな利益しか残らない。生きていくのがやっとの金しか稼げず、彼女は終わりのない貧困の連鎖に陥っていた。

こんな高金利で貧しい起業家たちが貧困から抜け出せるわけがないと、ユヌスは自分のポケットマネーから二七ドル相当の資金を村の女性四二人に貸し付け、彼女たちはその融資で一人あたり〇・二セントの利益を稼いだ。このわずかな金額で生き延びられるだけでなく、貧困から抜け出すために必要な個人の自発性や進取の精神を引き出せることをユヌスは発見した。信用取引は基本的人権であるというのがユヌスの持論だった。無担保で借金をする機会を与えられれば、健全な金融の原則を学び、貧困から抜け出せるのである。こうして、ムハマド・ユヌスの努力によりバングラデシュにマイクロクレジット（少額融資）が誕生した[62]。

ユヌスと同僚たちはやがてグラミン銀行（グラミンとは「村」の意）を設立し、極貧の環境にある人々にマイクロクレジットを提供するようになった。この小規模金融モデルにならい、およそ一〇〇の発展途上国で同様の活動が導入され、さらには米国、カナダ、フランス、オランダ、ノルウェーなどの先進国でも取り入れられている。本書を執筆している時点で、グラミン銀行はバングラデシュ農村部の四四〇万世帯に四七億ドルを提供している。女性の借り手を中心にし、担保不要として最貧困層だけに融資するなど、グラミン銀行はこれまでの銀行の常識を覆した。これは基本的に、相互の信頼、何百万人もの女性村民の進取の精神と責任感に依存する画期的なシステムである[63]。驚くことに、グラミン銀行の融資の九四%以上が女性になされている。バングラデシュでは女性のほうが圧倒的に貧困に苦しんでおり、収入を家族のために使う傾向が男性よりも高いことが明らかになった[64]。

ユヌスは以前、人はなぜエベレストに登るのか、と聴衆に問いかけたことがある。チャレンジのために登る人もいれば、目が見えない人や足が不自由な人が登ることもあるし、もちろん命がけで頂上を目指す人がほとんどだが、頂上でお金を手にできるわけではないということに全員が賛同した。ユヌスは、人はお金や利益だけでなく意思によって動かされると信じている。これはMBA(経営学修士)の人たちがよく使うレトリックとは違う。世界を変えたいと思う人は、自分だけでなく他者の人生をより良くしたいと心から思って行動するものだと彼は信じている。このような動機で行動して得られる結果には、金銭的な報酬よりも満足できるのである。

ユヌスはダノン社と提携し、栄養豊富なヨーグルト一カップを数ペニーで提供している。アディダス社とは靴を一ユーロ以下で提供する取り組みで提携した。さらに太陽光発電の会社を立ち上げ、バングラデシュの百万世帯以上に灯油とほぼ同じ料金で電気を供給している。ビタミン不足で夜盲症を患う子どもたちのために、健康的な食品や野菜を供給する方法を見出した。提携した企業はどこも事業を持続できたし、投資家は資金を回収したうえに、お金では買えない「最高の幸福」を味わうことができた[65]。

ユヌスは二〇〇六年、貧困層に数百万件のマイクロクレジット融資を行った功績によりノーベル平和賞を受賞した[66]。二〇〇九年までに世界の最貧困層のうち一億二八〇〇万人以上がこのタイプの融資を受け、この制度がなければどうにもできなかった人々に希望をもたらしている。現在、二五〇以上の機関がグラミン銀行のモデルをベースにしたマイクロクレジット・プログラムを実施している。このほかにもグラミン銀行の原則に影響を受けたマイクロクレジット・プログラムは数千件にものぼる[67]。

多くの人の評価では、ユヌスに触発されたマイクロクレジット・プログラムは、第三世界における単独の開発としては過去一〇〇年で最も重要なものである。

ムハマド・ユヌスは七五歳の誕生日の直前に「貧困は博物館送りにすべきだ」と提案し、アメリカ人はその気になれば貧困をなくすことができると語った。成功の頂点に到達したとはいえ、彼はまだクレッシェンドの人生を生きており、引退する気はさらさらない。むしろ年を重ねるごとにエネルギッシュになっているようだ。

ムハマド・ユヌスは、行動を起こすよう聴衆に呼びかける。「五人の人を失業から救う方法を見つけてください。それができたら、もっとやってみてください。そうすれば世界を変えることができるかもしれません」[68] 他者への奉仕を推進する力こそ、彼のレガシーなのである。

パーソナル・インベントリー

当然ながら、ムハマド・ユヌスやビル&メリンダ・ゲイツ、ポール・ニューマンのような才能やお金、影響力を持っている人はそういるものではない。彼らの貢献は計り知れず、大勢の人々に届き、世界を変えるほどのインパクトだ。しかし彼らほど有名ではなくても同じように成功した人もいるし、あるいはごく普通の人でさえ、実際に並外れたことをして、周りの人々の生活にポジティブな影響を与えている感動的な例は数え切れないほどある。

なにも世界を変えようとチャレンジする必要はない。自分自身の世界、自分の影響の輪を広げていけばよい。その輪の中では、自分の力で大きな影響を直接与えられるからである。

自分の時間、資源、才能をどこに割くかは自分で決められる。たとえば無料の貸出図書館のために本を集めたり、孫と一緒にフリースの毛布を作って小児病院に寄付したり、孤独な高齢の隣人を訪ねて庭に花を植えたりと、ささやかなことでよいのだ。人数オーバーの小学校のクラスで本を読み聞かせる週に一度のボランティアをしたり、あるいはコミュニティの荒廃した地区を清掃するグループを組織したり、地元のシェルターのために質の良い古着や防寒具を集めたりすることもできる。イチジクやプロテインバーなど健康的なおやつを車に積んでおいて、困っている人がいたらさっと手渡すというような、さりげない気遣いでも人のためになる。忘れていた友人や家族のことを思い浮かべ、励ましの電話をしたり、実際に訪ねてみたりする。新型コロナウイルスのパンデミックのときには、自宅のガレージでフード・ドライブを行うなど自分のコミュニティで率先して活動した人たちはどこにでもいた。彼らに呼応するように、近所の人たちや友人たちも、この困難な時期にできることを探したり、仕事を失った人たちを支援したりと熱心に取り組んだ。

ある女性は乳ガンを克服したあと、治療で苦しんでいる女性たちを訪ね、前向きな姿勢で闘い続ける強い意志を持てるよう、彼女たちを励ましている。またある人は、オンラインで難民支援を積極的に募り、新しい家族がコミュニティでうまく生活していけるように日用品や資金を集めている。あるシニアのグループは、毎日何時間もピックルボール（訳注：アメリカで生まれたラケットスポーツ）をして楽しんでいることに少々罪悪感を覚え、その遊びの時間に奉仕活動を混ぜようと考えた。こうして「目的あるピックルボール」という活動が生まれた。現在、ピックルボールの仲間たちで地元のフード・バンクの食品補充や貧しい学生のための健康的な「持ち帰り用」スナックの袋詰め、小児病院へのフリース毛布の寄付、その他さまざまなコミュニティ奉仕プロジェクトを日常的に行っている。

見渡せば、あなたの周りにも、あなたの影響の輪の中にも、奉仕する機会は山ほどあるだろう。なにも大きな変化を起こそうと途方もないことをする必要はない。興味のあることを選んで、はじめてみる。そして、それを続ける。

自分は何を提供できるのか、周りの人たちにポジティブな変化をもたらすために何ができるのか考えてみてほしい。以下のパーソナル・インベントリー（個人能力明細）に自分の可能性を書き出してみよう。クレッシェンド・マインドというのは、どんなライフ・ステージにあっても、人への奉仕は受ける側と与える側の双方を幸せにすることを意味する。過去の実績を頼りに生きていくのではなく、これから先に達成することに目を向ければ、「最高の自分はまだこれからだ」という生き方を積極的に見せることができる。皮肉なことに、そのような貢献こそ、あなたのこれまでの人生で最大の成果になり得るのである。

これらのいくつか、またはどれかひとつでも持っていれば、あなたは自分の世界を変えられる完璧な候補者である。

- 時間
- 願望
- 影響力
- 才能
- 興味
- 金
- スキル
- ビジョン
- 情熱

あなた独自の能力や特徴を念頭において、自分の周りにどのようなニーズがあるか、どうすればそのニーズに具体的に応じられるかクリエイティブに考えてみてほしい。パーソナル・インベントリーの空欄に回答を書き込んでいくと、思っていたよりも多くのことを提供できることがわかり、自分でも驚くかもしれない。

パーソナル・インベントリー

1　あなたの得意なことは何ですか？ 自分の職業から学んだことは何ですか？ あなたの才能（または生まれながらの性格的特徴）で、人のために使えるものは何ですか？

2　あなたにとって大切なもの、情熱を傾けられるものは何ですか？ その情熱をだれに貸せるでしょうか、どんな目的に役立てられるでしょうか？

3　近所やコミュニティで、あなたの周りにはどのようなニーズがありますか？　そのニーズに応えるために、具体的にできることは何ですか？

4　家族のことを考えてみてください。子ども、孫、ひ孫、兄弟姉妹、いとこ、叔母、叔父などの親族で、何かで苦労している人がいますか？　近親者や世代を超えた家族に影響を与えるために、あなたにできることは何でしょうか？

5 あなたを尊敬している人、師と仰いでいる人を二～三人挙げ、どのようにしたらその人たちを肯定し、支えて、その人たちにとって信頼できるメンターになれるかを考えてみてください。

6 あなたはどのようなことによって人々に知られたいですか？ どんなレガシーを残したいですか？

7　クレッシェンド・マインドを意識し、「人生は貢献するためにある」という考え方をふまえて、あなたは何をしようと思いますか？

自分以外のことで変化を起こす

――トニ・モリスン

第3部

人生を一変させる苦難

スタッカート

音を短く切る、
断続的にはずませる奏法、唱法
意味は「切断された、突然の、ばらばらの」

苦難は往々にして普通の人に並外れた運命を用意する。

―― 一般的にC・S・ルイスの言葉とされる

二〇〇八年八月一六日、クリスティアンとステファニーのニールソン夫妻は「セスナ機一七七カーディナル」で日帰り旅行に出かけた。このフライトが二人の人生を永遠に変えることになるとは思いもせずに。アリゾナ州セント・ジョンズで給油をすませたあと、小型機は突然墜落し、炎に包まれた。クリスティアンは飛行機を脱出し、ステファニーも外にいると思っていたが、彼女は炎に飲み込まれ脱出できずにいた。自分はもう焼け死ぬと思ったそのとき、亡くなった祖母がステファニーの手をとってシートベルトを外させ、ドアまで誘導してくれるのを感じたという。身体に火がついたまま飛行機から脱出したとき、「転がりなさい！」と言う祖母の声がまたも聞こえた。

クリスティアン・ニールソンは背骨を折り、身体の四〇%に火傷を負ったものの、搭乗していた三人の中では一番幸運だった。クリスティアンの友人で操縦教官のダグ・キニアードは、身体の九〇%を火傷し、病院に運ばれた後、死亡した。ステファニーは身体の八〇%に火傷を負った。治療のため、医師はクリスティアンとステファニーを昏睡状態にした。クリスティアンは約五週間後に目覚めたが、ステファニーが意識を取り戻したのは三カ月もあとのことだった。

ステファニーは二〇〇八年一一月五日にようやく目を覚まし、自分の手、腕、脚、顔が三度から四度の火傷で覆われていることに気づいた。姉のペイジと母親がそばにいて、六歳、五歳、三歳、二歳の幼い子どもたちはほかの姉妹が世話してくれていた。

ニールソン夫妻はその後間もなく、もっと子どもたちのそばにいられるようにと熱傷治療センターに移り、肉体的にも精神的にも長く続く回復の旅に出る。ステファニーはもともと若く美しい女性だったから、最初はどうしても鏡を見ることができなかった。勇気を振り絞って自分の顔を見たときの言葉は「まるで怪物じゃない!」だった。子どもたちは当初、母親が火傷で受けた身体の損傷にまったく対応できなかった。ステファニーはこう話している。「二歳だった末っ子のニコラスは私のことを全然覚えていませんでした。私と関わりたくなかったんでしょうね。心が引き裂かれる思いでした。長女のジェーンは幽霊みたいに真っ白な顔になって、すぐに目をそらしました」廊下にいた次女のクレアは病室から出てきたジェーンに「入っちゃだめ!」と言われ、その場を動けなかった。三歳のオリバーだけが何も気にせず母親のそばにきて、ベッドの上で安心して楽しそうに遊んでいた。

子どもたちが母親の新しい顔に慣れるまでには時間がかかったし、ステファニー自身も自分の外見を受け入れなければならなかった。

「今も傷跡と闘っています」と彼女は言う。「でも私にはまだ顔や鼻がある、それがどれほど幸運なことか忘れないようにしないといけません。家族や友人たちを見ていて、彼らといられることはとても大切だと思うのです。私は妻であり母です。事故は私からそれを奪うことはできなかった。

私のそばには素晴らしい家族がいて、それが一番大切なことなのだから、外見なんか気にしていません。家族は私のことを前とは姿形の違う人とか、以前できたことができなくなった人とか、そんなふうには見ていません。夫は自分が結婚した妻だと思っているし、子どもたちは自然にママと思ってくれている。私は美しい人生を歩んでいるから、自分を美しいと感じるのです」

何千人もの「ママブロガー」がステファニーのストーリーに反応し、彼女の莫大な治療費を支援するため、ガレージセールやバルーン打ち上げ、慈善コンサートまで開いて募金活動をした。中国やオーストラリアも含めて世界中から二五万ドルを超える寄付が集まった[2]。

ステファニーは、昏睡状態にあったとき、亡くなった祖母が近くにいるように感じたという。そして祖母から選択を迫られたのを覚えている。けがの痛みに耐えて子どもたちと一緒に生きるか、痛みから解放されるために神のもとに召されるか、と。彼女はこの世に残る選択をした。自宅に戻ってから、「この状況を良くするために私には何ができるの?」と祖母に問いかけた。ステファニーは、祖母がただひと言「希望を持ちなさい」と言ったのを覚えている。

そして、そのとおりにしてきた。悲劇的な事故にステファニーがとった対応は、希望と勇気と忍耐を持って苦難を克服することを世界中の人々に示し、鼓舞した。事故は彼女からクレッシェンドに生きることを奪いはしなかったのだ。

ステファニーのもとには、部屋を埋め尽くすほどの応援の手紙やカードが届いた。彼女はとても驚き、事故から五カ月後にこのようなブログを書いている。「皆さんからの支援を思うたびに涙があふれてきます。皆さん、愛しています」本書を執筆している時点で、彼女のブログをチェックして勇気をもらい、気持ちを高めている読者は毎月三千万人にものぼる。Instagram のフォロワー約一〇万人も、彼女の闘志と信じられないほど充実した人生に刺激を受けている[3]。

ステファニーは、ニューヨーク・タイムズ紙ベストセラー『Heaven Is Here（天国はここに）』の中で、希望と勝利の驚くべき物語と旅について書いている[4]。将来を前向きに考え、幸せな人生を創っていくことを意識的に選択したからこそ、彼女の希望のメッセージは数え切れない人々の励みになっているのだ。彼女は、多くのテレビ番組に出演し、多くのインタビューを受けている。意欲を引き出す講演者としても人気を集めている。ステファニーは「自分はただ苦しむ《ビター》人間になることもできるし、もっと良い《ベター》人間になることもできる」ことに気づいたのだ。自分の経験を生かして、同じようにとてつもない苦難を経験した人たちを励ます道を選んだのである。

今まで歩んできた人生が、これから歩んでいく唯一の人生である必要はない。

―― アナ・クィンドレン

ステファニーは自分の人生を「事故前」（before the crash：BC）と「事故後」（after the crash：AC）と呼んでいる。ときどきまったく別の人生を送っているように思えるからだという。しかし今ではもう新しい人生を受け入れ、「希望を分かち合おう！」というメッセージを発信している。自分や家族に辛いことが起こった人たちの力になることが彼女のミッションになったのである。

たしかに飛行機事故で失ったものは大きかったが、ニールソン夫妻が得た価値ある洞察は、事故がなければ得られなかったものである。ステファニーは根本的に変わった。そして多くのフォロワーや友人に、人生はこうして再び良いものになることを知ってほしいと思っている。驚くことに、いくつかの面では前よりもっと良くなることだってあり得るのだ。

ニールソン夫妻の結婚生活は、二人だけが理解できるかたちで絆を強めたし、家族は以前よりもずっと結束するようになった。ステファニーはこう書いている。

> 子どもたちには、私たちの経験から生まれたいくつもの奇跡を忘れずにいてほしい。大変だったけれども感謝しているし、私たちがここにこうしていることをとても誇りに感じています。まだ幼いのに子どもたちは多くのことを経験し、それを見事に乗り越えてきたのです。[5]

ステファニーのブログには多くの人から返信があり、手紙もたくさん届いている。幸せな人生を取り戻そうとする彼女の決意はこのようにして報われ、彼女と同じように試練にぶつかっている人たちの励みにもなっている。ある少女は、目に涙を浮かべながらステファニーに言った。「あなたのおかげで、私は苦しいことにも立ち向かえる」[6]

人は、喜びと悲しみによってのみ、自分自身と自分の運命について知ることができる。

――ヨハン・ヴォルフガング・フォン・ゲーテ

完璧に計画していた人生が崩れてしまったら、あなたならどうするだろう。どんな反応をするだろう。ばらばらになった破片をどのようにして拾い、前に進むだろうか。そのようなことがあなた自身に起こったことがあるだろうか、あるいは身近な人の人生が突如としてひっくり返されてしまったことはあるだろうか。自分の身に何が起きるかは、普通はコントロールできない。しかしそれにどう対応するかは選べる。どのような選択をするかがそれ以降のことに影響を与える。ステファニーは、期待していた人生とはまるで違うものになったとはいえ、今もクレッシェンドの人生を生きている。彼女は、不幸と同じように幸福も意識して選択するものであり、敗北と絶望に屈しさえしなければ幸せな人生を送ることができることを学んだのである。

第3部では、有名無名にかかわらず、人生が一変するような経験をしながらも努力を続け、やがて、自分にはまだ成し遂げられることも貢献できることもあると信じることを選んだ人々の実話を紹介する。彼らの身に起きたことは悲劇であるし、人生を破壊してしまうほどのものかもしれない。しかしそれでもクレッシェンドの人生を生き、自分自身の人生を、そしてほかの人たちの人生をより良くすることを選択したのである。

ニールソン夫妻のように悲劇的な苦難のあとで幸せを取り戻した人々の生き方から、こうした苦難を乗り越えるための次のような「基本的な考え方」を見つけることができる。

- 試練を受け入れる
- 人生は再び良くなると信じる ― 意識的に幸福を選択する
- 他者の力になる方法を探す ― 希望を分かち合う

このあとの章で紹介する勇気ある人々の実例から学んでほしいと思う。あなたが苦難に直面したときは、これらの例を思い出して奮起することを願っている。

第6章
ディミヌエンドではなくクレッシェンドの生き方を選択する

私たちは、隠された強さを前に出さざるを得なくなるまで、
自分の強さを知ることさえできない。

——イサベル・アジェンデ

アンソニー・レイ・ヒントンは、裁判がはじまる前から有罪と思われていた。一九八五年、アラバマの小さな町で、警察の人種差別的な取り調べの結果、「レイ」は何の関係もない二件の殺人の犯人に仕立てあげられた。彼には確かなアリバイがあり、嘘発見器のテストにも通っていたが、貧しかったため、人種的な偏見の強いコミュニティや法制度のもとで公正な裁判を受けるには必須の適切な弁護士を雇う余裕などなかった。検察側にはレイを有罪とする信頼性の高い証拠がなかった

にもかかわらず、彼はすぐに有罪判決を受け、アラバマ州のホルマン刑務所の死刑囚監房に送られた。自分が無実であることをわかっていたレイは、法制度を全面的に信頼していた。しかし判決を受けたあと、彼は怒りと絶望でいっぱいになり、刑務所のベッドの下に聖書を放り投げ、完全に心を閉ざそうと決心した。本来は開けっぴろげで親しみやすい性格のレイが、石のように黙りこくった。家族や友人が訪ねてくる以外は、仲間の受刑者や看守ともいっさい交流せず、長く惨めな三年が続いた[7]。

ある日の夜遅く、レイは受刑者のすすり泣きで目を覚ました。絶望のどん底にあるその受刑者は、自分の痛みをやわらげてくれるだれかを求めていたのだ。その瞬間、レイの内面で、意識的に抑えていた深い慈悲心が目覚めた。死刑囚監房の中、たった一人で生きるという現実はどうすることもできないが、自分にはほかに重要な選択肢があることに気づいたのだった。

彼は後年、自身の体験を綴った『奇妙な死刑囚』という本を出版している。「私は絶望を選んだのだ」と彼は書いている。「憎悪を選んだのだ。怒りを選んだのだ。だが、まだほかにも選択肢はあるはずだ。そう思うと、大きく揺さぶられるような気がした。私はあきらめることも選べるし、何とか頑張り抜くことも選べる。希望だって選べる。信仰だって選べる。そして何より、愛を選ぶことができる。思いやりを選ぶこともできるのだ」[8]

それは啓示を得た瞬間だった。レイは「苦しんでいる人がいれば手を差しのべ、その苦しみをやわらげたいと思う衝動をもって生まれたのだ。その授かりものを活用するかしないかは、自分で決めるしかない」[9]と悟ったのである。

レイは三年間の沈黙を破り、独房の鉄格子越しに、母親を亡くしたばかりだと悲嘆にくれて打ち明ける受刑者を慰めた。その夜、彼は見ず知らずの囚人が語る母親の話に耳を傾け、頑張り続ける希望を彼に与えた。レイは、今こそ自分自身の希望と信仰を新たにしようと決心した。そして、ベッドの下に放り投げたままにしていた聖書を出してほこりを払い、死刑囚監房で生きるという過酷な現実にあっても深い絶望に屈せず、自分の価値観と本来の自分――善良な人間――に忠実であろうと決意した。

そして彼はほかのことを選択した。その後二七年間、彼は道しるべとなり、光となった。自分の精神を変えただけでなく、仲間の受刑者にも変化をもたらしたが、そのうちの五四人は彼の独房からわずか三〇フィートのところで死刑が執行された。彼の影響力はしだいに大きくなっていった。死刑囚監房で思いやりのある人間となり、ほかの受刑者も彼と同じように思いやりを持って応答するようになった。周りの何十人もの受刑者の人生に優しさとユーモアを与え、弁護士のブライアン・スティーブンソンが信じていた「たとえ最悪の間違いを犯したとしても、われわれはただそれだけの存在ではない」という希望を広めたのである[10]。

くる年もくる年も前向きな姿勢で闘い続けることは日々の試練ではあったが、レイは非人道的な境遇の中で人間らしく生きていた。囚われの身を解き放つ手段として本を読み漁り、知性と想像力を働かせて、自分がおかれた環境から逃れていたのだ。そして、いつの日か無実が証明され、真の正義と自由が与えられることを固く信じ、希望を持ち続けていた。

何の進展もないまま一四年間独房に閉じ込められていたレイはついに、正義を追求する弁護士ブライアン・スティーブンソンとイコール・ジャスティス・イニシアティブ（ＥＪＩ）から十分な法的支援を得ることができた。スティーブンソンは、レイの判決がおそろしいまでに不当であることをすぐさま見抜き、それから一四年間、申し立てと控訴を何十回も行い、骨身を惜しんでレイを弁護した。

ついに二〇一五年、スティーブンソンは合衆国最高裁判所ではまれにしかない全員一致の判決を勝ち取る。アンソニー・レイ・ヒントンは完全に無罪となり、三〇年近くの獄中生活から解放された。アメリカで最も長く死刑執行に直面していた死刑囚の一人が、無実を証明され、釈放されたのだ。

ついに刑務所から出たレイは、「陽は輝く」と感謝の気持ちを込めて家族や友人たちに言った[11]。

二七年間投獄されていたマンデラと同じようにレイ・ヒントンも、長い獄中生活から出てきたときにとりたててだれかを恨む気持ちはなく、許す力を身につけていた。「恨みは魂を殺す。憎んで何になる？」と彼は言う。自分を起訴した人たちを許すことを意識的に選んだのだ。「彼らは私の三〇代、四〇代、五〇代を奪ったが、私の喜びは奪えなかったのだ！」[12]

数十年の時間が獄中ですぎさってしまったこと、キャリアを積む機会を失ったこと、そして結婚し子どもを育てるという心から望んでいた夢を叶えられなくなったことをレイは深く後悔しているが、このようなネガティブな影響が自分自身を蝕み、残りの人生を台無しにするようなことは許していない。レイは「悪いことが起きてしまったら、元に戻す方法を見つけなければならない」と考えている[13]。自分にしかできない大切な仕事はこの先にもあると、深く信じている。自分と同じように不当に起訴され、投獄された人々のために戦うのだ。

釈放から三年後、レイは重要な意義のある回想録『奇妙な死刑囚』を書く。死刑囚として生き抜くすべを学び、そして生きる道を見出した試練の旅を綴り、読めば平静な気持ちではいられなくなる同書は、ニューヨーク・タイムズ紙のベストセラーになった。

レイの話からわかるのは、どんなに恐ろしい状況や試練に直面しても、私たちには選択肢があるということだ。最初の頃のレイがそうだったように心を閉ざす選択もできる。しかしそれは基本的にディミヌエンドの人生であり、記号の「＞」が示すように、私たちの力はやがて消えてなくなってしまう。

レイは人種差別的な法制度によって不当な判決を受けたが、みずからの信仰、希望、知性、想像力、思いやり、ユーモア、喜びを選択する力は、結局はだれにも奪えなかったのだ。人生においても、レイが死刑囚監房で行ったような選択をすれば、影響力と強さを増し、クレッシェンド記号「＜」のように人生は拡大していくのである。

レイは現在、人権活動家・アドボケイトとしてのライフワークに取り組んでいる。たぐいまれな講演者、コミュニティの精力的な教育者となり、ブライアン・スティーブンソンとEJIチームとともに活動している。彼らは、レイのように無実で苦しむ人をなくすために、刑事司法改革と法制度の平等の実現に向けて努力している。不正と闘うという重要なミッションがあったからこそ、レイの人生と影響力は拡大し続け、闘争、選択、勝利という彼の勇気あるストーリーは、ほかの人々の光となっているのである。

選ぶ能力はだれにも奪えない。ただ、本人が手放してしまうだけだ。

——グレッグ・マキューン[14]

大きな失敗をしたことのない人、あるいは再出発を余儀なくされるような経験がない人は、おそらくまだ十分長くは生きていないのだろう。苦難はだれも避けられないものだ。間違った選択をした人たちが、あるいは他人のせいで苦しんだり、残酷な運命に翻弄されたりした人たちが出直す機会を得て自分や他人を赦し、生き方を変え、そして他者も同じようにするのを手助けできるまでになったことを知ると、とても励まされる思いがする。

ネルソン・マンデラはこのことを簡潔な言葉で語っている。「私を成功で判断しないでほしい。倒れて立ち上がった回数で評価してほしい」[15] こうして南アフリカは永遠に変わった。彼が何度倒れても立ち上がったからである。

まさに世界はこうして変えることができるのだ。ときにはたった一人でも変化のドミノ効果を起こせる。これから見ていくように、自分でも他者でも出直す機会――セカンド・チャンス――を与えると奇跡が起こり、クレッシェンドの人生につながることがよくあるのだ。

セカンド・チャンス

二〇一一年九月五日、アンナ・ベニナティは人生が永遠に変わってしまう愚かなことをした。コロラド州立大学の新入生だったとき、スリルを求めて走る列車に飛び乗るという危険な遊びがはやっていた。彼女はそれに夢中になった。何度か成功したあと、友人が乗りそこねた列車に引きずられるのを見た。幸い友人は間一髪で転がり落ちたが、アンナは走り続けた。後ろにいた友人が、列車が速すぎるからやめろと叫んでいたのに気づかなかった。

友人の声は騒音にかき消されて聞こえない。アンナは右足を車両の縁にかけたが、左足は地面を引きずっていた。飛び乗るのは無理だとわかって、唯一できること、つまり手を放した。しかしさっきの友人のように車両から転がり落ちず、足が車両の下敷きになった。大腿骨が折れる音がして、自分は死ぬのだと思った。

幸運にも列車が通過するのを待っていた自動車に医療技術者と看護師が自動車に乗っていた。二人はすぐさま彼女のもとに駆けつけ、脚を圧迫して止血した。彼女に警告していた友人は元軍医で、なんとバックパックに新しい止血帯を入れていた。彼はその止血帯をあてて彼女の命を救ったのである。

彼女の左脚は完全に切断され、右脚は半分しか残っていなかった。それは彼女の人生を一変させ、彼女とともに永遠に残ることとなる恐ろしい瞬間だった。

事故に遭う前のアンナは、自分のことを無愛想で、短気で、皮肉屋で、拒食症を患う悲しくて惨めな女の子だと言っていた。規則が好きになれず、「だから私は今こうして車椅子に乗っているの」と小学生のグループに語りかける。彼女は今、子どもたちに自分の体験とそこから学んだことを伝えているのだ。子どもたちが教訓にしてくれればと、自分に判断力が欠けていたために招いた事態を話しているのである。子どもたちは話を聴きながら、彼女のユーモアのセンスと快活さに引き込まれていく。そうした資質のおかげで、彼女はサバイバルできているのだ。アンナはきょうだいの写真を見せ、苦笑いを浮かべてこう言う。「昔は大きなお姉ちゃんだったけど、今はちっちゃいの！」これを見れば愚かな選択をするとどうなるかわかるでしょうと警告する彼女の話に、子どもたちは釘付けになる。

小学生たちの熱心な注目を集めて、彼女は新しい現実にどう反応したか語る。「退院して最初の一週間は本当に腹がたっていた。そして、どちらかを選ばなければならないことに気づいたの。このまま何もしないで、なぜ足がないのかと自分を憐れんでばかりいるか、それともこの現実を受け入れて前に進むか。あきらめるか、立ち上がるか。帰宅して二週目、今日こそは何でも自分にできることを見つけようと決心したの」

アンナは自分にセカンド・チャンスを与えることができた。自分にもまだできることに目を向けようと決心してから、そのリストの長さに驚いた。ハンドサイクリング、ウェイトリフティング、ボーリング、乗馬、水泳、ロッククライミング、シットスキーをやりはじめ、バンジージャンプにも挑戦した。車椅子で逆立ちもウィリーもできるようになった。事故から四カ月後、アンナは脚を失った場所に行ってみることにした。怒りや恐怖を感じるとばかり思っていたが、意外にも穏やかな気持ちだったという。命を救ってくれた消防士たちも訪ね、車いすでダンスをしてみせ、彼らを魅了した。人前で踊るなんて以前なら絶対にしなかったことだ。

アンナは現在まで一一回以上の手術を受ける必要があったが、事故以来、以前よりも人生を丸ごと受け入れ、忙しいスケジュールをこなし、彼女を知る人たちを元気づけている。自分はもう十分に苦しんだし、今は以前よりもひどい健康問題に対処しなければならないのだと思ったら、摂食障害は消えてなくなったという。アンナは現在、スポーツプログラムでほかの障害者を指導しているほか、ユース・シンフォニーのメンバーのメンターを週一回務めながら、ギター、ピアノ、ファゴットを演奏している。ようやく古い友人たちと一緒にすごす機会ができたとき、彼らは新しい生活に前向きに取り組んでいるアンナを見て衝撃を受けたそうだ。「不思議なんですけど、脚があったときよりも今のほうがずっと幸せなんですよ」と彼女は言う。「いつもそう言っています。今の私はこうあるべきだった私です。これが本当の私なんです」[16]

自分を元気づける一番の方法は、だれか他人を元気づけてやることだ。

——マーク・トウェイン

アンナはテレビ番組「トゥデイ」でアン・カリーのインタビューを受けるまでになり、人々の心を動かすメッセージを伝えた。「このような事故に遭っても人生は終わりません」と彼女は言った。「私は事故を乗り越え、前に進むことを選んだのです」仲間の大学生たちに語りかけてと促されたアンナは、命あることへの感謝の気持ちを述べてから、何かを決めるときは心の声を聴いてと呼びかけた。「自分の直感に従いましょう。夜一人で歩いて帰宅しようとするとき、メールをしながら運転しようとするとき、お酒を飲んだのに車のハンドルを握ろうとするとき、どんな状況であれ何かおかしいと感じたら、やってはいけない。私は自分の過ちの代償を一生払っていかなければならないのです」[17]

アンナの「やればできる」という姿勢からわかるのは、前向きな気持ちになり、自分に起こったことは過去のことだと思えば、それが力になるということだ。彼女は充実した人生を送り、生産的な未来を得られる。脚を失ったあの暗黒の日に囚われてはいない。驚くべきことに、とてつもない苦難にぶつかったにもかかわらず、彼女の人生は縮小するどころかむしろ拡大しているのだ。彼女は、いくつかの原則に従ってクレッシェンド・マインドで生きることを自覚的に選択した。これらの原則はだれもが実践すべきだろう。

- 自分を許して前に進む。
- ユーモアのセンスを失わない。
- 直感に従う ― 内面の声に耳を傾ける。

本書で紹介する「人生を一変させる苦難」の実例や勇気ある選択について考えるとき、この重要な原則を思い出してほしい ― 「人は自分がおかれた環境の産物であるだけでなく、自分が主体的に下す決断の産物でもある」

私は昔から、この洞察に満ちた二行連句が好きだ。

二人の男が刑務所の鉄格子から外を眺めていた
一人は地面のぬかるみを、もう一人は星空を見ていた自分がおかれている状況で目にするものは、視点によってまるで違う。下を見れば、ぬかるみと鉄格子しか目に入らないかもしれないが、上を見れば、太陽や月、星の光が見えるだろう。もちろん、自分の状況や自分の身に起こることのほとんどが自分ではコントロールできないのだから、多くの人はまるで牢屋に入れられているように感じていることだろう。しかし、彼らを牢屋に閉じ込めているのは本物の鉄格子ではない。調節もできず、持ち上げることもできない物理的なバリアや拘束具は、あるとしてもごくわずかでしかない。

人生は昔の鉄道の旅のようなものだ。遅れるし、側線に入ることもあるし、煙を吐き、粉塵をまき散らし、石炭の燃え殻も出れば、揺れもする。美しい景色を眺めたり、速度が増して心を躍らせたりするのはたまにしかない。大切なのは、列車に乗せてくださった主に感謝することである。

――ジェンキン・ロイド・ジョーンズ[18]

誘拐されたとき、エリザベス・スマートは世の親にとって悪夢でしかない時間を生きた。一四歳の子が跡形もなく姿を消してしまうというのは、家族にとっても、それを聞いた人たちにとっても恐怖だった。しかしそれこそまさに、歴史上最も耳目を集めた児童誘拐事件で起きたことだったのである。

二〇〇二年六月五日、エリザベス・スマートはナイフを突きつけられ、真夜中に自宅の寝室からいなくなった。誘拐の恐ろしさとその後の救出活動はメディアの大きな注目を集めた。ところが誘拐犯は当局の捜査を逃れ、エリザベス・スマートの自宅からわずか三マイルのところに彼女を監禁していたのだった。

エリザベスは、それから九カ月にわたって耐えなければならないことに何の準備もできていなかった。「地獄だった。一四歳の子の完璧な世界でベッドに入って寝ていたのに、目が覚めたら悪魔のような男がいた」と彼女は後に書いている[19]。彼女は、誘拐犯のブライアン・デイヴィッド・ミッチェルとワンダ・バージーが解放と引き換えに身代金を要求するつもりがないことを知った。それどころか、エリザベスは一夫多妻を望むミッチェルの妻にさせられ、バージーの奴隷にもさせられ、二人の異常な生活に組み込まれたのである。逃げようとしたらお前も家族も殺すと脅され続け、自由の身になるには誘拐犯たちよりも長生きするしかない、それは何年も先の未来のことだと思っていた。

誘拐されてから数カ月間、エリザベス・スマートは不潔な家の中で動物のように鎖につながれ、喉の渇きと飢えに耐えた。薬物、アルコール、ポルノ漬けにされ、監禁されている間毎日、父親ほどの年齢の邪悪な男にレイプされた[20]。

エリザベスは自分が完全に壊れ、粉々になったように感じた。自分のせいではないとわかっていても、こんな目に遭った自分を愛してくれる人がいるのだろうかと不安でならなかった。そしてほんの数カ月前、友達から仲間外れにされていたときに母親が話してくれたことを思い出した。

エリザベス、聞いて。大切なのは何人かだけよ。神様、そしてあなたのパパと私。神様はずっとあなたを愛してくださる。あなたは神様の娘。神様は絶対にあなたに背を向けたりしない。私もそうよ。あなたがどこに行こうと、何をしようと、何が起ころうと、あなたをずっと愛している。あなたはずっと私の娘。それはだれにも変えられないこと。

それはエリザベスにとって決定的な瞬間だった。彼女はのちにこう書いている。

家族はずっと私を愛してくれる、その確信が転換点だった。実際、九カ月間の試練の中で最も重要な瞬間だった。このとき、何があっても絶対に生き延びると決心した。生き延びるためなら何でもすると[21]。

九カ月間、彼女の家族や友人たちは警察と協力し、彼女の姿をできるかぎり人々の目に触れさせる努力を続けた。エリザベスが誘拐されたとき、隣のベッドで目を覚ました九歳の妹がついに、何カ月も前に家の修繕仕事をしたホームレスの男と誘拐犯が同一人物であることを確認した。数年前に子どもを誘拐・殺害されたジョン・ウォルシュという人物が、エリザベスの妹が語ったプロファイルをTV番組アメリカズ・モスト・ウォンテッドに出したところ、二〇〇三年三月一二日、犯人がミッチェルだとわかった視聴者が警察に通報した。

警察は彼女を夫婦から引き離すと、「あなたはエリザベス・スマートですか」と質問した。エリザベスは誘拐犯に脅されていたため、自分の身元を明かすことをまだ恐れていた。しかし、のちにこう書いている。

一瞬、世界が完全に停止したように思えた。私は落ち着いていた。確信があった。何カ月も続いた恐怖と痛みが、陽を浴びて溶けていくようだった。私は甘い安心感を覚えた。「はい、私はエリザベスです」[22]

だがエリザベスのストーリーは、無事救出されて終わりではなかった。全米の法執行機関が彼女の事件で得た教訓を行方不明の子どもや誘拐された子どもの捜査に生かしていることは、エリザベスの苦難が残したレガシーである。

事件から一〇年後、エリザベスは自身の体験を詳細に綴った驚くべき回想録『My Story（マイ・ストーリー）』（クリス・スチュワートとの共著）を出版した。

ほかのサバイバー（犯罪被害者）の方々にも、自分にはどうにもできないことで残りの人生を台無しにしないように、人生でやりたいことができるよう励ましたいと思っています。誘拐されたことは彼（彼女）らのせいではありません。彼らの身に起こったことで、彼らの人間性が損なわれることはないし、人となりも変わりません。人生を生きはじめるのに遅すぎるということはないのです[23]。私たちの人生には、思っているよりもはるかに多くの奇跡が起こっていいます。そのような奇跡は、神がそばにいて、私たちを気にかけていることを思い出させてくれます。あらゆる苦しみを経験していたとき、私は小さな希望の光を見つけることができたのです[24]。

次のセクションで見ていくが、エリザベスの勇気ある選択と大きな影響力は救出されてからも広がり続けた。

まず自分自身を変える

交渉していたときに学んだのは、「自分を変えないかぎり相手を変えることはできない」ということである。

――ネルソン・マンデラ[25]

ネルソン・マンデラも、ヴィクトール・フランクル同様に私のヒーローである。彼もまたクレッシェンドに生きる手本としてこれ以上ない存在だと思う。マンデラは二七年も投獄されていたが、南アフリカ初の黒人大統領となり、憎むべきアパルトヘイトの時代を終わらせた。

無駄とも思える長い獄中生活の中で、彼は自分の最高の仕事はまだ先にあると知っていたのだろうか。本当にそう信じていたのだろうか。それはわからない。しかし、自分が祖国の偉大な指導者になるとは想像していなかったかもしれないが、苦しみながらも自分の価値観を失わず、影響の輪を広げ、みずからのパラダイムを変え、強い尊厳を持って耐え抜いたのである。マンデラは獄中にあった年月で自覚の能力を育て、二七年前に刑務所の門をくぐったときよりもはるかに偉大な人物に変貌した。彼はそれをどのようにして成し遂げたのだろうか。

一九六四年、破壊工作の罪で終身刑を宣告されたマンデラは、ケープタウン近郊のロベン島にある悪名高い刑務所へ送られた。収監されていた二七年間のうち一八年間は、ベッドはなく床で寝起きし、トイレはバケツという狭い独房に入れられ、石灰岩の石切場で過酷な労働を強いられた。しばらくは年に一回三〇分程度の面会と、半年に一通の手紙しか許されなかった。ロベン島の刑務所は湿気が多く、それが原因で結核にかかったため本土の監獄に移され、最終的に本土の二つの監獄でさらに九年間拘束された[26]。

マンデラが獄中にいる間、彼の言葉を引用したり写真を公開したりすることは禁じられていたが、マンデラとほかの反アパルトヘイトのリーダーたちは、反対運動を導くメッセージをひそかに発信していた。マンデラは獄中でウィリアム・アーネスト・ヘンリーの詩「インヴィクタス」に衝撃を受ける。どんな状況にあっても自分の運命は自分で選びとれと鼓舞する詩をよく口にし、ほかの受刑者たちを励ましていた。

私を覆う漆黒の夜
鉄格子にひそむ奈落の闇
私はあらゆる神に感謝する
我が魂が征服されぬことを

無惨な状況においてさえ
私はひるみも叫びもしなかった
運命に打ちのめされ
血を流しても
決して屈服はしない

激しい怒りと涙の彼方に
恐ろしい死が浮かび上がる
だが、長きにわたる脅しを受けてなお
私には何ひとつ恐れることはない

門がいかに狭かろうと
いかなる罰に苦しめられようと
私が我が運命の支配者
私が我が魂の指揮官なのだ[27]

マンデラは獄中で、南アフリカの人々を導こうとするなら、まず自分自身を変えなければならないことに気づく。ロベン島に送られたときの彼は、自由を得るために暴力をふるった怒れる男だった。しかしそのうち、敵の話を聴き、敵を許すことを学んだ男となった。だからこそ彼は、国の和解を成功に導くことができたのだ。

人が変化するときの最大のきっかけは痛みである。苦難は痛みを与える。その痛みはおそらく、二つの道――怒るか、卑屈になるか―― のどちらかを指し示すだろう。しかしマンデラの変化は、普通では考えられない行動を彼にとらせた。「敵」であるアフリカーナ人の看守と仲良くなったのだ。マンデラは彼らの言葉を覚え、彼らの文化を学び、彼らと一緒に教会に行き、自分の心も彼らの心も変えた。そして、許すことを学んだ。看守たちとの間に生まれた友情は心からのもので、マンデラがその生涯を終えるまで続いた[28]。

一九九〇年二月一一日、南アフリカ共和国のウィレム・デクラーク大統領はマンデラを釈放した。彼はそのときすでに人生の三分の一を刑務所ですごしていた。政府は獄中にあるマンデラの写真を出していなかったので、彼はおそらく世界で最も有名でありながら、ほとんど顔のわからない政治犯だった。「門をくぐって、向こう側に待っている車へ歩いて行くとき、わたしは七一歳という年齢ではあったが、人生が新たに始まるのだと感じた」とのちに自伝に書いている[29]。「もし恨みと憎しみを捨てていなかったなら、私はまだ刑務所にいたはずだ」[30]

マンデラが釈放されたとき、アパルトヘイト法はまだ残ってはいたが、デクラークはすでに人種隔離撤廃のための抜本的な改革に着手していた。希望と平等の新しい時代が幕を開けようとしていた。翌年、憎むべきアパルトヘイト法が廃止された。

四年後の一九九四年、南アフリカは同国初の全人種参加の総選挙が行われた。投票に並ぶ人々の列はかつてないほど長かった。意外にも選挙は平和的に行われ、国は共通の目的のもとに団結した。マンデラが南アフリカ大統領に、デクラークが自身初の第一副大統領に選出された。

「立場が逆」になったため、少数派の白人は当初、マンデラ大統領による報復を恐れた。しかしマンデラは固い決意のもとでただちに、お互いの違いを理解し和解するための多大な努力をはじめたのである[31]。

選挙の翌年に開催されたラグビー・ワールドカップの決勝戦に先立ち、南アフリカ代表チームを応援するためヨハネスブルクのフィールドに歩み出たマンデラ大統領は、緑のスプリングボクスのジャージを着ていた。南アフリカの黒人にとって、このジャージと全員が白人のアフリカーナのチームはアパルトヘイト時代の抑圧を象徴する最たるものだった。マンデラがジャージを着て登場したことは、黒人も白人も気づかないうちに和解が進んでいたことを表す大きな出来事だった。試合のあと、マンデラ大統領は再びフィールドに出て、ナショナルチームの勝利を称え、南アフリカ・チームのキャプテンにトロフィーを贈った。この場面は、憎しみを捨て国として団結するときがきたという強いメッセージを発していた[32]。黒人の新大統領が代表チームのジャージを着て国の勝利を祝う姿に、圧倒的に白人で占められていた六万三千人の観衆は飛び上がって喜び、「ネルソン！ ネルソン！ ネルソン！」と叫んだ[33]。

マンデラは二〇一三年一二月五日、犠牲と和解の世界的なシンボルとして九五歳でこの世を去る。一九九三年にはデクラークとともにノーベル平和賞を受賞していた。南アフリカは、六七年間にわたるマンデラの活動と功績に敬意を表し、その生涯を称えて全国的な奉仕の日を定めた[34]。苦難から最後には勝利に至ったマンデラは、まさにクレッシェンドの人生を生きたのである。

・自分がおかれた状況や他人を変えようとする前に、まず自分を変える（インサイド・アウト――内から外へ）。
・恨みと憎しみを捨てる――敗北と絶望に身をまかせない。
・許す力を用いてお互いを癒し、目標に向かって前進する。

わたしは根本的に、楽観主義者だ。楽観主義者であるということは、顔を常に前へ向け、足を常に前へ踏み出すことだ。人間性に対する忠誠をきびしい形で試される辛い瞬間も数多くあったが、わたしは絶対に絶望に身をまかせようとは思わなかったし、そうはできなかった。それは敗北と死に至る道だったからだ。

――ネルソン・マンデラ、『自由への長い道 ネルソン・マンデラ自伝』より[35]

エリザベス・スマートも、まだ幼い少女だったにもかかわらず、マンデラと同じように自分の将来が悲劇的な過去に縛られないことを選択した。自宅に戻った日、彼女の母親は幸せを取り戻すための最良のアドバイスをした。

エリザベス、あの男はひどいことをした。どれほど非道で邪悪なことか言葉ではとても言い表せない。あの男はあなたの人生の九カ月を奪った。その時間はもう二度と取り戻せない。でも、あなたがあの男に与えることのできる最大の罰は、あなたが幸せになること。あなたの人生を前進させること。だから幸せになりなさい、エリザベス。もしあなたが自分を哀れんだり、自分の身に起きたことをいつまでも悩んだり、痛みをずっと抱え込んだりしたら、それはあなたの人生をもっと奪うことをあの男に許すことなの。そんなことはしちゃだめ！　自分にできるかぎりのことをしなさい。あとは神様が配慮してくださる。[36]

救出から六年後、エリザベス・スマートは、毎日耐えた性的虐待も含めてブライアン・デイヴィッド・ミッチェルが彼女にしたことをすべて、勇気を出して証言した。判決言い渡しのとき、エリザベスは彼に言った。「あなたは自分のしたことが間違っているとわかっています。間違っているとわかっていてやったのです。しかし私は素晴らしい人生を歩んでいます。そのことを知っておいてください」[37]

状況を良くしていくために、エリザベスは最終的にレイ・ヒントンと同じ決断をした。辛い体験にどう対応するかを自分で選んだのである。

私はただ選択したのです。だれにとっても人生は旅です。だれでも試練にぶつかります。だれでも人生の浮き沈みは経験します。私たちは皆人間です。でも私たちは自分の運命の主《あるじ》でもあるのです。人生にどう反応するかを決めるのは自分自身です。そう、私は自分の身に起こったことでハンディを負ったままでいることも選べました。でも私は、人生は一度きりなのだから無駄にするつもりはないと、とても速い段階で決断したのです[38]。

エリザベスは、信仰と信念によって、家族や友人、コミュニティの愛と支えによって、乗馬と馬の世話、ハープの演奏によって、癒しと幸福につながる道を見つけた。

彼女はまた、人生で起きる良いことに感謝したから、誘拐犯を許す勇気と強さをもらえたと信じている。感謝し許すこと、それは自分を癒し、人生を再び楽しむためのパワフルなツールになるのだ。

人生を創りなおす

デイヴズ・キラー・ブレッドは、今では多くの食料品店で扱っているおいしくて健康的なパンだ。見たことのある人もいるだろうが、パンの袋にはギターを弾く筋肉質の男性の絵が描かれ、裏面にはデイヴの感動的な贖罪の言葉がある。しかし彼のユニークなストーリーはそれだけではない。

デイヴの父親のジム・ダールは、一九七〇年代にオレゴン州ポートランドで小さなベーカリーを買い取り、当時としては珍しく動物性脂肪は使わずに全粒粉でおいしいパンを焼き、発芽小麦パンのパイオニア的存在になった。ジムの息子グレンとデイヴも父親のベーカリーで働いていたが、デイヴは落ち着きがなく反抗的で、家業に情熱を持てなかった。重度のうつ病にも苦しんでいた。自分の症状を何とかしようとして薬物に手を出し、彼の人生はめちゃくちゃになっていく。薬物所持、強盗、暴行、武装強盗などで逮捕され、最後は州刑務所で懲役一五年の刑を受けた。

その間にグレンは父親からベーカリー事業を買い取り、社名を「NatureBake」に変更した。デイヴのほうはリハビリテーション・プログラムを修了し、二〇〇四年に早期釈放の資格を得た。

意外にもデイヴの家族は彼の出所を歓迎し、兄のグレンは弟に仕事を与えた。仕事こそデイヴにとって本当に必要なものだった。デイヴは、人生を一からやり直すセカンド・チャンスをグレンからもらったと思っている。翌年、デイヴは甥と一緒にポートランドのファーマーズ・マーケットに行き、デイヴが開発したパンを売ってみた。用意した数十斤があっという間に売り切れた。こうしてデイヴズ・キラー・ブレッド（ＤＫＢ）が誕生した。

秋にはポートランドの店頭にＤＫＢ製品が並ぶようになった。当初は三五人ほどの従業員だったが、今では三〇〇人以上を雇用するまでに成長した。現在、ＤＫＢはアメリカとカナダで販売され、四〇万人以上の熱烈なファン「ブレッドヘッド」がいる。

ＤＫＢは、その独特の哲学で際立っている。「私たちは人々が人生を永続的に変えるためのセカンド・チャンスを提供します」

私たちはだれもが偉大な存在になれると信じています。私たちは自己改革の力を信じ、セカンド・チャンスで永続的な変化を起こそうと決意しています。私たちは変化を生み出すことをミッションとしています。善良な雇用者でもこうした取り組みに後ろ向きであるために、可能性を秘めた労働者、やる気と決意、成功への意志を持った労働者が見過ごされているのです。

——デイヴ・ダール[39]

デイヴズ・キラー・ブレッドの従業員の三分の一は重罪の前科者である。同社の製造部長は、出所後に自分を雇ってくれるところがあるのかどうかが一番の不安だったと話している。彼によれば、出所者の七五%は生き方を劇的に変えなければ五年以内に戻ってくるという。雇用は出所後のきわめて重要なステップなのだ。

デイヴは、大量の受刑者や再犯率の悪影響を減らすにはセカンド・チャンス雇用がカギを握っていると確信し、デイヴズ・キラー・ブレッド財団を設立した。DKBは、政府関係者、非営利団体、企業が一堂に会するセカンド・チャンス・サミットをたびたび開催し、前科者が汚名を返上して前進する手助けをしている。人生をやりなおしたい人にチャンスを与えることによる変化の力は、生計を立てるだけでなく人生を切り開く機会も与えるのである。

今でも苦労しているとデイヴは言うが、苦難と戦いながら自分を創りなおしている。「自分の弱さを真摯に認め、直視しなければならない。多くの苦しみを経験して、詐欺師だった男は一度に一斤ずつ世界をより良い場所にしようと努力する正直な男に変わったんだ」[40]

人生を一変させる苦難を経験したあとで人生をやり直すといっても簡単なことではないが、可能なことではあるし、次に紹介するオナという女性のようにほかの多くの人生に良い影響も与えられる。親は自分がわが子より長生きすることはないと思っている。しかしオナは七〇代のとき、四人の子のうち三人までも先立たれていた。一人娘は一六歳のときに交通事故で亡くなり、成人した息子二人ものちにガンで亡くしている。

悲しみに暮れながらも、オナは小学校教師としての人生を大切にし、若い教師には不慣れな詩や作文などの科目に情熱を注いだ。彼女は創造的で思いやりがあり、寛大で、悩んでいる生徒や苦労している先生の力になろうと親身に相談に乗ることもよくあった。優秀な教師としての三八年間の功績を学区から表彰され、何百人もの子どもたちの人生を文字どおり豊かにし、自信をつけさせ、学ぶことの素晴らしさを教えた。

教師を引退してから、オナは第二の人生を歩み出した。九〇歳をすぎた今も、若い人でも真似できないようなスケジュールで活動している。早起きして庭仕事をし、人道支援センターや地元の教会の奉仕活動に参加し、定期的に小麦を挽いてパンを焼いては病人や交通手段のない人に届けている。新しいことは何でも学ぼうとするし、もう一〇年以上も年四回発行の地域情報誌の編集者までやっている。「お年寄り」（彼女より若い人もいる！）の家をまわって車に乗せ、いろいろな催しや文化イベントに連れていくこともしょっちゅうだ。現在、彼女は深刻な健康問題を抱えているが、自分史の執筆など同時進行で取り組んでいるプロジェクトがいくつもあり、もっと時間がほしいと思っている。彼女の場合、神に召される準備はまだできていないのだ。

オナは、ほかの人たちがあまり経験しない試練にぶつかったことで、思いやりが深く自覚的で、感性豊かな人間になった。美しい夕日や鮮やかな紅葉に目をとめて楽しみ、些細なことでもお世話になった人には丁寧な手書きの礼状を送る。事情を知る人たちは皆彼女を深く愛し、称えている。彼女のことをよく知らない人は、その明るく前向きなふるまいの下に大きな痛みと苦しみがあったとは想像できないだろう[41]。

一人の人間には大きすぎる苦難を経験しながらも、強さと力の量が増していく音楽記号の「＜」さながら、オナの人生は広がり続け、人々に恵みをもたらしている。

オナの活動から人生を一変させる苦難のさなかに、あるいはその後にクレッシェンドに生きるために必要なことが見えてくる。

- セカンド・チャンスがあることを信じ、与えることと。
- 人を絶対に見限らないこと。
- 新しい現実の中で意識的に人生を創りなおす努力をすること。

困難にあっても微笑み、苦しみから強さを収穫し、内省によって勇気を育てる人が、私は好きだ。

——トマス・ペイン

エリザベス・スマートはよく、自分の経験を腕や脚に負った深い切り傷にたとえる。傷口を消毒し、感染症を防ぐ薬で治療することを選べば、傷跡は残るかもしれないが、いずれは治る。傷跡だってきれいに消えるかもしれない。逆に傷をそのまま放っておく選択もできる。自然に治るかもしれないが、傷口があいて再び出血し、化膿して感染症になるかもしれない。

切り傷を適切に処置するかどうかは自分が選択することであり、人生が一変するような出来事にも同じことが言える。オナは人に尽くすことで人生を創りなおした。エリザベスは、サバイバー一人ひとりが自分なりの回復への道筋を見つけなければならないと考えている。カウンセリングや薬物療法、セラピーを選ぶこともできるし、情熱を注げるものを見つけられるかもしれない。サポートとケアによって、癒やしはやがてやってくるのである。

第7章

自分の「なぜ」を見つける

なぜ生きるかを知っている者はどのように生きることにも耐えられる。

――フリードリヒ・ニーチェ

完璧だった人生がばらばらになってしまったら、あなたはどうするだろう。どんな反応を見せるだろう。どのようにしてピースを拾い上げ、前に進むだろう。

わが家の近所の美しい住宅街に放置された家がある。荒れ放題の姿は破滅した結婚生活を思い出させる。その家を所有していた夫婦は離婚し、夫は怒りのあまり、元妻（それと彼女の味方をした近所の人たち）に嫌がらせをするためだけに、だれも住まない家を一〇年以上も放置しているのである。ペンキは剥がれ、屋根は修理が必要で、雨戸は壊れてぶら下がったまま、芝生は黄色くなり雑草がはびこっている。この冷酷な男性は、元妻とお金を分けたくないから家を売るつもりがないのだ。

彼は人生の新しい目的を見つけようとせず、破綻した結婚にいつまでも縛られ、自分が壊されるのを許している。「クレッシェンド」(∨)の反対は「ディミヌエンドの人生を生きる」(∧)である。量も強さも減り、まさに縮んでいく人生だ。復讐に燃える彼に問いたい。「なぜ元妻が今もあなたの中で大きな位置を占め、あなたの人生を台無しにするのを許しているのですか? 離婚を乗り越え、人生をやり直そうとしないのはなぜですか?」

起こってしまったことを受け入れて新しい目的と幸福を見つけようとせず、苦しみに身をゆだね、人を許そうとしない心が、彼の魂と未来を日に日に縮めているのである。


それとは対照的に、大きな悲劇に見舞われながら、その悲劇が自分の人生を壊すのを許さなかった人々のことを知り、話を聞き、本で読むことで、私は強く励まされてきた。彼らは、毎朝起きるための新しい理由を見つけていた。前進し続け、世界をより良い場所にしていくことに生きる目的を見出していたのである。

一九八五年六月二三日、マンジャリ・サンクラトゥリと六歳の息子スリキラン、三歳の娘サラダは、ロンドンで休暇をすごそうと、自宅のあるカナダからエア・インディア一八二便に搭乗した。

飛行機がアイルランドの沿岸に近づいたとき、シーク教徒の分離主義者が仕掛けた爆弾が爆発した。乗客・乗員三二九人全員が死亡、カナダの近代史で最悪の大量殺人事件となった。三人の遺体は発見されなかった。

オタワで生物学者をしていたチャンドラセカール・サンクラトゥリ博士（チャンドラ博士）は、事件から三年間、妻と子どもがいなくなったとはとても信じられず、呆然と日々を送っていた。「もしかしたらどこかに着陸して、だれかが救助してくれているかもしれないとよく思っていました」生きているふりをしているだけで本当に生きているとは言えない三年が経ち、チャンドラ博士は、自分の痛みを祖国インドに尽くす機会に変えようと、無私無欲で生きることを決意をしたのである[42]。

「人生で何か役立つことをしたい、生きる目的が必要だと思っていました。人生というのは、無意味でよいと自分から思わないかぎり無意味なものにはなりません。だれもが自分の人生に意味を与える力を持っている。自分の時間、自分の肉体、自分の言葉を使って、愛と希望を実現することができるのです」[43]

六四歳のとき、チャンドラ博士は生物学者の職を辞し、二〇年間暮らしたオタワを去る。家も持ち物も一切合切売り払い、インドに戻ったのである。目的は、僻地に暮らす貧しい人々の生活の質を向上させることだった。彼はすぐに、失明の蔓延と教育の欠如という二つの重大な問題に関心を持つ。

当時インドの人口の約七五％、七億五千万人以上が農村部に住み、そのうちの六〇％が極貧にあえいでいた。都市部を離れると、村人たちは炎天下で一日中働き、貧しい食生活が原因で約一五〇〇万人が失明しているとみられる。

チャンドラ博士はまた、こうした貧困層の大人のほとんどが読み書きできず、子どもたちが通う初等学校は退学者が五〇％以上にのぼることも知った。そこで博士は、深い悲しみを抱えながらも貧しい人々の医療と教育の改善をみずからの使命とし、それまでの貯えを投じて妻の名前を冠したサンクラトゥリ財団を設立した。さらにクルトゥという小さな村にある妻の生家の近くに三エーカーの土地を確保し、学校と眼科病院を建設した。

現在、サンクラトゥリ財団は三つのプログラムを支援している。

娘の名前を冠した初等・中等学校サラダ・ビディアラヤム・スクールは、退学率ゼロという驚異的な数字を誇っている。農村部の生徒たちに教科書、制服、食事、健康診断を無償で提供していて、その見返りとして求めるのは学ぶ意欲と克己心のみ。一学年だけでスタートした同校は、現在は九学年まである[44]。

二〇一九年一月時点で、農村部の生徒二八七五人が無償で教育を受けており、さらに貧困家庭の子ども六六一人が奨学金を受けて高校や大学に進学している。

サラダを卒業した貧しい学生はこう言っている。「サンクラトゥリ財団とチャンドラセカール博士のおかげです。この援助がなければ、労働者になって父と同じ人生を歩んでいたでしょう」彼は高等学校受験で正答率九六パーセントという成績をとり、難関の工学高校に入学できた。

チャンドラ博士の息子の名前を冠したスリキラン眼科研究所は現在、この地域で世界トップクラスの眼科医療機関となっている。研究所は五棟の建物からなり、インドの六つの地区に眼科の医療サービスを提供している。朝に生徒たちを学校に送っていくバスはたいてい、そのあとでほかの農村部の患者を研究所に送っていく。インド政府はスリキラン眼科研究所を国内に一一ある眼科医トレーニングセンターのひとつに認定しており、高い基準を設定している同研究所はほかのセンターの模範となっている。

チャンドラ博士は「私たちの使命は、すべての人に公平で、だれもが低料金で利用でき、思いやりのある眼科医療を提供することです」と誇らしそうに語る。スリキランは、治療期間を通して検査や手術、薬、宿泊施設、食事などを患者に無料で提供している。この活動を前に進めているのは、「目の見えない人の人生に灯をともそう」という強い思いなのだ[45]。

一九九三年に設立されてからスリキラン眼科研究所は大きく成長し、現在では一五のセンターを有するまでになっている。二〇二二年までに子ども一千人を含む三五〇万人の患者を受け入れ三万四千件の手術を行うという驚異的な実績をあげており、しかもその九〇%は貧しい人々に無料で行われている[46]。

チャンドラ博士は、自分はべつに特別なことをしているのではないと言う。「私は人々のために最善を尽くそうとしている普通の人間です。家族を身近に感じます。ここで家族と一緒にいるように感じます。それが大きな力を与えてくれるのです」と語っている[47]。

チャンドラ博士は、自分の痛みは脇におき、世界の中で自分の住む地域をより健康で幸せな場所にしようと無私無欲の境地で努力した。その結果、生きる理由、自分の「なぜ」を見つけ、クレッシェンドに生きることができたのである。

私は自分の障害を神に感謝しています。自分自身を見出し、生涯の仕事そして神を見つけることができたのも、この障害を通してだったからです。

――ヘレン・ケラー

生きる意味を探して

ドイツの強制収容所から生還したのち、その体験を『夜と霧』（英題Man's Search for Meaning：生きる意味を探して）に著したヴィクトール・フランクルほど、私にとって深く尊敬する人物はそういない。『夜と霧』の核をなすメッセージは、人間の第一の原動力は人生の目的と意味を探し求めることだということものである。彼はとてつもない苦しみを味わったが、その傷もいずれ癒えると悟り、自分にはまだ重要な仕事が残っていると心から信じていた。

フランクルは収容所で自分の不幸ばかりを考えるのではなく、想像力と克己心によって、今ここでの体験を大学生に講義する将来の自分の姿を心の目でありありと見ることができた。このことが、より良い結果を望みながら今を耐える動機と目的を彼に与えたのだ。目的意識――生きる理由、「なぜ」――を持つことが逆境を生き抜く力になると確信したのである。

「ここで必要なのは、生きる意味についての問いを一八〇度方向転換することだ。わたしたちが生きることから何を期待するかではなく、むしろひたすら、生きることがわたしたちから何を期待しているかが問題なのだ、ということを学び、絶望している人間に伝えねばならない。もういいかげん、生きることの意味を問うのをやめ、わたしたち自身が問いの前に立っていることを思い知るべきなのだ」

――ヴィクトール・フランクル[48]

フランクルは後年、どのような人間なら生き残れるのかを評価するのに使っていた基準はすべて間違っていたと書いている。知能、サバイバル能力、家族構成、その時点での健康状態などを見ても、個人が生き延びることにそれらの要因が役立っているのかどうかを説明することはできなかった。唯一の重要な変数は、自分は未来を持っているという感覚、人生でまだやるべき重要なことがあるという意識だった。フランクルは、収容所において人間の内面の強さを回復させるには、なにがしかの将来の目標を示す必要があると学んだのである。彼は『夜と霧』の中で、人生にはもう何も期待できないと真剣に自殺を考えた二人の男性のことを書いている。

しかしこの二人には、生きることは彼らから何かを期待している、生きていれば、未来に彼らを待っている何かがある、ということを伝えることに成功した。事実一人には、外国で父親の帰りを待つ、目に入れても痛くないほど愛している子どもがいた。もう一人を待っていたのは、人ではなく仕事だった。彼は研究者で、あるテーマの本を数巻上梓していたが、まだ完結していなかった。この仕事が彼を待ちわびていたのだ。彼はこの仕事にとって余人に代えがたい存在だった。先の一人が子どもの愛にとってかけがえがないのと同じように、彼もまたかけがえがなかった。この一人ひとりの人間にそなわっているかけがえのなさは、意識されたとたん、人間が生きるということ、生きつづけるということに対して担っている責任の重さを、そっくりと、まざまざと気づかせる。自分を待っている仕事や愛する人間に対する責任を自覚した人間は、生きることから降りられない。まさに、自分が「なぜ」存在するかを知っているので、ほとんどあらゆる「どのように」にも耐えられるのだ。[49]

死の収容所を生き延びたあとにヴィクトール・フランクルが心血を注いだこと、彼の人生において最高の仕事と貢献は、人生の意味を見出すことの重要性を理解することだった。生き延びる方法だけでなく、「なぜ」生きるのかを見つけられれば、一人ひとりの人生に唯一無二の目的があると信じられるようになることを発見したのである。フランクル博士は、この「なぜ」を人が自分の中に見出す手助けをすることに貢献した。一九四六年に書かれた『夜と霧』は、博士が一九九七年に亡くなった時点で二四カ国語に訳され、販売部数は一千万部以上にのぼる。

人生の苦難にぶつかったときに参照してほしい貴重な教訓

砂漠に行って満開のサボテンの花を見たことがあるだろうか。サボテンの花は、その色の鮮やかさから「母なる自然の花火」と呼ばれることもある。しかし、棘だらけで見た目も地味でぱっとしないサボテンが、どうしてあんなに美しい花を咲かせられるのだろうか。サワロなどのサボテンは天候によっては枝が根づかないため、種から育てなければならず、最初の花が咲くまでなんと四〇～五五年かかるという[50]。

想像できるだろうか。半世紀も花は咲かずにいたのに、何も生み出せそうにない乾いた植物からついに美しい花が咲く。人生の試練に直面したときの喩《たと》えとして、これほど鮮やかに思い描けるものはないだろう。サボテンの花のようにあきらめずに我慢強く続けていれば、どんな試練も最後には最初のときとは違うものになる。試練や苦難は痛みや悲嘆しか与えないように思えるが、頑張り続ければいつかは貴重で有用な教訓を得られるのだ。苦しい試練で経験するのは損失だけではない。大きな利益もあることを覚えておいてほしい。

逆境ほど良いスパークリングパートナーはいない。美人でないことは私にとっては本当に幸運だった。美人でないから内面を育てるしかなかった。可愛らしいのはハンディキャップになる。

――ゴルダ・メイア

苦難、トラブル、悲しみを経験すると、他者の身になって考え共感できるようになる。信仰、勇気、辛抱、忍耐、奉仕、慈善、感謝、許しというような崇高な美徳も学べる。大きな損失を経験したとしても、本当の自分、最高の自分を発見できれば、信じられないほど重要な利益を得られる。ウィリアム・シェイクスピアの言葉を借りれば、「逆境ほど身のためになるものはない」のだ。

逆境を乗り越えるためには、次のことが必要となるだろう。

- 新しい充実した目的を見つける――「なぜ」を発見すれば「どのように」にも耐えられる。
- 他者の人生を良くすることに取り組む――良い方向へ進む触媒の働きをする。
- 自分の能力や個性に合ったチャンスを逃さない。

気持ちの準備ができ、クレッシェンド・マインドを実践的に追求していると、有意義な目的に恵まれた人生を期待できるようになる。

エリザベス・スマートは過酷な体験のあと、母親のアドバイスどおりに幸せな人生を歩むことを意識的に選んだ。彼女は多くのことを成し遂げている。たとえばABCニュースのコメンテーター、フランスでの布教活動、大学卒業、結婚、そして三人の子どもに恵まれた。二〇一一年（誘拐事件から八年後）には、両親の協力と支援を受けて、子どもの誘拐防止をミッションとするエリザベス・スマート財団を設立した。財団の目的はスマート夫妻が投げかけた問いへの答えにある――「子どもに対する犯罪を未然に防げるのではないか？」これが「なぜ」になった。子どもたちを教育し、子どもたちがとれる行動の選択肢を明確にすることによって、子どもたちをエンパワーメントし、被害者救出で法執行機関を支援することが目標である[51]。

人生を一変させる苦難にぶつかったとき、その後の人生をクレッシェンド・マインドで生きるには、自分の「なぜ」を見つけなければならない。苦難を乗り越えた人たちの素晴らしい例からもわかるように、その「なぜ」は人生の新たな意味と目的を発見することにつながるのである。

勇気ある選択をする

人間を人間たらしめているのは選択する能力である。

――マデレイン・レングル

アンソニー・レイ・ヒントンやエリザベス・スマートのように、とても乗り越えられるとは思えない苦難に直面した人は、どうすれば充実した人生を送れるようになるのだろうか。とてつもない苦難を打ち負かし、それだけでなく成功も手にし、他者の人生をより良くするための貢献までできるのはなぜなのか。それは、自分は選択することができると信じているからである。

一九九〇年、マイケル・J・フォックスは父親を突然亡くし、彼の言葉を借りれば「人生で最も過酷な時期の前触れ」を経験した。同じ年、彼は若年性パーキンソン病と診断され、三〇歳という若さで、しかもキャリアの絶頂期に、あと一〇年くらいしか働けないだろうと医師から告げられたのだ。「ここで僕の人生はわき道へと恐ろしく横滑りしていったのだ」と彼は書いている。

最初は現実を受け入れられず、酒に慰めを求めていた。しかしすぐに、自分自身から隠れようとしているだけであることに気づいた。

「病気から、その症状から、その困難さから逃れられないので、僕は無理にでもそれを受け入れずにはいられなかった。受容とは単に状況の現実を、つまりその事実は絶対なのだということを認めることを意味する。僕に選択できないのは、パーキンソン病でいるか、いないかということだけだということに気づいた。それ以外はすべて僕しだいだった。病気のことをもっと学ぶという選択をすることにより、それをどう扱えばよいかについてより良い選択ができた。おかげで病気の進行が遅くなり、体調も良くなった。体調が良くなると、同じ環境の中でも前より幸せになり、前ほど孤立感を感じなくなった。そして家族や友人たちとの関係も回復させることができた。事態が本当に悪くなったときには、逃げないこと、隠れないこと。時間はかかるが、最も深刻な問題にも終わりはあるし、君のとる選択は無限だということがわかるはずだ」[52]

フォックスはパーキンソン病の患者を代表する「顔」となり、医学研究費を獲得する活動の一環として上院小委員会でスピーチしたときには、症状を隠さないために事前に薬を服用しない勇気も見せた。診断を受けてから、楽観的な姿勢で人々をインスパイアする本も何冊か書いている。『マイケル・J・フォックスの贈る言葉――未来へ踏みだす君に、伝えたいこと』では、成功の秘訣を次のように語っている。「すべて突き詰めればこのことに集約されると思うのだが、この瞬間、つまりたった今が大事ということだ」

世界で一番怖い人はユーモアのセンスがない人だ。

——マイケル・J・フォックス

妻のトレイシー・ポランと四人の子どもたちとの生活は、フォックスが思い描いていた生活とは明らかに違うが、充実していて幸福である。彼は「受容」と「感謝」という二つの原則を毎日意識して実践している。「前に起こったことと後で起こるかもしれないことは、今起こっていることほど重要ではありえない。現在を祝福するのに今よりいい時間はないのだ。現在は君のものだ。写真はだれかに撮ってもらえばいい。君は、ただにっこり笑えばいいのだ」[53]

新型コロナウイルスが大流行していた時期、フォックスは「啓示的な手記」と名付けた記録をアシスタントに書き取らせるという手間のかかる仕事に取り組んでいた。病気のため、書くこともキーボードを打つこともできなくなってしまったからだ。回顧録『No Time Like the Future : An Optimist Considers Mortality（未来ほど楽しいときはない：楽観主義者が死を考える）』では、不治の病とともに生きてきた三〇年をありのままに語っている。俳優として活躍していたときと寸分変わらぬ熱心さでアドボカシー活動にも長年取り組んでおり、自身の名を冠した財団を通じて一〇億ドルもの研究資金を集めている[54]。

フォックスはもう俳優の仕事はしていないが、彼が今演じているのは同じような慢性疾患の患者たちに勇気を与えるというもっと重要な役だと、ほとんどの人は思うだろう。人生を一変させた病気にもかかわらずクレッシェンドの人生を生き、人生が与えるものを最大限に生かすことを意識的に選択した。彼は「私は困難への耐性が強かった」と自認する。「パーキンソン病と共存して生きることを学んだら、良いことがいろいろ起こった」良いことはまだこれから起きるという前向きな姿勢とともに、彼は「未来は最後に尽きるもの」という信念を持っている。

「シャットダウンする瞬間まで未来はある。だからシャットダウンしてはだめだ」[55]

苦難を乗り越えた彼の能力を構成しているのは次の要素である。

- どんなに深刻な問題も有限であり、自分がとれる選択は無限にあることを理解する。
- 過去を振り返らず今を生きる。
- 楽観主義と前向きな姿勢を選ぶ。

感謝することで楽観的な態度を持ち続けられる。感謝することなど何もないと思っても、探し続けてほしい。

――マイケル・J・フォックス

もちろん、だれもがマイケル・J・フォックスのような資質を持っているわけではない。しかし「普通の人」であっても、苦難を経験したあとでクレッシェンドの人生を生き、普通ではない何かを選択すれば、大きな変化を起こすことができる。

一九七五年五月一一日、リック・ブラッドショーは友人たちとボートや水泳を楽しむためユタ州南部のパウエル湖に行った。ある晩、湖に落としたダッフルバッグを拾おうと飛び込んだ。しかし岸からゆうに三〇メートルは離れていたにもかかわらず、水深が足りず、砂州に突っ込んでしまったのだ。

この事故で脊髄を損傷し、四肢麻痺と分類されるけがを負った。

リックは最初、まだ二二歳なのに介護施設で大勢の年寄りと暮らすことになるのだろうなと思った。それは彼にとって心躍るような考えではなかった。それだけでも別の選択を模索しはじめるのに十分な動機だった。

「麻痺した体を動かす訓練をしていたとき、姿勢やバランスを崩すと自分では立て直せない姿勢になってしまい、だれかに助けてもらうまで動けずにいたことがよくありました。なので、まずは優雅な転がり方を身につけて、この問題は解決しました。そしてひょっとしてこれは何にでも当てはまるのではないかと思ったのです」

こうして彼は、以前の能力を取り戻せないことはわかっていたものの、意志があり、辛抱強く練習すれば、ほかの多くのスキルも高められることに気づいたのである。

「何をやっても下手くそにしかできないと最初からわかっていたから、下手くそにやればいいという自由が得られた。でも進歩はあるはずだと確信していました。この経験からわかったのは、〝失敗〟は自分から何かに関わった証だということです。禁酒するより成功っぽく見えるなと思いましたね。失敗は成功につながるのです」

乗り越えられそうにもない試練を前にして、自立した生活ができるくらい身体を動かせるようになるまで、彼の言葉を借りれば「何千回も信じて飛んだ」という。ケガからわずか一〇カ月後、字を書くのもおぼつかず、どのくらいの成績がとれるのかもわからないまま大学に入学したが、それこそ信じて飛ぶ必要があった。

リックは政府の援助を受けるのをやめ、治療を受けていた病院で働くことにした。働いて得る収入は生活保護で受け取る金額よりも少なくなるが、それでも決断した。メディケイドから支給されていた医療費もなくなり、月に一千ドルを自腹で支払わなければならなくなった。「意地を張らずに一生だれかに面倒を見てもらえば楽なんだろうね」と彼は言う。しかしこう続けた。「政府に頼って生活するのは、なんだか施設に収容されているような感じだった」

「麻痺の程度が非常に高いことは受け入れなければならなかったけれども、自分にとって大切なものを手にする道筋は定義しなおせるのだと思いました。結婚して愛されること、家族と一緒にいること、やりがいのある仕事をすること、学ぶこと、旅行することを心から望んでいたのですが、どれもまだ叶えられることに気づいたのです」[56]

リックは次のことを選択した。

- 既成概念や見識を疑う。
- 勇気を出し「信じて飛ぶ」。
- 見ている人たちの良い手本になる。

リックは、自分が何か重要なことを成し遂げる運命にあると感じていた。「見ている人たちに良い手本を示すことが私の人生の使命だとしたら、全力を尽くしてそうなろうと思う」と家族に話した。

こうしてリックはやりがいのあるキャリアを見つけ、素晴らしい女性と結婚し、ほかの人たちと同じようにお金を稼いで税金を納め、キャリアでの成功がほかの成功にもつながっていった。数十年後の今、彼は朝起きて明るい気持ちで仕事に出かけていく。平均的な人生よりもはるかに充実している。最近、博士過程と権威あるヘルス・リーダーシップ訓練コースを修了した。現在は次の目標を見据えている。[57]

偉大な克己心は大きな強さを生む。

——ロバート・シュラー

マイケル・J・フォックスもリック・ブラッドショーも、自分の境遇が将来を決めてしまうのは許さないと意識的に選択することで、とてつもない試練を乗り越える勇気を得たのである。

私は子どもたちに、新しいことに挑戦しなければならないときや、自分が安心していられるコンフォートゾーンの外に出なければならないときには、「困難なときこそ強くなる」ことを選択しなさいと教えてきた。厳しい状況におかれたとき、それを直視し克服するにはとてつもない克己心と勇気が必要である。しかしそういうときの強さこそ、何があってもくじけない本当の強さを教えてくれるのであり、人生でぶつかるほかのあらゆる困難な状況にも影響する。

困難なときこそ強くなるには、自分が直面しそうなこと、それが起きたときにどう反応するかあらかじめ意識的にイメージし、どうすれば外からの圧力に負けず、勇気を出し、原則に従って前進できるか決めておかなくてはならない。

どんなに困難なときも、しっかりした気持ちで耐えていれば、平穏なときが訪れるものである。

平穏な生活を送っている時期や静かな安らぎの場では、偉大な人格はつくられません。困難に立ち向かうことで強い精神性ができるのです。必要とされるほど、大きな美徳が呼び起こされます。精神を高揚させ、心を揺さぶる状況に生命を吹き込まれてはじめて、それまで眠っていた資質が目覚め、英雄の人格ができていくのです。

——アビゲイル・アダムズからジョン・クインシー・アダムズへの手紙
一七八〇年一月一九日付[58]

「カルペ・ディエム――その日を摘め！」のアティチュード

チャンスを掴んで！　タイタニック号でデザートワゴンを払いのけた女性たちを思い出して！

――エルマ・ボンベック

映画『いまを生きる』の中でロビン・ウィリアムズ演じる男子校の英語教師ジョン・キーティングは、流れを変える人だ。あるとき彼は、なにかにつけて用心深い生徒たちを奮い立たせようと、語りかける。「カルペ・ディエム、今、君たちの青春を謳歌するのだ。自分の人生を素晴らしいものにするのだ」と。

キーティングは生徒たちに、必要以上に自分を駆り立て、伝統的な学びから解き放たれ、異なる視点から物事を見るよう促した。そのような教師はキーティングただ一人だった。新しい視点から自分自身を見て、自分の本当の可能性を見出し、たとえ失敗しても新しいことに挑戦し、届きそうにない夢にも手を伸ばして取りに行けと鼓舞したのである[59]。

「自分の人生を素晴らしいものにするのだ」というキーティングの激励は、物事は自分の力で実現できるということを示唆している。何事も自分しだいということだ。自分が主導権を握り、責任を持って、コンフォートゾーンの端っこぎりぎりのところで、あるいは思いきってコンフォートゾーンの外に出ていくことで、人は成長し、大きくなっていく。

わが家では、違うことや新しいことをはじめたり、学んだり、挑戦したりするチャンスが家族のだれかに巡ってくると、「カルペ・ディエム！」と声をかけていた。両親はふだんから、大きな機会を逃さず最大限に生かしなさい、自分の力の及ぶかぎり頑張りなさいと言っていて、ソローの言葉を引用し「人生の精髄を吸いつくしなさい」と子どもたちを励ましていた。

「その日を摘め」という考え方は、子どもと高齢者ならすんなり理解できると思う。急ぎもせず、時間を気にするでもなく、その瞬間を心底楽しめるのだ。母親は時間がないのか急いで店に入ろうとしている横で、子どもがバランスをとりながら歩道の縁石を歩いているというような光景を見たことがないだろうか。子どもは、母親にとって大切な時間やスケジュールなどまったく気にせず、縁石から落ちずに歩くことに挑戦する瞬間をひたすら楽しんでいるのだ。また、ポーチに腰掛けていたり、店や教会の中で座っていたりするお年寄りとおしゃべりしてみるとわかると思うが、彼らもまったく急いでいない。あなたのほうは急いでいて、老人との雑談よりも重要な用事があることには少しも気づかず、彼らは新しく仕入れたジョークや噂話を聞いてほしくてあなたを引き留めようとする。子どもと高齢者はスペクトラムの両極端にいるのだが、なぜかどちらも「その日を摘め」を正しく理解できている。スペクトラム（年齢という連続体）の真ん中にいる私たちがものごとの優先順位をごちゃごちゃにしているのである。

二〇〇九年、ウィスコンシン州ハドソンに住む社会起業家トッド・ボルは、読書好きの教師だった母への感謝のしるしとして、教室がひとつだけの小さな校舎の模型を作った。家の前に柱を立て、ポストのように校舎の模型を設置し、母の好きな本を詰め込んで、近所の人や友人に無料で貸し出した。とても喜ばれ、大いに利用された。そこでトッドは校舎の模型をいくつか追加で作り、ほかの地域にも提供した。トッドのＤＩＹ模型を見たウィスコンシン大学マディソン校のリック・ブルックスは、良書のシェアを介してコミュニティがまとまることを目標にして、この取り組みに協力した。「自由にどうぞ、読んだら返してね（take a book, return a book）」をモットーに、コミュニティのつながりを育てるこれらの図書館は、「小さな町の広場」と呼ばれている。このアイデアがウィスコンシン州全体に広まっていくと、最初にはじめた人たちは「チャンスを掴む」ことを決意し、ウィスコンシン州だけでなくほかの州にも普及させるために、リトル・フリー・ライブラリーという非営利団体を設立した。ブルックスとボルは、英語圏に二五〇八の無料公立図書館を建てる目標を掲げた慈善家アンドリュー・カーネギーに触発され、二〇一三年末までにこの数字を超える目標を設定した。そして期限の一年半も前に目標を達成したのである[60]。

彼らの活動は年々着実に実績を重ね、驚くような結果を出している。これは今や世界的な書籍シェアリング・プログラムであり、だれでも無料で本を借りられ、識字率の向上を目標とする社会運動である[61]。子どもたちが本を手にすることが識字率を大幅に上げることは、多くの研究で繰り返し指摘されている。しかし貧困家庭の子どもの三人に二人は自分の本と呼べるものを持っていない。リトル・フリー・ライブラリーは、この問題の解決につながるように、これらの小さな図書館を最も必要としている地域に設置している。

トッドは本をもっと身近なものにすることをみずからのミッションとし、それは世界中にドミノ効果を引き起こした。二〇二一年時点で、リトル・フリー・ライブラリーは全米五〇州のほか一〇〇カ国以上で設置され、年間四二〇〇万冊が貸し出されている。リトル・フリー・ライブラリーは、ドミノ効果さながら、ウィスコンシン州からカリフォルニア州、オランダ、ブラジル、日本、オーストラリア、ガーナ、パキスタンまで、世界中に一二万五千個以上設置されている。

リトル・フリー・ライブラリーの組織は、理事会からスポンサー、近所の世話役、本を借りて返す人も含めて、すべてボランティアで成り立っている。完全に自主管理で運営されており、地域の人々が絶えず自主的に行動し協力しているからこそ継続できているのだ[62]。トッドが描いたビジョンは、隣人がお互い名前を知っていて、だれもが本を手に取れる世界だった。それが今まさに実現しつつある。残念なことにトッドは膵臓ガンで二〇一八年に亡くなったが、本と学びを愛する彼のレガシーは、クレッシェンドのように受け継がれ広がり続ける。

私は、すべての地区にリトル・フリー・ライブラリーがあり、だれもが本を手に取る日がくることを心から信じています。人々が隣近所の環境を整え、お互いに分かち合い学び合うシステムを生み出して、地球上でより良い場所に住めるようになることを信じています。

――トッド・ボル[63]

「R」と「I」で実現させよう

よく知られている小話だが、満潮時に岸に打ち上げられた数百匹のヒトデが、水が引いて砂浜に取り残されているところに二人の男が出くわした。一人は必死に走り回ってヒトデを拾っては海に投げ、救おうとする。それを見ていたもう一人は突っ立ったまま、彼の孤軍奮闘をあざ笑っている。「何やってんだ?」と彼は訊いた。「何匹か海に戻したところで同じだろうよ。全部は助けられないんだから」

それでも男はヒトデを一匹拾って海に投げ入れた。「あの一匹にとっては同じではないからね」

『シンプソンズ』のファンなら、マージが市の選挙で、僅差で落選し落胆して帰宅したエピソードを覚えているかもしれない。マージにとってはなんという災難か、夫のホーマーが投票を忘れていたのだ。マージが激怒すると、「でも、マージ。僕はたった一人だろう。僕が投票したって変わらないよね」と守りに入る。それに対して彼女は怒りをぶつける。「私は一票差で負けたの!」

クレッシェンドに生きるというのは、RとI、すなわちResourcefulness(知恵)とInitiative(率先力)を発揮すれば、たった一人でも大きな変化を起こせるということだ。だれであろうと、お金や影響力があろうとなかろうと関係ない。「実現させる」ために行動すればよいのである。わが家では家族のだれかが、まだ小さい子でも、言い訳をしたり、責任のがれをしたり、だれかが解決してくれるのを待っていたりすると必ず、「RとIを使いなさい!」と言うことにしている。今ではたいてい言われる前に「わかってる、RとIを使えでしょ」と自分から答える。

一人の人間はどのようにして変化を起こせるのか。セレステ・メルゲンズは、ケニアのスラム街を覆うとほうもない貧困を何とかしたいと、さまざまな非営利団体と協力して活動していた。どうすれば子どもたちのためになるか教えてほしいと祈るような気持ちでいた彼女は、明け方の二時半頃、それまで思ってもいなかった疑問が湧いて目を覚ました――「生理用品をどうしているか女の子たちに質問したことあったっけ?」彼女は答えを知っていそうな担当者にすぐメールを送った。「生理用品なんてないです。生理のときはみんな部屋で終わるのを待っているんです!」と返信があり、彼女はショックを受けた。担当者の話では、ケニアでは女性の一〇人中六人が生理用品を入手できずにいるという。

セレステは、ほとんどの少女が生理中は登校が許されず、生理が終わるまで家にいる――文字どおり家の中にいなければならない――ことを知った。これだけ学校に行けない日があると、少女たちの将来に大きな悪影響が出る。勉強が遅れ、多くの少女は退学してしまうのだ。卒業できなければまともな仕事に就けず、まだ若いうちに親に結婚させられる少女も少なくなく、より良い未来を生きる可能性は完全に消えてしまう。単に生理用品がないだけで貧困の連鎖が生まれていたとは、セレステには信じがたいことだった。

そこでセレステは、少女たちが登校できなかった日数を取り戻すことを第一の目的とした草の根の非営利ボランティア団体デイズ・フォー・ガールズを数名の友人と一緒に設立した。それまでは生理のときに使えるものが何もなかった女子児童や女性たちのニーズに対応して、再利用可能な生理用品キットを提供し、彼女たちの健康、尊厳、教育を世界中で回復することがセレステたちのミッションである。

現在、再利用可能な生理用品は世界中の何千人ものボランティアによって愛情込めて作られている。世界各地のコミュニティで地元の女性たちがニーズに応じて作っている例もある。こうした活動のおかげで気まずい思いや恥ずかしい思いをせずに学校に通えるようになり、少女たちは人生が変わっていく日々を経験している。貧困の連鎖は断ち切れるのだ。学校に通い続けることができれば自信がつくし、コミュニティは健全になっていき、彼女たち自身の未来も大きく変わる。ケニアのノリーンは「このキットがあれば、私たち女性は世界で素晴らしいことができる」と書いている。この活動のインパクトを見てきたペドロ・サンチェス博士は、「教育を受けた少女たちはコミュニティの発展に大きく貢献できるのです」と話している[64]。

キットは適切に手入れすれば最長三年は使用でき、使い捨てナプキン三六〇枚分に相当する貴重なものである。何より重要なのは、女子児童は通学日数を一八〇日取り戻し、女性たちは仕事を中断せずに三六カ月職場に通い、そして全員が尊厳を保てたことだ。デイズ・フォー・ガールズのキットが配布されてから、学校の欠席率はウガンダで三六％から八％、ケニアで二五％から三％に驚くほど低下した。取り戻した欠席日数はじつに一億一五〇〇万日にものぼり、欠席日数が減った分、教育、尊厳、健康、機会が増加したのである。

デイズ・フォー・ガールズは現在、約一千の支部とチーム、企業、政府、非政府組織からなるグローバルなアライアンスを形成しており、二〇二二年五月時点で一四四カ国二五〇万人以上という驚異的な人数の女性と女子児童にサービスを提供している。デイズ・フォー・ガールズは女性のエンパワーメントと団結を促進し、世界中の支部で七万人のボランティアが活動していることを誇っている。どの支部でも大小さまざまなボランティア活動を行っており、関心のある人はだれでも参加できる[65]。

創設者兼CEOのセレステは二〇一九年、その主体的な活動を通して、奉仕活動をする理由――「なぜ」――をほかの人たちも見つけられるよう促したことが評価され、グローバル・ヒーロー賞を受賞した。彼女の努力と功績は問いを投げかけることからはじまった。そしてニーズに応え、解決策を見出したのである。

ほかにまだしていない問いは何だろうか？

主よ、自分にできると思っている以上の望みを常に持たせてください。

——ミケランジェロ

流れを変える人になる

大きな苦難は、前の世代から受け継いだ「脚本」から自分を解放するきっかけになることが多い。意識しているかどうかに関わらず、破壊的な考え方、あるいは自分の可能性を抑えつけるような考え方が内面に深く埋め込まれ、それに従って生きているかもしれない。たとえばこのような考え方だ。

- 「うちの家族はだれも大学に行っていない。正規の教育が好きじゃないんだよ」
- 「マーフィー家はみんな気性が激しい。アイルランド人の血だな」
- 「父は私を躾けるとき自制心を失ってキレていた。親にされたようなことを自分でもしてしまうものなんだ」
- 「兄貴も俺もひとつの仕事を続けられない。自滅型なんだろうね」
- 「うちの家族はほとんどの女性が離婚しています。そういう伝統ですから、どうしようもないです」

性的虐待や育児放棄、アルコール依存症は代々受け継がれてきたものかもしれない。しかし、もちろん簡単ではないと思うが、こうしたネガティブで破壊的な脚本を直視し、意識的に断ち切るには、自己認識ができなくてはならない。

ある人間を変えるには、その人の自己認識を変える必要がある

――アブラハム・マズロー

ネガティブで破壊的なサイクルは、あなたのところで止めることができる。家族の中であとに続く人たちのために「流れを変える人」になれるのだ。あなたの決断は自分の人生を変えるだけでなく、将来の世代にも真の恵みをもたらすことができるのである。

ミュージカル『キャメロット』で、ランスロットは主君アーサー王の王妃と不義の恋に落ちた弁明をしようと、あきらめきったような声で「運命は優しいものではなかった」と語った。彼が本当に言いたいのは「こうなってしまった以上、私にはどうすることもできなかった」ということである。それに対してアーサー王は深い知恵で応じ、熱く言い返す。
「ランス、運命という言葉で片付けるな。一時の熱情にわれわれの夢を壊させてはならぬ」[66]

人生にどんな試練が待っていようと、どんな状況におかれようと、自分の人生を決める力を持っているのは自分自身である。クレッシェンド・マインドで自分を変えれば、古い脚本を次の世代に渡さずに今すぐ止めることができるのだ。

流れを変える人は、家族や社会に大きな影響を与えることができる。あなたは自分の人生でそのような人に出会ったことがあるだろうか。あなた自身はだれかにとっての流れを変える人になれるだろうか。

聖書の『箴言』に「預言《ビジョン》がなければ民はわがままにふるまう」という賢明な一節がある。預言《ビジョン》とは、想像力と知恵を働かせて先のことを考え、未来を計画する能力である。自分がどこにいるべきか、なぜそこにいるべきなのか、どうやってそこに行くのかという長期的な展望を持つこと、すなわち「終わりを思い描くことからはじめる」（「7つの習慣」「第2の習慣」）は、ビジョンがあってこそできるのである。

マララ・ユスフザイは、流れを変える人になるためのビジョンと不屈の精神を兼ね備えた驚くべき人物である。彼女はパキスタン全土の子どもと女性のために流れを変える人となろうとしている。タリバンが故郷のスワート渓谷で女子の就学を禁じたとき、少女だったマララは二〇〇八年九月にペシャワールで「なぜタリバンは教育を受ける基本的権利を奪うのか」という勇気あるタイトルでスピーチをした。彼女の家では教育はとても大切だった。マララは反タリバンの活動家である父親（彼もまた流れを変える人である）が設立した学校に通っており、父親から大きな影響を受けていた。

マララはまだ一二歳のとき、BBCにタリバン支配下の生活や女子教育についてのブログを書いた。こうした活動によって、彼女は当時世界で最も有名なティーンエイジャーの一人となった。二〇一一年には、南アフリカの著名な活動家であるデズモンド・ツツ大主教が国際子ども平和賞にマララを推薦した。受賞は逃したものの、同じ年にパキスタン政府が設けた「国家青年平和賞」を受賞した。ナワズ・シャリフ首相は祝辞の中で次のように述べている。「彼女はパキスタンの誇りです。彼女の功績は世界に類をみない唯一無二のものです。世界中の少年少女は彼女の闘いと献身を手本にしてほしいと思います」と述べた[67]。

しかし、数多くのインタビューに応じ、公の場でたびたび発言することは彼女を危険にさらした。殺害予告が自宅の玄関ドアの隙間から入れられ、地元の新聞に掲載された。両親は心配していたが、タリバンがまさか子どもに危害を加えるとは思っていなかった。しかしマララは、ただの脅しではないとわかっていた。

私には二つの選択肢がありました。ひとつは黙って殺されるのを待つこと。もうひとつは声を上げて殺されること。私は二番目を選びました。声を上げることにしたのです。子どもたちが質の高い教育を受け、女性たちが平等な権利を持ち、そして世界の隅々まで訪れた平和を見たいと決意していますし、絶対にこの決意は曲げません。教育は人生の恵みのひとつであり、必需品でもあるのです。[68]

二〇一二年一〇月九日、タリバンが送り込んだ殺し屋がマララのスクールバスに乗り込んできて、マララを名指ししてから彼女の頭にピストルを向け、三発撃った。一発は額の左側に当たり、顔面を縦に貫通して肩に入った。残りの二発は彼女の友人たちに当たった。マララほど重傷ではなかったが、友人たちも負傷した。

タリバンに反対の声を上げた一五歳の少女の暗殺未遂事件に国内外はまたたくまに非難の嵐となり、マララへの支援も広まっていった。事件から三日後、パキスタンのイスラム聖職者五〇人が銃撃犯を非難する声明を出したが、タリバンは大胆にも、マララだけでなく父親も殺害するつもりだったと表明した。

撃たれてから数日間マララは意識不明の重体に陥っていた。しかし容態が安定するとすぐにイギリスに運ばれ、何度も手術を受けた。奇跡的に脳は大きな損傷を受けてはいなかった。のちに彼女は、絶大な国際的支援、彼女のために祈ってくれた人々に感謝した。脅迫はその後も続いていたが、二〇一三年に学校に戻り、教育の力の大切さを勇敢に訴え続けている。

彼女の努力はやがて、「すべての子どもに教育を」という彼女が掲げる目標の実現に向けた大きな動きになっていく。国連グローバル教育担当特使のゴードン・ブラウン元英首相は、マララの名前で国連の請願書を立ち上げた。二〇一五年末までに世界中のすべての子どもが学校に通えるようになることを求める請願書には二〇〇万人が署名した。これを受けてパキスタンでは「無償義務教育の権利に関する法案」が可決され、同国の教育にとって飛躍的な前進となった[69]。

二〇一三年七月一二日、一六歳の誕生日を迎えたマララは、特別招集の国連若者総会で五〇〇人以上の若者を前にスピーチした。銃撃を受けた彼女が生き延びて力強く立つ姿は聴衆に深い感動を与え、彼女が唱える教育による希望のメッセージが明確に伝わっていた。まだ若いにもかかわらず、彼女の言葉はすべての聴衆の心を震わせた。

親愛なる皆さん、私は二〇一二年一〇月九日、左の側頭部をタリバン兵に撃たれました。友人も撃たれました。彼らは銃弾で私たちを黙らせようと考えたのです。しかし、そうはいきませんでした。そのとき、沈黙の中から数千の声が上がったのです。弱さや恐怖、絶望が死に絶え、その代わりに強さと力、勇気が生まれたということです。私はあらゆる子どもの教育を受ける権利を訴えているのです。私たちは言葉の力と強さを信じています。私たちの言葉で世界を変えることができます。ですから、本とペンを手に取り、全世界の無学、貧困、テロに立ち向かいましょう。それこそ私たちにとって最も強力な武器だからです。一人の子ども、一人の教師、一冊の本、そして一本のペンが、世界を変えられるのです。教育以外に解決策はありません。教育こそ最優先です[70]。

（国連広報センターより引用）

マララ・ユスフザイは、一七歳という史上最年少でノーベル平和賞を受賞した。また、「世界の子ども賞」を受賞した彼女は、「教育なくして平和はありえない」として、賞金五万ドルをガザ地区の国連学校再建にただちに寄付した。マララは、影響の流れを変える人として、いつか首相となり国を導く望みを持っている[71]。

存在するものを見て「なぜそうなのか？」と考える人もいるが、私は今まで存在したことのないものを夢見て「なぜそうでないのか？」と考える。

――ジョージ・バーナード・ショー

正しい目的に献身するとき、自分の身に起こることにどう対応するかを自覚的に選択するなら、だれでも自分の力の及ぶ範囲で影響を及ぼすことができる。マララの勇気とビジョンは、苦難を克服するために必要な考え方を教えてくれる。

- 家族の中で、あるいはコミュニティで、流れを変える人になることを選ぶ。ネガティブで破壊的な態度を食い止める。
- 自分の身に何が起ころうとも、自分にはどう対応するかを選択する能力があると信じる。
- ビジョンを持ち、決意した一人の人間の力で変化を促す。

最も有名な勝者のほとんどが勝利の前にとてつもない壁にぶつかっていることは、歴史が証明している。彼らは敗北しても落胆することを拒んだから勝利したのである。

――B・C・フォーブス

エリザベス・スマートも流れを変える人になり、クレッシェンドに生きることのパワーを体現している。彼女の試練が公表されてから米議会が策定したプログラムは、行方不明の子どもを見つけるのに必須の手段になった。二〇〇三年、誘拐された子どもを救出するための全国的なアンバーアラート保護法にジョージ・W・ブッシュ大統領が署名したとき、エリザベスと父親のエド・スマートもその場に招待された。ちなみに「アンバー（AMBER）とは、「America's Missing: Broadcasting Emergency Response（米失踪事件放送緊急対応）」の頭文字をとったものである。

このシステムは現在も拡大を続けている。二〇一三年一月からは全米数百万台の携帯電話にアンバーアラートが自動送信され、二〇二一年一二月三一日時点で一一一人の子どもたちが無事に救出され、家に帰っている[72]。

エリザベスは司法省と協力し、「You're Not Alone: The Journey from Abduction to Empowerment（あなたは一人じゃない：誘拐からエンパワーメントへと至るジャーニー）」と題したサバイバーのためのガイドを作成した。ガイドは、同じような経験をした子どもたちに悲劇的な出来事のあとにも人生があることを気づかせ、あきらめてはいけないと呼びかけている[73]。

エリザベスは自身の財団を通して、虐待に苦しんだあとで幸せな人生を取り戻した感動的な実例を紹介し、数え切れないほどの被害者たちの心をサポートしてきた。彼女は、虐待、誘拐、インターネットポルノの犠牲となる子どもたちのための予防と回復プログラムを支援する一貫として自身の体験を語り続けており、世界中の被害者、サバイバー、その家族をエンパワーメントする力強い声となっている[74]。

スマート財団はさらに、子どもに対する犯罪を防止するために設立された非営利プログラム「radKIDS」（radは「Resist Aggression Defensively（攻撃的な行為に防御的に抵抗する）」の頭文字）とも提携している。radKIDSは、子どもたちに危険な状況を認識させ、防御の選択肢を与えることを目的とした教育を実施している。子どもたちへの安全教育における全国的なリーダーとして、全米四六州とカナダの学校に画期的なカリキュラムを導入し、訓練を受けた六千人のインストラクターが三〇万人の児童を指導している。

radKIDSプログラムを修了した三〇万人以上の子どものうち一五〇人以上が略取・誘拐から救われ、数万人が性的暴行や潜在的な人身売買から救われたと記録されている。大勢の生徒たちが、プログラムで身につけたスキルを使って無事に家族のもとに帰ることができている。統計によると、反撃したり、叫んだりと反応した子どもの八三％が攻撃者から逃れることができている。radKIDSは、子どもたちが恐怖心を抑え、自信と自尊心を持ち、身を守るスキルを駆使して危険な状況に立ち向かえる力を与えている。情報やトレーニングのおかげで、性的暴行や虐待を受けた何万人もの子どもたちも声を上げ、虐待を止めるために必要な支援を受けている。さらに何千人もの子どもたちが、いじめや仲間からの暴力から逃れることができている[75]。

エリザベスはまだ少女の頃に誘拐されたにもかかわらず、見事なまでにクレッシェンドの人生を生きている。過酷な経験をしても、自分の最も重要な仕事と貢献は続けられること、そのほとんどはこれからまだ先になされるのだということを世界に示しているのだ。そしてC・S・ルイスも言っているように、彼女の苦難は、おそらくは彼女にしか果たせない特別な運命のために用意されていたのだろう。

私は、自分が経験した試練のおかげで、以前ならば持てなかった他者への共感や理解ができたから、手を差し伸べることができたのだと思う。試練にぶつかったとき、怒ったり動揺したりするのはとても簡単なことだ。しかし大きな試練を乗り越えたとき、私たちは人の力になる機会を与えられるのです。その試練を経験していなかったならできないような変化を起こせる。私は今、自分の経験を通してほかの人たちを助けることができる。ほかの犠牲者たちに手を差し伸べ、幸せになれるよう手助けできるのです。あの過酷な経験をしていなかったら、このような問題に強い関心を持てたかどうか、自分でもわからない。私は、人の力になれる機会を得たことに感謝している。これらの人々は私の人生を豊かにしてくれた。感謝することによって、健全な視点を保つこともできたのです。[76]

――エリザベス・スマート

第4部

人生の後半戦

ラルゴ
ゆるやかに、悠然、幅広く
を表す記号
語源はラテン語の largus（豊富な）

Largo

アッチェレランド
だんだん遅く、そして終わる
を表す記号
ラテン語由来
意味は「スピードアップ！」

accelerando

これまでよりもこれから先のほうが、もっとずっと良いことがある。

── C・S・ルイス

もう何年も前、後年に「クレッシェンド」と名付けた講演をしたとき、聴衆の中に、話が進むにつれて目を輝かせて生き生きとし、周りの人を引き込んでいく男性がいた。私は早く彼と話をしたかった。講演が終わって彼の話を聴くと、翌年に六五歳になる判事で、これまでは自分にも引退の時期がきたと受け止めていたそうだ。しかし自分にもまだ貢献できることがあるし、しかもそれができる立場にあることに気づいて、光がさしたのだという。「なぜ今やめる?」と彼は自問した。自分の仕事を通してコミュニティに長年良い影響を与えてきたし、仕事にもまだ強い情熱を持っていた。そして、複雑で増加の一途をたどる市の課題を解決するには、それらの課題に精通している自分が必要だということに気づいたのだった。彼はクレッシェンド・マインドのプリズムを通して自分の将来を思い描き、自分の最も重要な仕事はまだ先にあるのだと悟り、気持ちが高揚したのである。

一定の年齢になったら仕事をいっさいやめる「リタイア」という考え方は、比較的新しいものである。歴史を振り返ってみれば、男性と女性の別なく多くの偉大な人々は、年齢だけを理由に仕事をやめてなどいない。七〇代、八〇代、それ以上になっても生産的に働き、それぞれの分野で目覚ましい活躍をしている人は大勢いる。CEO、教育者、弁護士、起業家、コーチ、政治家、科学者、農家、経営者、アスリート、商店主、医師など、ありとあらゆる職業の人たちが、リタイアという誤った社会通念にとらわれず、いくつになっても貢献し続けている。私たちのほんの一、二世代前までの祖先は、今よりも若い年齢で亡くなっていたが、医学の進歩のおかげでもっと長く充実した人生を送れるようになった。

家族全員に驚かれたのだが、私が六四歳のとき、サンドラと私の念願だった「夢の家」を建てた。九人の子どもたちがほとんど育ち上がってから建てたのだが、孫たちがいとこ同士仲良くなり、家族が集まってくつろぎ、楽しみ、支え合える素晴らしい家族文化を創る場所がほしくて、多世代型の家にしたのだ。

息子の一人デヴィッドは、「人生の終わり」に向かっている私がこんな大仕事をするなんて信じられない、とでもいうような顔をしていた。家の建設現場で、腕を大きく広げ畏敬の念を示すポーズをとり、「人生の夕暮れどき、それでも彼は建てる!」と言って私をからかった。

私も含めて全員で大笑いした。しかし私はいつも、まだまだやるべきことはたくさんあると思っていたし、そのやるべきことの中では家族と家のことがかなりの部分を占めている。家が完成すると、そこは家族一人ひとりがリフレッシュし避難できる場所、笑い、教訓を得る場所、そして成長する子孫たちが集う場所となり、家族全員が末永く楽しめるようになった。

人に奉仕し、恵みをもたらす機会を閉ざさず、何歳になっても機会をとらえようとする姿勢を持ち続けることがいかに重要か理解してほしい。なぜなら、あなたの最も素晴らしい、最も重要な仕事は、まだこの先に待っているかもしれないからだ。私は心からそう信じている。ほとんどの場合、人生の最初の三分の二は最後の三分の一への準備期間であり、その三分の一のところで最高の貢献ができるのである。

一九四〇年、英国史上最悪と言われていた時期、六六歳で首相になったウィンストン・チャーチルは次のようなことを言っている。

私はあたかも運命とともに歩いているように感じた。そしてすべての私の過去の生活は、ただこの時、この試練のための準備にすぎなかったのだと感じた。私は戦争に関しては何もかも承知していていると思っていたし、また万一にも失敗することはないという自信があった！

この年代になれば、それまでの人生で積んできた経験、蓄えた知恵があり、生きるすべを身につけている。あまりにも多くのニーズがあり、まだ達成しなければならないことがたくさんあるのだから、早い話、「リタイア」を考えている場合ではないのだ。キャリアや何かの仕事から引退することはあっても、有意義な貢献をすることからも引退すべきではない。この先もまだ、胸躍る冒険があなたを待っているのである。

第8章 勢いを落とすな!

私にとって引退は死ぬのと同じだ。なぜみんな引退するのか、さっぱりわからない。
——マーヴ・グリフィン(人気TV番組司会者)

拙著『第3の案』の中で、ハンス・セリエ博士の著書『ストレスと人生』から、引退とその後の影響に関するじつに示唆に富む言葉を引用している。

年をとるにつれ、一般的には必要とされる休息が増えていくが、加齢のプロセスには個人差がある。ある年齢がくると、仕事に対する要求も能力も高いにもかかわらず、強制的に引退させられるせいで、まだ何年も社会に有益な仕事ができたはずであるのに、病気になり、速く老化する人が多い。この心因性の病気は、「引退病」という名前がついているほどごく一般的なものである。

セリエ博士は著書の中で、ストレスを不快または有害なストレス「ディストレス」(dis=悪い)と有益なストレス「ユーストレス」(eu=良い)の二つに区別している。セリエ博士によれば、引退後に現役時代にはあった社会との関わりやつながりがなくなると、免疫系が鈍くになり、身体の老化を加速させる。しかし「ユーストレス」(有益なストレス)を感じるような有意義な仕事やプロジェクトに関わると、充実感を味わい、目的意識を持てるのである[2]。

緊張しない状態を求めている人は実際には寿命が短いというのがセリエ博士の持論である。命を維持しているのはユーストレスであり、ユーストレスとは自分が今いる場所と到達したい場所との間に生まれる緊張であり、自分を奮い立たせる目標に到達したいと思うことだからだ。他者にとって意味のある仕事に気づき、それを実行するとき、人生の意味は増していくのである。

スザンヌ・ボーハンとグレン・トンプソンは著書『50 Simple Ways to Live a Long Life(長生きする50の簡単な方法)』の中で、人生でポジティブな目的を持ち、満足感を高める方法として日本で広く知られ実践されている概念「生きがい」を紹介している。

日本で活動する「健康・生きがい開発財団」は、シニア世代の自立を奨励し、家族や社会制度への負担を軽減することを目的としている。日本の高齢者一千人以上を対象にした調査では、「生きがい」を持っている人はそうでない人と比べて寿命が明らかに長いことがわかった。別の研究でも、「目的達成に強いモチベーションを持っている人はモチベーションのない人に比べて気分の落ち込みが少ない」と報告している[3]。

さらに、中年のハンガリー人一万二六四〇人を対象にした別の研究では、自分の人生には意味があると思っている人は目的意識のない人に比べてガンや心臓病の罹患率が有意に低かった。世界の長寿者を対象にした「ブルーゾーン・プロジェクト」でも、目的意識を持つこと、簡単に言えば朝起きる理由があることが一〇〇歳以上の長寿者の多くに共通する特徴であるとしている。

この現象を長年研究してきたハロルド・G・ケニッグ医学博士は「自分の人生がより大きな計画の一部であると感じ、精神的な価値観を指針としている人は、免疫系が強く、血圧が低めで、心臓発作やガンのリスクが低く、病気になっても早く治り、長生きする」と書いている。チョプラ・センター・フォー・ウェルネスの共同創設者で、ベストセラー作家でもあるディーパック・チョプラは、「目的が充実感と喜びを与える。それは幸福を経験させてくれる」と確信している[4]。

サクセスフル・エイジングの権威である医師のウォルター・ボルツは、自身のベストセラー『一〇〇歳まで生きる法』の中で、皮肉にも年齢《とし》をとるほど責任は減るどころか増えていくと書いている。「年をとるほど責任を負うべきだ。なぜなら私たちは自分の用途に合わせて環境をこしらえてきたのだから」人は人生のさまざまな問題に関わり、より高い目的のために自分の才能を使い続けるべきだとボルツは説く。ところがこの社会では、それとは逆のことを信じさせられているために、年齢を重ねるにつれて友人や家族、社交から遠ざかっていく傾向にある。

ボルツはシニア世代の人たちに、「フロー」体験をする努力をするよう勧めている。興味深いプロジェクトや活動に没頭していると、ほとんど気づかないうちにあっという間に時間がすぎていくという体験である。「このような充実感に満ちた生活を送っていると、健康で長生きできるだけでなく、長患いせずぽっくり死ねる。アクセルを踏み込んで生きていきたいものだ。アイドリングで生きるのではなくて」5

年齢《とし》をとるにつれて消極的になっていく傾向に抵抗して、自分やほかの人たちに生きる意味と目的を与えるプロジェクトに参加してみよう。「引退病」をまき散らす精神的、社会的伝染病にはかかってはいけない。自分の周りを見渡せば、このエキサイティングなライフ・ステージで、生産的で幸せな人生を送っている素晴らしい男性も女性も大勢いるはずだ。この章ではさまざまな職業から何人か紹介したい。いくになっても貢献し続け、引退病の解毒剤は目的を持つことだと信じている人たちだ。

ジョージ・バーンズは、ボードビル、ラジオ、テレビ、映画、お笑い、レコード、本等々、幅広く世代を超えて活躍した数少ないエンターテイナーの一人である。ショービジネスでのキャリアは九三年にも及び、八〇歳を目前にして『サンシャイン・ボーイズ』に出演、アカデミー史上最高齢で助演男優賞を受賞した。当時、バーンズは三五年間も主役から遠ざかっていたが、それについて「エージェンシーが私を過剰に露出させたくなかったからだよ！」と冗談を飛ばした。オスカー受賞をきっかけにして、驚くべきクレッシェンドのセカンド・キャリアがはじまり、九〇歳をすぎても映画やテレビの特別番組で活躍した。

伝説のコメディアンは九〇代になってから、彼を有名にした「ストレートマン」ばりのユーモアで一〇〇歳の誕生日はロンドン・パラディウムで祝うと発表し「今死ぬわけにはいかないよ。出演の予定があるからね！」と言った。彼は生涯に一〇冊の本を書き、そのうちの数冊はベストセラーとなり、一冊は『How to Live to Be 100 — or More（一〇〇歳まで — いやもっと生きるには）』という彼にこそふさわしい題名がついている。彼は自説を実践し、最後の最後まで仕事をして一〇〇歳で亡くなった。自分一人になるまでショービジネスの世界にいるつもりだと冗談を言っていたが、実際、彼は一〇〇歳まで現役を続けたのである[6]。

五〇歳をすぎたNASCAR（市販車を使ったカーレース）ドライバーはそう多くないし、まして八〇歳すぎなど考えられない。しかしハーシェル・マクグリフはカーレースの世界における年齢の固定観念を打ち破り、それによって人々の注目を集めた。八一歳のとき、ポートランド・インターナショナル・レースウェイで行われたNASCARのフィーチャー・レースに史上最高齢のドライバーとして出場し、二六人中一三位でフィニッシュしたのである。なにも目立ちたいから八〇歳をすぎてレースに出たわけではない。六〇年近くにわたって競った大好きなスポーツでカムバックしたかったのだ[7]。

高齢になると歩行器や車椅子で移動する人も多いというのに、ハーシェル・マクグリフには引退する気などさらさらなかった。年間人気ドライバー賞を一二回獲得し、七九歳で米国モータースポーツ殿堂入りを果たした。しかし彼の最大の栄誉はそのあとのことで、二〇一六年のNASCAR殿堂クラスで五人のレジェンドの一人に選ばれたのだ。過去に数人のドライバーしか受賞していない栄誉である[8]。

彼の場合、これで終わりではない。「八〇歳になったら、どこかでショートトラックのレースをしたいと思っていてね。若い人たちについていけるかどうか試してみたいんだよ」と言っていた。もちろん彼はそうした。八四歳でソノマ・レースウェイに出場したのである。[9]

シニアになっても働き続けることが長寿につながる可能性を示す研究結果がある。シェルの社員三五〇〇人を追跡調査したところ、五五歳でリタイアした人は、五五歳以降も働き続けた同じ年齢の人たちに比べて、その後一〇年間の死亡率が二倍も高かった。ギリシャ人の男女一万六八二七人を一二年間追跡したヨーロッパの調査では、早期退職した人は働き続けた人に比べて死亡率が五〇%上がる結果が出ている。国立老化研究所の創設者ロバート・N・バトラー医学博士は、「仕事というのは、おそらく人生の目的を感じる一番身近な方法である。だからできるかぎり長く仕事を続けたほうがいい」と言っている。[10]

アーサー・アシュキンは二〇一八年、物理学における貢献でノーベル賞を受賞した三人のレーザー科学者の一人だった。九六歳という年齢からして、彼を超える年齢の受賞者はもう現れないだろうと思われた。この栄誉は長年にわたって成功を収めてきた科学者としてのキャリアのハイライトにして締めであるというのが大方の考えだったが、当のアシュキンはそうではなかった。「次の科学論文の執筆で非常に忙しいので、受賞のインタビューには応じられないかもしれないとノーベル賞の関係者に伝えた」という。アーサー・アシュキンが科学の分野で貢献できることはまだたくさんあると思っていたのは明らかで、それ以外のことには時間をとられたくなかったようだ[11]。

しかし二〇一九年一〇月、ドイツ生まれのジョン・B・グッドイナフが最高齢のノーベル賞受賞者という栄誉に輝いた。九七歳のグッドイナフは、ノートパソコンやスマートフォンに使われるリチウムイオン電池の研究で化学賞を受賞した。彼は記者団に「リチウムイオン電池が世界中の通信に役立っていて、大変嬉しく思っています」と語った。現在も自身の研究室で研究を続けており、大好きな分野から引退する予定はない[12]。

五二歳の内気な専業主婦で三人の子の母親だったイルマ・エルダーは、家業の経営に携わることなど考えてもいなかった。しかし夫が心臓発作で急死したとき、イルマは突如として大きな決断を迫られた。経営難に陥っていたデトロイトのフォード代理店を二束三文で売却するか、自分で何とか経営するか。イルマは、倒産寸前の自動車販売店を成功に導くすべを見出した。メーカー、銀行、クレジット会社と渡りあえるようになり、夫の死後二〇年間働き続け、七〇代後半になって九店舗目と一〇店舗目をオープンした。ついにはジャガーの世界トップディーラーの仲間入りを果たし、エルダー・オートモーティブ・グループは全米最大規模のヒスパニック系企業のひとつとなった。

「いつ引退するかと訊かれたら、楽しめなくなったときと答えます」と三人の孫を持つ祖母は言う。「仕事のおかげで生き生きとしていられるのです」彼女は自動車販売業界における女性経営者の草分け的存在でもある。「女性には自動車販売店の経営は無理だと思われていますが、そんなの別にどうでもいいことです。私はただそれを受け入れ、自分ならガラスの天井を破れると信じています。年齢を重ねると忍耐力もついてきますしね」[13]

エリオット・カーターは六五歳のとき、弦楽四重奏曲第三番で自身二度目のピューリッツァー賞（音楽部門）を受賞し、八六歳のときにヴァイオリン協奏曲で初のグラミー賞を受賞した。九〇歳で新しいジャンル―オペラ―に挑戦し、音楽界を驚かせた。ボストン・グローブ紙は、「次は何？」と題したレビューで彼のオペラ作品を絶賛した。その後も驚くほど精力的に活動し、九〇歳から一〇〇歳までに四〇以上の作品を発表した。「遅咲きなものでね。クリアに結晶化できていなかったものを頭の中で形にするのに時間がかかったんだ」とカーターは言う。「新しい言語を習得するのと同じで、基本的な語彙を身につけるまでは大変だが、そのあとは簡単なんだよ。直感的に理解できるようになる」

カーターは長年、創造力がピークに達していると感じたら朝早く起きて作曲するのを日課としていた。一〇〇歳をすぎてから二〇曲発表し、最後の作品は亡くなる三カ月前の一〇三歳のときに完成した。彼は一〇〇歳をすぎても作曲し、亡くなる直前まで仕事をして音楽業界を驚かせたのである。現代音楽においてアメリカで最も重要にして不朽の作曲家の一人であるエリオット・カーターの人生は、「良いことは待つ者のところに訪れる（待てば海路の日和あり）」がどういうことかを教えてくれる[14]。

ウィリアムズ・エキップメント&コントロールズ社のオーナー兼役員のクレイトン・ウィリアムズは、エンジニアとして四〇年にわたり活躍し成功を収めた。六〇歳を迎えた彼は、そのキャリアにピリオドを打つときがきたと判断した。しかしクレイトンが引退することにしたのは、ゴルフをしてのんびりしたりしたいからでも、世界旅行に行きたいからでもなかった。勇敢にもそれまでとはまったく違うキャリアを歩む決心をしたのだ。そのキャリアとは、画家である。もともと趣味で絵を描いていて、母親と同じように鋭い審美眼をもっていた彼は、美術の世界に入っていくのは今しかないと判断したのだった。ほとんどの人はエンジニアからアーティストへの転身は極端だと思うだろうが、クレイトンはシニアになってまったく別のキャリアをはじめることに抵抗はなく、むしろもっと右脳を使ってみたいと思っていた。

しばらく絵画の腕を磨くことに専念してから、自分の絵だけでなくほかのアーティストの作品も展示・販売するウィリアムズ・ファイン・アート画廊を開く。駆け出しのアーティストの作品や地元のウエスタンアートを扱い、まだ売れてはいないが才能ある若手アーティストのプロモーションにも力を入れた。クレイトンは、信頼をおく何人かのメンターから学び、そのうちアートセミナーを開いて教えるようになった。さらには美術展に出品し、個展も開き、さまざまな美術書や雑誌で作品を取り上げられるまでになった。

八〇歳をすぎ、九〇歳をすぎても画廊で朝から晩まで働いた。彼は言う。「働かないというのはどういうことか知らないんですよ。友人たちはゴルフやブリッジをしています。むろんそれはそれでいいのですが、私には物足りない。今の仕事はチャレンジできるし、それによる恩恵もあるから大好きなんですよ。毎日どんな料理ができるのかワクワクしているのです」

クレイトンは数千枚もの絵を描いて販売し、家族にも多くの作品を残した。

絵画の収集と販売に加え、クレイトンは数十年にわたってコミュニティの複数の芸術・慈善団体の役員を熱心に務めた。コミュニティで必要とされているさまざまなプロジェクトに関わりながら、自身の財団も立ち上げ、落ちこぼれそうな六年生への個人指導や低所得家庭への高校奨学金のスポンサーシップ、ホームレスへの食事提供など、支援を必要とする大勢の人々に手を差し伸べている。

クレイトンには十分な収入があったが、芸術への原動力は金銭ではなかった。アメリカ西部を代表する画家メイナード・ディクソンの数少ない素描を入手したとき、一人の顧客に売るのではなく多くの人が鑑賞できるようにと、躊躇なく地元の美術館に寄贈した。このほかにも価値の高い数点の絵画を販売して儲けることはせず美術館に寄贈している。

三二年間にわたり八〇歳まで画廊を経営しながら絵を描き続け、九四歳になった現在も自宅で絵画販売の仕事をし、美術界に深く関わりながら貢献している。昔から健康上の問題を抱えながらも八五歳までテニスのシングルスの選手としてプレーし、若い選手たちを驚かせた。

現在ものんびりした生活とは無縁である。多くのプロジェクトに積極的に関わり、まだまだクレッシェンドの人生を生きている。大勢の子や孫たちとすごす時間を大切にしながら、コンピューターに向かって母親のライフヒストリーを執筆し、財団を成長させるためのアイデアを出し合い、美術委員を務め、売りたい作品を持ち込む人を買いたい人につなぎ、近々出す美術書に取り組むなど毎日休むことなく頭を働かせている。

「社会貢献や恩返しもできたので、美術に関わるようになってからの年月はとても充実していました」と彼は振り返る。「新しい友人が大勢できましたし、価値のあることに貢献していると思えるのはとても幸せなことですよ」そして驚くべきことに、彼はまだ次の「チャレンジと恩恵」を探しているのだ[15]。

七九歳のバーバラ・ボウマンは、シカゴの幼児教育局の局長を八年間務め、延べ三万人の子どもたちのプログラムを監督した。幼児教育分野のパイオニアとして知られるバーバラは、キャリアを通して幼い子どもたちのために尽力してきた。国際的に知られる幼児教育のエキスパートであり、教師、講演者、作家、行政官として働いた。エリクソン研究所（子どもの発達の先端研究）の共同創設者三人の一人であり、所長も務めた。幼児教育の質の向上と訓練範囲の拡大を精力的に追求し、八一歳のときにはオバマ政権で教育省長官コンサルタントを務めた[16]。

彼女は子どもたちを心から愛する教師であり、九一歳になっても教育活動に積極的に取り組み、毎週日曜日に一五人から二五人のゲストを招いて夕食会を楽しんでいる。「五〇年もやっているの。それが若さの秘訣」と彼女は言う。

年齢は大きなアドバンテージになると彼女は考えている。「キャリアの心配をせずに正しいと思うことができる。それに、この年齢だから切迫感があるのです。自分にどれだけの時間が残されているかわからないから、重要ではないことに時間を無駄にはしません」[17]

こうしてさまざまなストーリーや実例を紹介しているのは、なにもあなたに罪悪感を抱かせたいからではない。人生のこの重要な時期にできることを考えるきっかけになればと思ってのことだ。私の狙いは、「引退病」にかかっている人に解毒剤を注入することである。このライフ・ステージは機会に恵まれ、充実した時期になり得ると信じ、目的を探すことが解毒剤になる。ジョージ・バーナード・ショーの言葉を引用しよう。この章の内容を的確に表現していると思う。

みずからが偉大と認める目的に自分自身を使うこと、それこそが人生における真の喜びである。幸せになれないのは世の中のせいだなどと不平不満しか言わず、熱に浮かされ利己的でちっぽけな塊ではなく、自然の一部になることである。自分の人生は社会全体のものであり、生きているかぎり社会のためにできることをするのは特権だというのが私の考えである。私は死ぬときまでに自分を使い果たしたい。なぜなら、一生懸命働くほど生きることができるからである。私は人生そのものに喜びを得る。私にとって人生とは短いロウソクではない。今のところ手にしている立派なたいまつのようなものであり、それをできるかぎり明るく燃やしてから後世の人々に手渡したいのである。[18]

キャリアから貢献への移行

いわゆる「やり手」と呼ばれるような人たちの中には、あまり共通点を感じられないという人もいるだろう。また、世界をより良い場所にすることが真の喜びである、というショーの持論に賛同していないかもしれない。ひょっとしたらこんな疑問を抱いているのではないだろうか。

- 引退したらゴルフや旅行に行きたいと思っていたら？
- この（クレージーな）人たちは、なぜこんなに長く働きたいのか？
- 私は疲れている。こういう元気、決意、情熱はどこから湧いて出るのだろう？
- 働き続けたい、人の役に立ちたい、貢献したいという気持ちは生まれつきのものなのか、それとも選択するものなのか？
- そのような選択はだれにでもできるのか？

まず、だれもが倒れるまで働くべきだと言いたいのではない。あなたが七〇代、八〇代、九〇代になるまで仕事を続けたくないと思っているとしても、当然ながらそれはあなただけではない。

年齢《とし》をとれば九時から五時のスケジュールに縛られるのはもう嫌だと思うだろうし、ほとんどの人はフルタイムで働いていたときにできなかったことをしたいと思うはずだ。新しい趣味を持ったり、家族や友人と自由にすごせる時間を増やしたり、旅行に行ったり、息抜きを楽しんだりするなら、このライフ・ステージは理想的だし完璧である。どれもこの年代にやるのにふさわしいものばかりだ。

しかしそうは言っても、私としては、これらのストーリーを読んだあなたが、自分の中にある貢献のエネルギーを全部絞り出して社会に提供したいという気持ちになってくれることを願っている。仕事から引退するのはいいとして、人生においてきわめて有意義な貢献をすることからも引退してはいけない。私がここで提案しているのは、新しいメガネ、異なるパラダイムを通して引退を見てみることだ。それがクレッシェンド・パラダイムである。仕事とキャリアに支配された人生から、貢献にフォーカスした人生へ移行することを意識的に選ぶのである。

人の役に立たなくなったら、私の人生とは何だろう。

——ヨハン・ヴォルフガング・ゲーテ

ウォーレン・ベニスはリーダーシップ研究のパイオニアとして知られ、リーダーシップをテーマにした三〇冊以上の優れた著作がある。七〇代、八〇代まで仕事を続け、八五歳で回想録『Still Surprised』を書いた。ベニスは「引退をめぐる省察」と題する記事で、老年期をどう見るかについて二つの基本的な考え方を提示しているが、私もまったく同感である。

第一に、成功者は常に変化している。「このような人たちは絶対に立ち止まらない。彼らは進み続ける。過去の業績や引退のことなどみじんも考えない」ベニスは、ウィンストン・チャーチル、クリント・イーストウッド、コリン・パウエル、グレース・ホッパー、ビル・ブラッドリー、ケイ・グラハム、ほかにも多くの人々を賞賛し、「スタートするのは遅かったが、頂点に居続け、惰性で生きていない人たちだ。引退や過去の業績のことは語らない。常に自分の人生を再設計し、構成しなおし、改革していた」と評している。

第二に、キャリアや人生で成功した人は、老年期への移行にも成功している。ベニスは優れたリーダーを研究し、成功する移行の五つの特徴を明らかにしている。これらの特徴を貢献とクレッシェンド・マインドのパラダイムを通して考えてみてほしい。キャリアで働くことから意義ある貢献で働くことへ移行しようとしている人たち、「人生の後半戦」を生きる人たちのためになると思う。

1 揺るぎない目的意識、情熱、確固たる信念を持っている。何か重要なことをして変化を起こしたいと思っている。
2 信頼に基づく深い人間関係を築き、持続させることができる。
3 希望を周囲に広める存在である。
4 仕事、権力、家庭、家の外での活動のバランスとって生活している。地位で自尊心を左右されない。
5 行動志向である。躊躇せずリスクをとれる人たちであり、向こう見ずではないが、自分から動くことができる。冒険とリスクと明るい未来を心から好む。[19]

七〇代、八〇代、そして九〇代になってもこのような特徴を備え、同世代の人たちが何年も前にやめてしまったことをまだまだ楽しんでいる人たちがいることは、ほとんどの人が知っている。幸いにして心身ともに健康であれば、これからも多くのことを成し遂げることができ、家族やコミュニティに欠かせない存在でいられるのである。

作曲家・編曲家のクロフォード・ゲイツは、映画音楽の出版・録音も手がけ、さらにベロイト・ジェーンズビル交響楽団、クインシー交響楽団、イリノイ州のロックフォード交響楽団を率いて多くのオリジナル交響曲を作曲するなど、輝かしいキャリアを築いた。

大雑把に「引退」と結びつけられる年齢を何年もすぎた七八歳のとき、ゲイツは六曲の交響曲を作曲し、そのうちの一曲は全米音楽友愛会の創立一〇〇周年を記念した作品である。その後さらに二〇曲の交響曲とオペラを作曲している。九〇歳になっても、週五日、午前中に四時間（八時から正午まで）、午後も二時間は作曲をするという精力的なスケジュールを続けた。二〇一八年に九六歳で亡くなるまで常に何かに取り組んでいて、六曲以上を同時進行で作曲することもざらであった。「今も昔と変わらず刺激的だよ。それは物事に対する姿勢なんだ」と彼は言っていた。妻のジョージアも才能に恵まれたピアニストで、八〇歳をゆうにすぎても週に二、三日は地元のカンファレンス・センターで見学者のためにピアノを弾くボランティアをしていた。「勢いを落としてはだめ」――ジョージアのこの言葉は、二人の人生哲学を見事に言い表している[20]。

私はこの「勢いを落とすな」という考え方が大好きだ。もう仕事やキャリアからは引退していても、前に進み続けよう。あなたがこれまでに学んだことは、あなたとは違う道を歩いてきた人にとっては有益で価値のあるものになり得る。想像してみてほしい。職業をリタイアした人たち全員が何か貢献しようと周囲に目を向け、長年身につけたものを率先して提供したら、どうなるだろうか。もしあなたがクレッシェンドに生きることを意識的に選び、自分にはもっと学ぶべきこと、貢献できること、すべきことがあると信じたら、これからの数年間にどんな変化を起こせるだろうか。逆に「自分の最高のものはもう提供してしまったので、これから先、人に差し出せるものはない」と考えたら、後戻りの人生、「ディミヌエンドの人生を生きる」ことになるのだ。

二〇歳だろうが八〇歳だろうが、学ぶことをやめてしまった人は老いる。学び続ける人はいつまでも若い。

――ヘンリー・フォード

現代の社会には、年齢《とし》をとったら働くか引退するか二つにひとつ、という悪しき誤解がある。なにもどちらかひとつを選ぶ必要はない。「貢献する」という第3の案がある。働くことと引退することの両方を含めた考え方である。「人生の後半戦」という重要なライフ・ステージで私が提案しているのは、このパラダイム・シフトである。図にすると次ページのようになる。

私の場合、「引退」という言葉を見て思い浮かぶのは、振り返る、下を向く、服従する、撤退する、というようなイメージだけだ。クレッシェンド・マインドはその逆で、アッチェレランド、スピードアップという意味である。スピードを上げているときは、後ろを振り返ったり、下を向いたりする暇はない。前を見て、上を見て、自分の目の前で変化を起こすことに集中し続けなければならない。

私は「人生の後半戦」で二つのグループの人たちから刺激を受けている。ひとつは、定年退職しても、あるいは本業をやめても、それまでとは違うかたちで重要なプロジェクトに取り組み、貢献している人たちのグループ。もうひとつのグループは、一般的な引退年齢になっても引退せず、七〇代、八〇代、九〇代になっても働いている人たちだ。この二つのグループに共通しているのは、まだまだ貢献したい、まだ先にある重要な仕事を成し遂げたいと思っていることだ。若いときに大きな業績を挙げたかどうかは関係なく、今現在、毎朝起きて他者の人生をより良くしたいという姿勢で生きてい

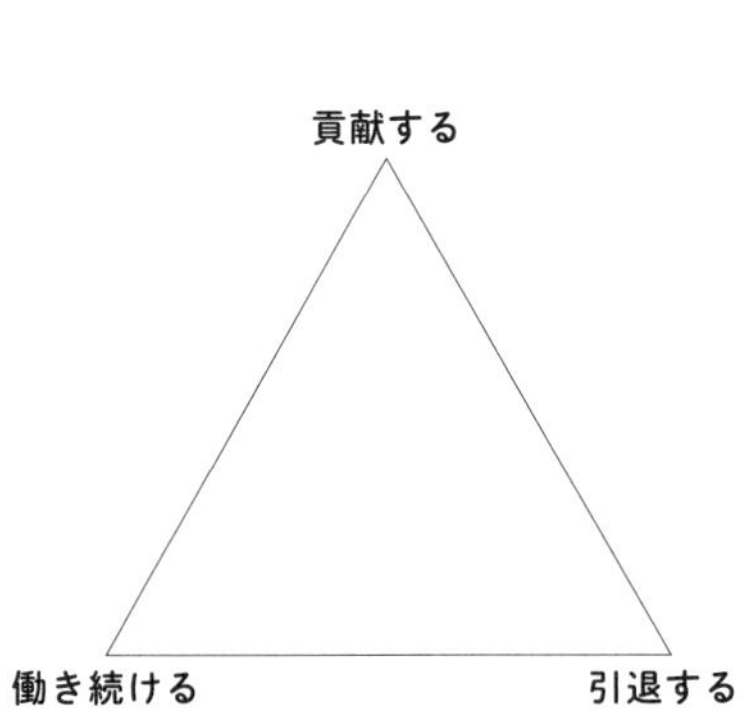

る。これ以上に重要なことがあるだろうか。

われわれは得ることによって生計を立て、与えることによって生きがいをつくる。

――ウィンストン・チャーチル

長寿プロジェクト

リタイアして海辺に隠遁することがよくないのはわかっている。しかしストレスの多い退屈な仕事を続けるのもまたよくない。この移行期を健康的に切り抜けることを考える必要がある。

――ハワード・フリードマン博士

心理学者のハワード・フリードマン博士とレスリー・マーティン博士が分析している「長寿プロジェクト」は、八〇年がかりの興味深い研究である。このプロジェクトはスタンフォード大学の心理学者ルイス・ターマンが一九二一年にはじめたもので、サンフランシスコ中の教師に一〇才と一一才の成績優秀な少年少女を特定するよう依頼した。子どもたちを追跡調査し、高い潜在能力の初期兆候を把握することが目的だった。最終的に一五二八人を選び、最初は遊びの中で、その後は成長過程を観察した。ターマンは子どもたちとその親に定期的にインタビューし、何十年にもわたって彼らの人生を追跡し、人柄、習慣、家族関係、影響、遺伝子、学業適性、ライフスタイルなどを調査した[21]。

三五年にわたり情報を収集したターマン博士は、一九五六年に八〇歳で亡くなったが、彼のチームは研究を続けた。一九九〇年、ハワード・フリードマン博士と大学院生助手のレスリー・マーティンは、ターマン博士の研究の幅広さと独自性に気づき、博士が残した研究を引き継ぐことにした。手元にある数十年分のデータをもとに被験者に同じ質問を続けた。病気になり、どうみても寿命より早く亡くなる被験者もいれば、健康を謳歌し長生きする被験者もいて、その違いの原因を分析した。

フリードマンとマーティンは、ターマンの所見を調べて一年だけ研究を続けるつもりだったが、結局は二〇年以上このプロジェクトに取り組み、二〇一一年にようやく研究結果を発表した。一セットの被験者を幼少期から死亡するまで追跡調査した長寿プロジェクトは、八〇年にわたるきわめて貴重でほかに類のない研究であり、これまでに発表された心理学研究の中で最重要とされるもののひとつである。

フリードマンとマーティンは、健康状態の維持や寿命に個人差があるのは遺伝的要因では部分的にしか説明できないとしている。驚くことに、健康、幸福、長寿に関して昔から信じられている説を覆すような結果もある。リーダーズ・ダイジェストに掲載された長寿プロジェクトの記事から、とくにクレッシェンド・マインドに関連する調査結果をいくつか要約して紹介する。

❙ 幸福は結果であり原因ではない

「幸せな人が比較的健康であることは定説となっている」とフリードマンは書いている。「幸せは人を健康にすると思われがちだが、われわれの研究結果ではそうではなかった。やりがいを感じられる仕事、良い教育、安定した良い人間関係、人と関わること、こうしたことが健康や幸福の原因になるのである」

要するに彼らの研究結果から見えてくるのは、自分から何かに関わり、その多くを自分でコントロールできれば、自分の力で幸せになれるということだ。人生の脚本を自分で書けるということである。

- 興味を持てて、やりがいのある仕事を選ぶ。

・天賦の才能を伸ばす教育を選ぶ。
・人とポジティブにつながることを選ぶ

これらを実践すれば、人生に幸せな雰囲気が生まれ、ライフスタイルが健康的になる。

2 ストレスは言われるほど悪者ではない

フリードマンはこう書いている。「ストレスの危険性はよく耳にするが、物事の達成に最も心血を注いでいたような人たちが、じつは一番健康で長生きしていた。ストレスに押しつぶされるのはいけないが、成功した人たちは、気楽にやろうとしたり、早く引退しようとしたりせず、むしろ自分からチャレンジし、粘り強い人たちだった」[22]

この結果はセリエ博士が言う「ユーストレス」（良いストレス）と一致しており、とくにシニアになってからはユーストレスを日常的に経験することがいかに重要で健康に寄与するかを示している。何か成果を出さなければならない、あるいは期待を満たさなければならないという適度なプレッシャーがかかると、血流がよくなり、達成したいという意欲が湧いてきて、良い意味で自分を駆り立てることができる。

米国心理学会のインタビューの中で、フリードマン博士はさらにこう説明している。

ストレスについてはひどい誤解があります。慢性的な生理学的機能異常と激務や社会的な試練、キャリアのきつさはまったく別のものです。気楽にして何も心配せず、フロリダにでも隠居してゆっくりのんびりしなさい、などという愚にもつかないアドバイスばかりです。長寿プロジェクトでは、一番ハードに働いた人たちが一番長生きしていました。責任感が強く結果を出してきた人たちは、何をやっても成功しています。とくに自分に関係する以外の物事や他人に献身的な人たちはいろいろな面で成功しています。[23]

意義のある活動に熱心に取り組んでいる人は長生きする。このセクションの内容は忘れてしまっても、これだけは覚えておいてほしい。

3 運動は楽しめるなら大きな効果がある

フリードマンとマーティンは、無理して運動するのは逆効果になる場合があることを発見した。運動は大切だが、ただやるよりも楽しんでやればなお良い。また、長年デスクワークだった人でも、運動をはじめるのに遅すぎるということはない。運動をはじめるだけで、その後の人生に大きなインパクトがある。「実際、五〇代、六〇代で病気で亡くなる人たちと七〇代、八〇代、九〇代まで元気でいられる人たちの違いはそこにあります」とフリードマンは説明している[24]。

俳優として七〇年近いキャリアを持つディック・ヴァン・ダイクは、気が向こうが向くまいが毎日ジムに通い運動することを心がけているという。「身体を動かさず何もしなくなったら、たちまち錆びついてしまうからね」と彼は言う。「人は加齢による衰えをあっさり受け入れてしまう。もうあれもできない、これもできなくなった、とぼやく。でも本当はできるんだよ！　遅すぎるということはない。九〇歳の人だって立ち上がってちょっと動き出すと、驚くようなことが起こる」

二〇一八年、ディック・ヴァン・ダイクは九三歳で『メリー・ポピンズ リターンズ』に出演して俳優としてのキャリアをさらに延ばし、ファンを喜ばせたが、それは彼が持説を実践している証なのである[25]。

私はずっと、日頃から身体を動かし、食事の大半を健康的なものにしてはじめて最大限の結果が得られると信じてきた。健康を維持するのは、蒔いたものを刈り取るという「収穫の法則」そのものである。「刃を研ぐ」時間を毎日とり（『7つの習慣』の「第7の習慣」）、バランスのとれた自己再生の原則を実践することが重要である。朝起きたらエクササイズバイクに乗りながら気持ちを鼓舞する本を読むことを長年続けているが、この日課は体調を整えるだけでなく、自分を磨き、目標を達成する意欲を引き出すことにもつながっていると思う。

4 思いつきで長生きはできない——長生きするには良心的であること

長寿プロジェクトの研究は意外な秘密を明らかにした。「誠実性という性格要因が長生きに関係していることは以外な結果だった」とフリードマンは書いている。「われわれの研究が示唆しているのは、良心的で目標志向の市民が多く、これらの市民がコミュニティに十分に溶け込んでいる社会が健康と長寿の重要な要因となる可能性が高いということである。このような変化は、何年もかかってゆっくり一歩ずつ進んでいくものである」[26]

そして、自分の人生やキャリアだけでなく大切な人間関係においても良心的であることが寿命を延ばす。フリードマン博士はさらにこう説明している。

私はベビーブーマー世代なので、人生の次の段階で何をするべきか前もって考えるのが習い性になっている。幸いなことに、熟慮は「正道」と呼ばれる健康増進法のひとつの重要な部分である。熟慮する人は良心的で、良い友人と有意義な仕事に恵まれ、幸せで誠実な結婚生活を送っている。キャリアや人間関係のことをよく考えて計画し、忍耐強く取り組むので、たとえ問題が生じても、自然と、自動的に長寿になる。このように慎重で辛抱強く、安定した家庭と社会的ネットワークを持っている人ほど健康維持のためにすべきことに最も関心があるのだが、皮肉なことに、こういう人たちはすでにすべきことをしているのである。[27]

5 年齢を重ねても有意義なことに関わり続ける

寿命が延び、大量のベビーブーマー世代に白髪が見えるようになった今、米国における高齢者の数は未就学児の二倍以上である。ナショナル・センター・フォー・クリエイティブ・エイジングの創設者スーザン・パールスタインは、シニア世代が心身の健康を最適化するためには、さまざまな活動やコミュニティに継続的に参加することが必要だと話す。「実際、クリエイティブな表現活動に関わっていると健康が増進されます。高齢者の精神疾患の第一位はうつ病です。有意義な目的を持っていないからです」[28]

このセクションの基本的な考え方を裏づける結果である。人生の後半戦でクレッシェンド・マインドを実践すれば、人生の目的と意味が深くなり、生活の質が向上し寿命も延びる可能性が高まるということだ。

一九九七年、六二歳のジュリー・アンドリュースは非ガン性嚢胞《のうほう》を取り除く手術を受けた。これによって声帯が損傷し、歌声を出すことは永遠にできなくなった。彼女は「とても落ち込んでしまって。アイデンティティを失ったような気分だった」と認めている[29]。それまではブロードウェイやロンドンのウエストエンド、さらには『メリー・ポピンズ』や『サウンド・オブ・ミュージック』などハリウッドを代表する映画でも四オクターブの美しいソプラノで知られ、エンターテインメント業界のレジェンドだったのだ。

最初はすべてを否定する精神状態だったが、何かしなければと思いはじめたという。「サウンド・オブ・ミュージックでの私のセリフ〝神様が戸をお閉めになると、どこかの窓を開けてくださる〟というのは正しかったのです」病気のせいで別の表現活動をせざるを得ず、娘のエマと一緒に児童書を書きはじめたのである。結局、ニューヨーク・タイムズ紙のベストセラーとなった『The Very Fairy Princess（妖精のお姫さま）』シリーズをはじめ二〇冊以上を共著で出版した。子どもたちとの関わりはアンドリュースの人生をそれまでとはまったく違った方向へ導き、新世代のオーディエンスから注目を浴びることになったのである。

もし歌声を失っていなかったら、「こんなにたくさんの本を書くことはなかったでしょうね。あの喜びを知ることもなかったでしょう」と彼女は言う。以前とは違うけれども、充実した新しいアイデンティティも得ることができた[30]。八四歳のときにはハリウッド時代をまとめた二冊目の回顧録を書き、重要な仕事と貢献は常にまだ先にあることをみずから体験している[31]。

幸せの扉がひとつ閉じると、別の扉が開く。でも私たちは閉ざされた扉ばかり長いこと見ているために、自分のために開かれている扉に気付かないのである。

——ヘレン・ケラー

6 活発な人付き合いのネットワークを維持する

ニューヨーク・タイムズ紙のインタビューで、長寿に直結する社会的要因は何かと訊かれたとき、フリードマンは「人付き合いのネットワークの強さ」と明言した。未亡人と寡夫を比べたら未亡人のほうが長生きする。「女性のほうが強いネットワークを築けるからです。長寿の要因で遺伝子に関係するのは三分の一程度で、残りの三分の二はライフスタイル、それと偶然です」とフリードマンは指摘する[32]。

七〇代、八〇代、九〇代になっても活動的で、奉仕活動も積極的にしている人たちは、友情を維持し、深めることの大切さをわかっている。ある年配女性グループは、小学生時代から仲が良く、高校で「友情クラブ」をつくったという。以来、毎週水曜日の夜に集まって一緒に食事したり、手芸を楽しんだり、奉仕活動のプロジェクトを仕上げたりしながら、お互いのことを報告しているという。健康問題や配偶者との死別など、この年代が人生の苦労に直面するのは当たり前のことだから、彼女たちにとってクラブはいわばライフラインである。毎週のつながりは、友情を守るだけでなく歩み続ける理由にもなっているのだ。

ジュリアン・ホルト・ルンスタッド教授とティモシー・スミス教授は、人間関係が人生に及ぼす影響について研究し、その驚くべき結果がＰＬｏＳ（Public Library of Science）メディシン誌に掲載されている。研究によれば、健全な人間関係は生存の可能性を五〇％上げるという。彼らは七年半にわたり被験者の人付き合いの頻度を測定し、健康状態を追跡し、過去に発表された一四八件の長期研究のデータを分析した。その結果、活発な人付き合いがない場合、寿命への影響は一日一五本の喫煙とほぼ同じ、アルコール依存症と同等で、運動をしない場合よりも有害で、肥満の二倍の害があることがわかった。

「この影響は高齢者だけにかぎったものではない」とスミスは言う。「人付き合いはすべての年齢層に一定の保護効果を与える。われわれは人間関係を軽く見ている。絶えず人と交流することは精神面で有益なだけでなく、身体の健康にも直接影響する」[33]

フリードマンは次のように結果をまとめている。

この調査の回答者の中でとりわけ長寿の人たちには次のような傾向があった。

- 身体活動のレベルがかなり高い
- コミュニティに恩返しすることを習慣にしている
- 長く充実したキャリアを送っている
- 結婚生活・家庭生活が健全である

分野の違いにかかわらず、人と関わり、一生懸命働き、成功し、責任感のある人は長生きする傾向にあるようだ。

際立って長生きの人たちは、

- すべての年代を通して、またどんなライフ・ステージにあっても、年齢を重ねても、活発で生産的である。
- 自分なりに社会的なつながりを維持し、有意義な仕事に関わり続けている。[34]

言い換えれば、長寿の人たちは「影響の輪」を大きく広げ、そこに他者を包摂するだけでなく、そのことが自分自身にも良い影響を及ぼしていたのだ。さらにもうひとつのエビデンスとして、「リタイア後の仕事：神話と動機」という研究もある。

メリルリンチと調査会社エイジ・ウェーブによるこの研究では、アメリカのシニア世代が労働力の人口動態をどのように変化させているかが調査されている。「リタイア」は、かつては仕事人生の終わりを意味していたが、この調査によれば、現在は大多数の人がリタイア後も働き続けており、ほとんどが別の新しい仕事に就いている。

現在の定年退職者で退職後も働いているか、働く予定であると答えているのは半数近く（四七％）だが、五〇歳以上の定年退職前の被雇用者ではさらに多くの割合（七二％）が退職後も働き続けたいと答えている。労働統計局の報告によると、二〇一四年九月時点で五〇歳以上の就労者数は三二七〇万人、ちょうど一〇年前の二一七〇万人から増加している。

人生の半ばをすぎても働く人が増えた理由はさまざまである。高齢者のイメージが変化しており、この研究でも「高齢期に対する再認識」として取り上げている。リタイア後の健康状態が全般的に良くなり、それに伴って平均寿命が延びていることも、長く働くことが現実的な選択肢になっている理由である。

この画期的な研究は、定年退職後に働いている人一八五六人、定年退職前の被雇用者と定年退職後に働いていない人約五千人を対象に実施されており、リタイアをめぐる四つの大きな誤解を打ち消している。

神話1：リタイアは仕事人生の終わりを意味する

現実：定年退職前の一〇人に七人以上が「定年退職後も働きたい」と回答している。これからは定年後も働き続けるシニアは珍しくもなんともなくなるだろう。

神話2：リタイア後は晩年である

現実：定年退職後も働いている人は、社会に関わりアクティブな定年後の生活を開拓している。これはニュー・リタイアメント・ワークスケープといい、四つのフェーズで構成される。①プレ・リタイアメント（リタイア前）、②キャリア・インターミッション（キャリアの一時休止）、③リエンゲージメント（再始動）、④レジャー（余暇）

神話3：リタイア後に働くのは基本的にはお金のためである

現実：この研究では、定年退職後も働いている人は、ドリブン・アチーバー（意欲的に達成を追求するタイプ）、ケアリング・コントリビューター（人を気遣い社会に貢献したいタイプ）、ライフ・バランサー（ワーク・ライフ・バランスを重視するタイプ）、アーネスト・アーナー（本気でお金を稼ぎたいタイプ）の四つに分類されている。お金のためという人ももちろんいるが、多くはお金以外の重要な動機で働いている。

- 六五％――知的活動を維持したい
- 四六％――身体的活動を維持したい
- 四二％――社会とのつながりを維持したい
- 三六％――アイデンティティ／自尊心を持ち続けたい
- 三一％――新しいチャレンジがしたい
- 三一％――お金のため

神話4：新しいキャリアに野心を持つのは若者だけ

現実：定年退職者の約五人に三人が新しい仕事を立ち上げている。定年退職後に働いている人で起業しているのは定年前の人たちの三倍にもなる。

職業人として積み重ねてきた経験は貴重なものであり、六五歳になったからといって棚上げし、使わないでおくのはもったいないことに多くの人が気づいているのである[35]。

一般的な定年をすぎても働く機会はあるが、そのための計画を立てることが重要である。七〇代、八〇代、さらには九〇代まで働けるほど健康で意欲もある人は、それまでに多くの経験や専門知識を積み重ねているという強みがあり、社会に提供できるものも多い。このことは「長寿プロジェクト」の資料や「メリルリンチ／エイジ・ウェーブ」の調査でも裏付けられている。

奉仕活動にリタイアはない

仕事やキャリアからはリタイアしても、奉仕活動からもリタイアすべきではない。家族や隣近所、コミュニティのためになることをしたり、教会や地元の学校、価値ある慈善事業で奉仕活動をしたり、ボランティアを必要としている重要な社会的理念を支援したりすることからリタイアしてはいけないし、自分の「影響の輪」の中にいる人たちの多くのニーズに主体的に対応することからもリタイアしてはいけない。そのためにどこか遠いところまで行かなければならないのだろうか、などと考える必要はない。自分の周りを見る、ニーズがある、それに応える、それだけである。

ヘスター・リッピーは七七歳のとき、孫たちの近くに住んで甘やかそうとテキサス州からユタ州リーハイに引っ越した。その目的は果たした。しかしそれだけでなく、移り住んだ土地で識字能力の向上に協力するという大きな目的も見つけたのである。仕事の内容に気圧されもせず、「この年齢《とし》で何ができるのか」などと悩むこともせず、子どもたちの可能性を引き出すために自分にできることをしようと決心したのである。

ヘスターは、自分の住む地域の小学生の三〇パーセント近くが読み書きの成績で学年平均以下であることを知り、ショックを受けた。そこで彼女は市長を説得して市のアート・センターにあるちょうどよい広さの物置を借り、椅子と机とコンピューターを設置した。募金活動をして本を買い、数人のボランティアを確保し、子どもたち(と大人たち)に無料で読み書きを教えはじめた。ヘスターの粘り強い働きかけで、スクールバスで子どもたちをセンターまで連れてきてもらえるようになり、指導にあたる高校生やほかのボランティアも増えた。

ヘスターは、自分の思い描く識字能力向上プログラムが実現するまでとことん粘り強く取り組み、市議会議員が「ヘスターさんが会議にくると隠れてしまう」と冗談を言うほどだった。「ノーという返事を絶対に受け付けない人ですからね」と明るく愚痴る。

数年後、彼女の努力と市の支援により、ヘスターは市立図書館の西棟を与えられ、ヘスター・リッピー・リテラリー・センターが正式に設立された。ヘスターは一九九七年から二〇一四年までセンターの運営にあたり、子どもや大人のために、読み書きの無料支援のほか、数学、コンピューター、言語などのスキルの支援も行った。識字能力向上に情熱を注ぐヘスターは、「読む（Rea）者（der）が指導者（Leader）をつくる」という考え方で皆を鼓舞し、ボランティアたちに「子どもたちの学習を手助けしていると、もっと手助けしたいと思うようになる」と話していた[36]。

ヘスター・リッピーは、四千時間以上の奉仕活動に対して大統領ボランティア・サービス賞を授与され、ロレアル・パリ価値ある女性賞も受賞している。二〇〇三年には、ジョージ・W・ブッシュ大統領からポイント・オブ・ライト賞を授与された。彼女のリテラシー・センターのモデルはほかの都市やアラバマ州などの州の小学校で採用されており、彼女が自分のコミュニティではじめた活動がどんどん広がっている[37]。

二〇一五年までに、ヘスター・リピー リテラシー・センターは八歳から八〇歳まで一八〇人のボランティア指導員を組織し、週に二回やってくる五〇〇人の子どもたちの指導をするようになった。センターでは毎年七〇〇人以上の生徒が夏の個別指導プログラムに参加しているが、生徒が負担する費用はゼロである。未就学児を対象にした早期読書介入プログラムもあり、就学前の子どもたちに学習準備の場を提供している。

ヘスターが八七歳で亡くなったあとも、彼女の遺志を継ぎ、年間を通して七五～一〇〇人のボランティア指導員が常時約四〇〇人の生徒を指導している。本書を執筆している時点で、ヘスター・リッピー リテラシー・センターは延べ三〇万人以上に読み書きを教えている[38]。有意義な仕事に積極的に関わり、貢献を通して流れを変えていく見事な例と言えるだろう。

ヘスターはいつも、生徒たちが読書することの意味を理解したときは光が差し込んでくるようだ、報われたと思えるのはそのような瞬間だと言っていた。この情熱こそが、何万人もの生徒が何世代も続いた非識字の連鎖を断ち切り、みずからの学業の可能性に気づくきっかけとなったのだ。彼女の重要な活動は、彼女が自分で関われなくなったあとも続いている。これこそ彼女のレガシーの証なのである。

これからやってくるものは、行ってしまったものよりも良い。

――アラブのことわざ

もちろん、フルタイムの仕事を引退して、それまで待ち望んでいた休息の時間を楽しむのは悪いことでもなんでもない。とくにこのライフ・ステージは、ずっとやりたいと思っていたけれども時間がなくてできなかったことをするのに絶好の時期である。

私はずっと「刃を研ぐ」時間を大切にしてきた。リラックスできる活動で心身をリフレッシュ――再新再生――する時間である。一生懸命働くのが大切なら、一生懸命遊ぶのも大切だ。わが家は毎年、家族で山小屋に行く。美しい自然の中で仕事のプレッシャーやぎっしりのスケジュールから解放され、何にも縛られない自由な時間を家族で楽しむことができる。このような伝統は家族の関係を深め、一人ひとりを再生する。

しかし、今まで時間がないためにできなかったことをする時間をとれるようになるのであれば、人のためになり、自分の喜びにもなる有意義なプロジェクトにも多少の時間は割けるはずだ。バランスよく時間を配分する必要があるのは確かだが、貢献することに人生の重点をおく人と、引退して悠々自適の生活を送りたいだけの人とでは、大きな違いがある。ここで紹介した貢献志向のクレッシェンド・マインドの人たちのストーリーを思い出して、リタイア・マインドの人たちと比べてみてほしい。旅行業界やこの社会の多くの規範がシニアに発するメッセージはどれもこれも受け身で、本人に多くを求めず、期待もしていないように思える。リゾートの宣伝はシニアたちを何ら恥じることなく誘惑し、宣伝している。「リタイア！　あなたはこのために働いてきたのです。あなたにはこの贅沢が許されるのです。ようやく何もせずにのんびりできる!」

「Been there ── done that!(それはさんざんやった、もういいよ)」という常套句はだれでも聞いたことがあると思う。あなたもキャリアについては「もういいよ」という気分かもしれない。しかし今、あなたにとってやる価値があり、重要で有意義なことが何かないだろうか。もちろん、フルタイムの仕事を離れてから旅行したり、呑気に楽しめることをやったり、何にも邪魔されずに家族や友人とすごしたりしても、批判する人はだれもいないだろう。しかしこのようなライフスタイルにどっぷり浸かり、それが最優先の生き方になったら、自分の人生には目的がないと思うことになっても仕方がない。ゴルフをするのは悪いことではないが、できることはほかにもたくさんあるはずだ。時間は増えたし、これまでに蓄積した経験やスキル、知恵を人のために提供できるのだからなおさら、ゴルフをするのもいいが、何か有意義なことにも関わってみてほしい。

一般的なリタイア・マインドとは対照的に、クレッシェンド・マインドはあなたのものの考え方に「パラダイム・シフト」を要求する。このマインドセットはキャリアの早い段階から培う必要がある。あなたが今どのライフ・ステージにあっても、この新しいパラダイムで六五歳以降の人生をイメージできれば、ただ惰性で自分勝手に生きるのではなく、意味のある貢献と充実感を得られる活動的な生き方を予測し、それに向かって準備できるようになる。自分の子どもや孫たちの手本となる生き方をすることが大切なのである。

早速はじめてみよう。次に挙げる考え方を基準にすれば、クレッシェンド・マインドになれるはずだ。

ニーズ／良心

ヘスター・リッピーのように、自分の周りにあるニーズを探す。「私はどこで変化を起こせるのか？人生は私に何を求めているのだろうか？」と自問する。次に、内面の奥深くにある良心に耳を傾けてみる。すると、具体的なプロジェクトや目的を選び、自分こそが手を差し伸べることのできる人々のためになろうという気持ちが湧いてくるだろう。どこのコミュニティにも多くのニーズや問題があり、関わろうと決意しさせすれば、かけがえのないかたちで力を貸すことができる。周りを見渡して、自分が必要とされることを見つけ、行動に移してみよう。たとえば人手の足りない学校での読み聞かせ、コミュニティで食品や衣類の寄付を集める活動、選挙ボランティア、荒れた地区の美化などいろいろあるだろう。ひょっとしたら近くに難民の家族がいて、コミュニティに溶け込めるようにいろいろと教えたり、世話をしてあげたりできるかもしれない。あるいは娘が離婚して苦労しているなら、じかにサポートし、孫に寄り添ってあげることもできるだろう。もっと注意深く周囲を見れば、人のためになるニーズや機会はたくさんある。あなたは自分が何に関わるべきか薄々察しているのかもしれないし、もうはっきりわかっているかもしれない。このライフ・ステージの指針となるような個人のミッション・ステートメントを作成すると役立つと思うので、試してみてほしい。

ビジョン／情熱

人生経験は一人ひとり唯一無二であるからこそ、あなたのビジョンや情熱は大いに必要とされるのである。家庭を持ち、事業を営み、あるいは何かの職業に就いて、あなたが学んできたことは何だろう。さまざまな人や問題と向き合い、解決策を見出し、人間関係を築いてきたあなたは、ビジョンと洞察力を培っているはずだ。自信や方向性を見失っている人たち、メンターや人生の手本となる人を必要としている人たちに、そうしたビジョンや洞察を分け与えることが求められているのである。自分が本当に情熱を傾けているもの、深く関心を寄せているものを発見し、あなたが変化を起こせそうな場所にその情熱を注いでほしい。あなたが知っていること、強く感じていることを他者と分かち合えば、そこから多くの良いことが生まれるのである。

リソース／才能

時間、才能、機会、スキル、経験、知恵、情報、お金、願望など、あなたが自由に使える貴重なリソースは変化を起こすために使おう。本当に重要なことができ、自分の人生に意味が生まれるのだから、素晴らしいチャンスではないか。奉仕の機会を掴み、だれかにもたらされる良い結果を目にする喜び以外は何の報酬も求めずにやってみてほしい。そこにどれほどやりがいを感じられるだろうか。長年働き、学んできて、自分のリソース、時間、自分ならではの能力をボランティア活動に使うだけで、意外なほど多くのことを提供できるのだ。あなたを必要とする人たちに、どのような変化を起こせるだろうか。

知恵（R）と率先力（I）

賢明に考え、自覚を持って行動すれば、あなたの知恵（Resourcefulness）と率先力（Initiative）はこのライフ・ステージで大いに役立つだろう。まずは質問をしてニーズを探り、自分だけでなく周りの人たちも巻き込んだ効果的な解決策を実行に移すプロセスで、このRとIを使おう。クリエイティブに考えれば奉仕の機会は無限に見つかるはずだ。寝たきりの人に食事を持っていく、小学校に本を寄付する、小児病院のためにキルトを作る、貧しい人に匿名でお金を渡す、高齢者の家の庭仕事をする、疎遠になっていた友人を訪ねる、ホームレス支援のイベントで専門的なサービスを提供する、薬物依存に苦しむ家族に励ましの手紙を書く、病気と闘っている人のお見舞いにいく、近所に引っ越してきた新しい家族を温かく迎えていろいろ教えてあげる等々、人に尽くす機会は無限にあるし、やれば気持ちも明るくなる。まずは出かけていき、実行に移そう。ささやかなRとIでも、驚くほどのことができるはずだ。

神様、私をお使いください。私がどういう人間なのか、どういう人間になりたいのか、私に何ができるのか、それを自分よりも大きな目的のために使うにはどうすればよいのか教えてください。

――オプラ・ウィンフリー

キャリアの追求から貢献へとフォーカスを移してクレッシェンドに生きることは、三〇代から六〇代までどのライフ・ステージでも選択できるマインドである。六〇代から九〇代、それ以降の人生に備え、人生を変えることのできるマインドだ。他者の人生に積極的に貢献することで得られる充実感と幸福感は、「人生の後半戦」を大いに豊かにすることだろう。

ほとんどの場合、人は自分で機会をつくることはできない。しかしその機会が訪れたときのために準備しておくことはできる。

——セオドア・ルーズベルト

英国で貧しい子ども時代を送ったことが、恵まれない人々に深く共感するパメラ・アトキンソンの資質を育てた。彼女の父親はグレイハウンドのレースとギャンブルに明け暮れ、全財産を失ったあげく家族を捨てた。残された母親は、ネズミが走りまわり、屋内トイレもないひどい家で五人の子を一人で育てなければならなかった。母親は十分な教育を受けておらず、子どもたちを養うために低賃金で長時間きつい仕事をした。パメラは今でも、トイレットペーパーにするために新聞紙を四角く切ったり、ボール紙で靴の穴をふさいだりしたことを覚えている。

一四歳の頃、学校は貧困から抜け出す入り口なのだと気づいた。母親よりも給料の高い仕事に就き、もっと多くの選択肢が得られるように、きちんとした教育を受けることを決意した。簡単なことではなかったが、必死で勉強して英国で看護師の資格をとり、新しく身につけたスキルを生かそうとすぐにオーストラリアに渡り、アボリジニと一緒に二年間働いた。それから渡米し、カリフォルニア大学で看護学の学士号を取得、さらにワシントン大学で教育とビジネスの修士号を取得した。

パメラは、スキルを生かして病院経営に携わったのち、インターマウンテン・ヘルスケアのミッション・サービス担当バイスプレジデントとして、低所得者や保険未加入者への支援を専門に活動した。そして、貧しい人々の力になることこそ自分のミッションだと気づいたのである。

インターマウンテン・ヘルスケアを退職したあと、パメラは貧しい人たちやホームレスの人たちの支援者として、フルタイムでボランティア活動をはじめた。以来二五年以上にわたり精力的に活動を続けている。今も彼女の車には、必要としている人がいたらすぐに手渡せるようにと寝袋や衛生用品、暖かい衣類、食品などがたくさん積まれている。一九の自治会の委員を務め、議会の会期中はほとんど州議事堂に通って福祉の行き届いていない人々を支援する方法について議員と議論し、三人の知事の頼れるアドバイザーにもなった。自治会の活動で得た報酬は、「神様が私に望んでいる人助け」の資金として、薬やバスの乗車券、冬用衣類、靴下、下着、公共料金の支払いなど、困っている人たちに必要なありとあらゆるものに使っている[39]。

パメラは、ほんの小さな奉仕でも人生を変えられることを知っている。ある男性は、数人のホームレスと一年間野宿をしていた。パメラは数カ月にわたって彼を毎週訪ねていたが、ある日彼のテントがなくなっていて、連絡がとれなくなった。一年後、アルコール依存症治療センターに行ったとき、スポーツジャケットをはおり、きちんとした身なりの男性が声をかけてきた。彼は人生を立て直し、そのセンターで依存症の人たちの手助けをしていたのだった。

「寒い冬の日のこと、覚えていますか？　だれも手袋を持っていなかったでしょう。あなたはお店に行って、私たちのために手袋を六組買ってきてくれましたよね」と彼は言った。当時、彼はとても自尊心など持てる状態ではなかったが、心の奥底で「お前にだって何か価値があるはずだ。げんに手袋を買ってきてくれた人がいるじゃないか」と思ったという。そのたった一度の親切が、彼に人生を変える決断をさせたのである。そして、他者を気にかけてくれる人は必ずいるのだということを忘れないように手袋を大切に保管していた。「自分にはわからなくても、自分のしたことはだれかの人生に影響を与えているものなのです」とパメラは言う。「小さな思いやりの力を軽くみてはいけませんよ」40

パメラは長年、支援を必要としているが人の目に触れず気づかれない人たちのために、どうすれば効果的な活動ができるか学んできた。いわゆる「引退期」の七〇代になっても、パメラの勢いが落ちる兆候は少しもみられない。

デヴィン・ソープが書いたフォーブス誌の記事で、パメラは自身が学んだ最も重要な事柄をいくつか紹介している。私たちの「影響の輪」の中でも生かせるだろう。

1 小さなことでも変化を起こせる

パメラは長年貧しい人たちのために活動してきて、必ずしも大きな奉仕でなくても変化を起こせることを知った。以前、ある低所得者の家に立ち寄ったら、みんな元気がなかった。水道を止められているし、石鹸やシャンプーなどの洗面用具もいっさいなかったからだ。彼女は教会の仲間が寄付してくれた衛生用品を車に積んでいた。水道もガスも使えるようにして、家族が温かい風呂に入れるようにした。その一家からとても感謝され、「些細なことのほとんどは大切なこと」だと学んだのである。

2 触れ合いと笑顔には力がある

何年も前のこと、救世軍で夕食を提供したとき、市長から「温かい笑顔と心のこもった握手」でホームレスの人たちを迎えるように言われたという。「週に一度も人と触れ合っていない方もいますから」と。以来、彼女はその助言を一度たりとも忘れず、奉仕活動をするときにはフレンドリーな挨拶と本心からの笑顔、適切な触れ合いで人々に接している。「思いやりの力を軽視してはいけないと思う」と彼女は言う。「ハグや笑顔のような小さなことが、だれかの人生を良くすることもあるのです」

3 ボランティアは変化を起こす

クリスマスの日にシアトルではじめてホームレスの人たちに夕食を出すボランティアをしたとき、皆が心から感謝しているのを見て驚いたという。じつに多くのプログラムがあり、それらを運営するうえでボランティアの存在はとても重要であり、ボランティアたちのスキル、人のためになりたいという意欲が必要とされていることを知った。パメラの影響力は人々を励まし、ボランティア活動に関する彼女のビジョンは人々に伝染していく。ボーイズ&ガールズ・クラブのための募金活動で、「だれでも他者の人生に変化を起こす力を秘めているのです」と語っている。

4 信仰をポジティブな影響と資源として活用する

パメラは、自分が神の手によって導かれ、指示されていると感じることがよくあるという。そして信仰が仕事に大きな影響と強さを与えていると信じている。「主は私のために計画を用意してくださっているのです」と彼女は打ち明ける。「私は、変化につながる何かを行いたい。それが私の使命であると確信しています」

5 カギはコラボレーション

パメラによれば、奉仕活動に重要なのは三つの「C」である――Coordinate（コーディネート：調整）、Cooperate（コーポレート：企業）、Collaborate（コラボレート：協力）。何年も前、ボランティア活動の本質をはじめて知ったときの経験を大切にして、今でもクリスマスの日にはホームレスのための夕食会を企画し、一千人もの人たちに食事を提供している。彼女が第一長老教会の長老を務めていた年のクリスマス夕食会はセント・ヴィンセント・デ・ポール・センター（カトリック・コミュニティ・サービス）で行われ、末日聖徒イエス・キリスト教会から八〇〇枚のステーキと二〇〇個のホットドッグの寄付があった。まさにコラボレーション！

6 だれにでもできることがある

パメラは以前、あるグループに講演をしたとき「自分にできることをするだけで、他者の人生を本当に変えることができる」と断言した。すると一人の高齢女性が「あなたは間違っていますよ。私は八〇歳ですから、めったに外に出ませんし、収入も微々たるものです。そんな私に何ができます？」と言った。パメラはこのように促した。「週に一度、スープの缶詰をフード・バンクに寄付していただけませんか。貧しくて苦労しているシングルマザーが、あなたが寄付したスープを子どもたちに与え、子どもたちは空腹を感じずにベッドに入る。目を閉じてそんな場面を思い浮かべてみてください。あなたの貢献はこの家族の人生に変化を起こすと思いませんか？」高齢女性は毎週一缶のスープを寄付するようになった。数年後には数百人分のスープを提供した計算になる。彼女の助けのおかげで飢えを感じずにすんだ人たちが大勢いたのだ[41]。

幼い頃、イギリスで二人の姉妹とひとつのベッドに重なるようにして寝ていたパメラは、金持ちと結婚して貧しい人たちとは二度と関わらないと自分に誓ったのを今でも覚えている。貧困の連鎖を次の世代に引き渡さず、自分の代で終わらせたという意味で、彼女は紛れもなく「流れを変える人」である。しかし数十年を経た今、パメラ・アトキンソンの人生を「豊か」にしたのは、貧しい人々やホームレスに対する彼女の愛である。一回りして原点に戻ってきたのである。

この人生において私たちは皆つながっているのですから、他者の人生を良くする機会を探しましょう。それが自分の人生を変えることにもなるのです。

――パメラ・アトキンソン

第一の偉大さ

私は、拙著『第8の習慣』の中で「第一の偉大さ（プライマリー・グレートネス）」と名付けた特性について説明している。人気や肩書き、地位、名声、名誉といった「第二の偉大さ」とは対照的に、「第一の偉大さ」とは、本当の自分、つまり人格や誠実さ、心の奥底にある動機、願望を指す。第一の偉大さはニュースのヘッドラインにはほとんど登場しないが、世界中にいるパメラ・アトキンスソンの貢献は必ず第一の偉大さから生まれるものである。

第一の偉大さは生き方であり、一回かぎりのものではない。何を持っているかではなく、どのような人であるかだ。名刺に刷られた肩書きよりも、顔から放たれる高潔さや善良さによってわかるものであり、才能よりも動機、大々的な業績よりも、ささやかで素朴な行いに関わるものである。

第一の偉大さを発揮するのに、なにもガンジーやリンカーン、マザー・テレサのような人物になる必要はない。セオドア・ルーズベルトの次の言葉のほど、このことを簡潔に言い表しているものはないと思う。

今あるもので、今いる場所で、あなたにできることをしなさい。

――セオドア・ルーズベルト

このシンプルな考え方がとてもよいと思う。要するに、自分が今持っていて周りの人たちに提供できるものがあれば、それこそが必要とされているものなのだ。できることをすれば、それで十分なのである。周りを見て、ニーズを見つけ、それに応えれば、あなたはすでにツールを持っているということだ。ここでは、ごく普通の人たちが人生の後半戦でクレッシェンド・マインドを発揮している実例を紹介したい。自然に身につけたスキルや才能を日々の活動に生かし、奉仕した相手と同じくらいに大きな喜びを得ている人たちだ。あなたが自分の「影響の輪」の中でできることを考えるとき、これらの例から想を得てクリエイティブなアイデアが出てくれれば幸いである。

孤児たちのスリッパ

ミミは何もせずに座っているような人ではなかった。八五歳になってもスリッパを編み、家族や友人にあげていた。又姪のシャノンが夏の間ルーマニアの孤児院でボランティアをすることになったと聞いて、ミミはすぐに仕事にとりかかり、一〇〇足以上のスリッパと何枚かのカラフルな壁掛けを編み、シャノンに持っていかせた。孤児院は殺風景でみすぼらしい雰囲気だったが、シャノンが壁掛けを飾ると部屋がたちまち明るくなり、真っ白な壁に広がる色彩を子どもたちは興味深そうに眺めた。自分のものと呼べるものがほとんどない孤児たちにスリッパを配ったときは、子どもたちの喜ぶ姿を見てシャノンも嬉しかった。一〇歳の少女はスリッパを胸に抱きしめ、目を輝かせて言うのだった。「この間誕生日だったのに何ももらえなかった。でもこれがプレゼントになるね！」[42]

自転車おじさん

リード・パーマーの葬儀にやってきた家族は、教会の脇に子どもたちの自転車がたくさん並んでいるのを見て驚いた。何台もの自転車そのものが、この思いやりに満ちた男性の人となりを物語っていた。コミュニティ中の人々が彼に敬意を表するために集まったのである。近所の子どもたちはリード・パーマーを「自転車おじさん」と呼んでいた。すべての子どもが自分の自転車を持つべきだというのがリードの持論で、日頃から古くなった自転車を修理したり、貧しい家庭の子には自分のお金で新しい自転車を用意したりしていた。リードは、どの子も必ず一台の自転車を持っている状況を維持するために尽力し、彼自身、この奉仕活動を子どもたちと同じくらいに楽しみながらやっていた。彼の友人で近所に住むアール・ミラーは、「本当のことがわかったら、あそこには何千台もの自転車が並ぶよ」と言った[43]。

親切は、どんなに些細なことでも無駄にはならない。

——イソップ

人生を救う部屋

セビリア引退者センターでは、七五歳から九〇歳以上の女性を中心としたグループが数年前から毎日午前中、たいていは午後まで、世界中の何千人もの子どもたちの生活を豊かにするために活動している。その月に作った品物が置かれている脇の掲示板に、グループのモットー「私の手はあなたがたのためにある」（マザー・テレサの言葉）が掲げられている。二〇〇六年にこの「おせっかい」グループを立ち上げたのは、個性的でリーダーシップのある八七歳のノルマ・ウィルコックスだ。彼女たちは日曜日を除く毎日、ベビーキルト（月平均三五枚）、毛布、ぬいぐるみ、人形、ドレス、パンツ、スリッパ、おもちゃのボールなどを縫っている。新生児用品を揃えたり、地元の人道支援センターの仕事を引き受けたりもしている。キューバからアルメニア、南アフリカ、モンゴル、ジンバブエまで、世界各地に年間七八一二個もの品物を送っている。どれもこれも、会うことのない子どもたちのために作られたものだ。

「もう年寄りだから何の役にも立たない、なんて言われるのは腹が立つからね！」とノルマは言う。「私たちは死ぬまで奉仕したいだけ。このプロジェクトをはじめてからも何人死んだことか。ああやだやだ！　死ぬまではできるかぎりたくさん楽しみたいのよ」

このグループにとって「楽しむ」とは、慈善活動の生産ラインと化したセンターのアクティビティ・ルームでせっせと縫い物をしながら、皆でおしゃべりすることだ。最初は自腹を切って材料を調達していたが、そのうちプロジェクトのことが知られるようになると、布地の寄付が集まりはじめた。布地がなくなりかけると、自宅の地下室におきっぱなしにしてあった布地を持ってきてくれる人がどこからともなく現れるそうだ。ノルマはセビリアのだれにでも気軽に「参加してみない？」と声をかける優秀な勧誘員だ。八六歳のエラ・マクブライドは目が不自由だが、おもちゃのないアフリカの子どもたちに送るぬいぐるみボールに詰め物をする作業でリクルートされたという。

ノルマの推計では、この壮大なプロジェクトにこれまでに参加したのはゆうに一〇〇人は超えている（ほとんどが女性で、男性も数名）。一〇年間一緒に活動してきた友人のドーラ・フィッチは次のように話す。「ノルマはこのプロジェクトを支える天才なの。関節炎で裁縫ができない人たちには裁断をしてもらうのよ。裁断できない人たちはぬいぐるみボールに詰め物をするわけ。どんな子どもたちのために作っているのか、新しいおもちゃや毛布、ドレスがその子たちにとってどんな意味があるのか、そういうことを考えると嬉しくなるの」

グループのモットーどおり、自分たちは困窮する子どもたちに差し伸べる神の手なのだという強い思いがある。八〇代後半の女性は「新生児用品を作るとき、私の痛みを和らげてくださいと神様にお願いするんですよ。神様は必ず、完成できるように助けてくださるんです」と話す。グループのメンバーは毎週のように手術や死去などでだれか抜けてしまうが、必ず後を継いでくれる新しい人が入ってくる[44]。

アクティビティ・ディレクターを務めるリンダ・ネルソンは、彼女たちが成し遂げていることに驚きを隠せない。「こんなに活動的なシニアと仕事をしたことはないですよ。このようなプロジェクトに参加していない人たちはどこか反応が鈍く、ただそこにいるだけって感じです。でもこのグループの人たちは目的を持って毎日生きているんです。彼女たちだって家に閉じこもって痛みや老いを感じながら生活することもできるでしょうけど、身体のほとんどの部分がまだ動くから、何か貢献したいと思っているのです。私は彼女たちのアクティビティ・ルームを〝人生を救う部屋〟と呼んでいます。それが彼女たちの姿勢だからです。彼女たちはほかの人たちの人生をより良くしたいと願っているのです。彼女たちが成し遂げていることを見ているだけで謙虚な気持ちになります」

いわゆる引退者ホームでクレッシェンドの人生を生きているということなのだろうか。このご婦人方にとって、これが引退以外の何かであることは確かだ。成し遂げるべき重要な仕事はまだこれから先にあることを彼女たちは知っていて、それが喜びと目的を与えているのである。「バタンと倒れるまで働きたいのよ」とノルマは微笑みながら言う。「忙しくしていられるなら、それに越したことはないでしょう? これは神様がお決めになったこと。神様がうまく取り計らってくださるわ」[45]

最新のリサーチによれば、ボランティア活動をしているシニア世代は心身ともに健康で、死亡リスクも低下するようだ。ミシガン大学の心理学者ステファニー・ブラウンは、五年の調査期間で、調査参加者のうち「与える人」の早死にのリスクは「与えない人」の半分以下だったと報告している。調査に参加した「与える人」は六五歳以上で、日常的に多様なボランティア活動をしている人たちである。だれかに何かを与えたり奉仕したりする行為そのものがエンドルフィンを分泌させ、「ヘルパーズ・ハイ」(他人を助け思いやることで得られる幸福感)を生み出すというのは、多くの科学者が強く示唆していることである。その他にも満足感や楽しさ、誇らしさは、多くの人が年齢を重ねていくと感じるストレスや鬱を打ち消す効果がある[46]。

もしあなたが七〇代または八〇代の「リタイア」した人なら、あるいは九〇代であっても、今こそ貢献を続ける絶好のときである。人生の後半戦を精力的に生きている多くの人たちの例を見ても、人生はリタイアしたときからはじまるように思える。第一の偉大さを達成できるのは、自分よりも高いところにある使命や目的のために尽くし、長く貢献し続ける人であることを覚えておいてほしい。

匿名で奉仕活動をする

手柄がだれのものになるのかを気にしなければ、驚くほどのことを達成できる。

——ハリー・トルーマン

シンシア・コヴィー・ハラー

父の好きな映画のひとつに『心のともしび』という感動的な古い名作があります。ロック・ハドソン演じるボブ・メリックは金持ちのプレイボーイで、いつも限界に挑戦し、問題を起こしては金で解決していました。ある日、彼はモーターボートの事故を起こします。地元の医者であるフィリップスが町で唯一の人工呼吸器を貸し出し、ボブは九死に一生を得ます。ところがフィリップス医師は持病の発作を起こし、人工呼吸器がなかったため死んでしまいます。ジェーン・ワイマン演じる未亡人ヘレンは、夫が死んだのはボブのせいだと責めます。

ボブが謝ろうとすると、その場から逃げ出したヘレンは車に轢かれ、失明してしまいます。フィリップス医師の死によって謙虚な人間になっていたボブは、この事故でいっそう意気消沈します。

生きる意味に悩み、ボブはフィリップス医師の友人に助言を求めます。彼の話から、フィリップス医師には匿名で人に奉仕する秘密の生活があったことを知ります。フィリップス医師が亡くなると、彼に助けてもらったという人たちが次々と名乗りをあげました。彼らによれば、助けを一番必要としているときに手を差し伸べてくれたけれども、そのとき二つの条件があったというのです。

- だれにも言わない
- お金は払わない

フィリップス医師の友人はさらに、「人に尽くすというのは容易なことではないぞ。甘くはない」と警告します。「人に尽くすと一度決めたら最後だ。途中でやめられん。どんどんはまって、虜になるぞ。だがそれは素晴らしい気分だ」

ボブはヘレンを探し出し、二人は愛し合うようになるのですが、ヘレンは目が見えないため、彼がボブであることに気づきません。ボブは記録的な速さで腕の良い医者になり（二時間弱の映画なので）、匿名の奉仕活動の「虜」になりはじめ、認められることも報酬も求めず他人を助けます。それと並行してヘレンの視力を回復させる治療法の研究もします。

ヘレンは治療を受けるためヨーロッパに行くのですが、失明は治らないと医師から告げられ、失意のどん底に。ボブはヘレンを慰めようと不意に現れ、正体を明かし（彼女はすでに知っていて、彼を許していたました）、結婚を申し込みます。彼女もボブを愛しているけれども、同情され重荷になるのは嫌だと、何も告げずに彼の前から姿を消し、残されたボブは悲嘆に暮れます。

ボブは必死に彼女を探しますが、見つかりません。彼は医学の道に戻り、匿名の奉仕活動に新たな執念を燃やし続けます。何年か経ってようやくヘレンが見つかり、ボブは彼女の視力を回復させる手術に成功します。目覚めた彼女が最初に見たのはボブの顔でした[47]。

ずいぶんとドラマチックな筋書きですが、映画のメッセージそのものは観る者を鼓舞するものので、聖書の一節に想を得ています。「自分の義を、見られるために人の前で行わないように、注意しなさい」[48] 父は、匿名で行う奉仕の力をこのように説明していました。

「賞賛を求めずに奉仕するのは、本当の意味で人のためになることである。匿名で行われる奉仕は、だれも知らないし、永遠にだれにも知られないままかもしれない。だから外部からの評価ではなく、自分が及ぼす影響が動機となる。評価という見返りを期待せずに匿名で良いことをすれば必ず、自分が本来持っている価値に気づき、自尊心が高まる。匿名による奉仕の素晴らしい副産物は、与えた人にしか見えず、感じられない見返りで報われることである。そのような見返りはたいてい、〝もうひと頑張り〟ができたとき、期待されている以上の奉仕をしたときに得られることに気づくだろう」

第9章

有意義な思い出をつくる

私とともに老いてゆこう！　最良のときはこれからだ！

――ロバート・ブラウニング

シンシア・コヴィー・ハラー

私の両親は、一九五六年に結婚したとき、信仰と家族を最優先させることをお互いに約束しました。時間をどう使い、リソースをどこに投じるか、家族としてどの優先事項に価値をおくかは、この約束を基準にして決められました。多くの人がそうであるように私の両親も、人生を振り返ったときに最も有意義だったと思える関係は、わが子だけでなく孫の世代、その後の世代も含めて家族にあると信じていたのです。

父は長年、ビジネスやリーダーシップのコンサルタントとして世界中を飛びまわり、世界各地の多くのリーダー、CEO、経営者と交流し、彼らの家族とも親交を持ちました。そしてそこからわかったのは、彼らにとって最大の喜び、いつまでも続く喜びは、仕事での達成よりも家族との関係から得ていることでした。逆に「成功」しているように見えても、家族との関係がうまくいっていなければ、大きな苦痛と後悔を味わっていました。結局のところ、彼らのような立場の人でも、世界中のほとんどの人と同じなのです。名声、キャリア、富、世俗的な成功は、愛、受容、最も愛する人との関係に比べればはかないものでしかないということです。いつだったか、だれかが「思い出は財産よりも尊い」と言っていました。もちろん、お金は生きていくための必需品を買うには絶対に不可欠なものですが、生活を維持するためだけにあるのではなく、人生を豊かにし、最後には自分の一部となるような経験や思い出をつくるためにもあるべきだと思います。

自分の家族、自分の子ども時代、あるいはわが子の子ども時代のことを考えたとき、ぱっと思い浮かぶことは何でしょうか。どんなことを思い出すでしょうか。私の場合は曽祖父母の山小屋ではじまった家族の伝統が、祖父母、両親、そして今の私の世代、私たちの子ども、孫へと続いていることです。私たち家族のビジョンは、家族で一緒にすごす時間を楽しみ、家族同士の関係を深め、自然に感謝し、信仰と人格を築き、自己を再生し、何年にもわたって家族みんなで素晴らしい思い出をつくることです。

どの家族にも山小屋や特別な場所があるわけではないですし、子ども時代に良い思い出のない人も、健全な家族文化を経験していない人もいるでしょう。しかしクレッシェンド・マインドは、自分は過去の犠牲者ではなく、新しいスタートを切り、自分自身の素晴らしい家族文化を創造できることを教えてくれます。何をするか、どこに行くかはあまり重要ではありません。家族で一緒に何かをして、大切な人たちと家族の伝統を築いていけばよいのです。キャンプ、ハイキング、何かのプロジェクトや趣味の活動、旅行、奉仕活動、自然を愛でること、スポーツなど、家族で楽しめるなら何であれ、家族みんなを元気にさせ、絆を育て、楽しく素晴らしい思い出をつくることができるのです。

このような家族の伝統は、安定、自信、自尊心、感謝、忠誠心、愛情、人格を育て、力を合わせて困難に耐える家族の文化を築いていきます。大切な人たちのために有意義な思い出をつくることは、あなたと家族一人ひとりを結びつけ、関係を強くし、あなたの人生の土台となります。家族で一緒にすごす楽しく忘れられない時間は、心の中にずっと残るものでもあるのです。

神様は記憶を与えてくださったから、私たちは一二月にバラを咲かせることもできる。

――J・M・バリー

私の両親はもう亡くなりましたが、二人が一緒にいた頃の思い出は私たち家族に大きな喜びを与え、励みになるお手本となっています。両親の結婚生活が完璧だったとは言いませんが、夫婦関係を最優先にしていて、そこに時間も労力も愛情も注いでいたことはわかっていました。そして、二人が年齢を重ねるにつれ、それはクレッシェンドのように増していきました。二人は本当に愛し合い、支え合い、お互いに相手の唯一無二の個性を楽しんでいたのです。

何年も前、父はシェイクスピアの美しいソネットを見つけました。父と母の関係や母が父の人生に与えた影響を父がいかに大切していたかを表しています。父はこのソネットを暗記して、よく口にしていました。講演会でもたびたび暗唱していました。私たち家族は何度も聞かされましたが、飽きることはなく、今の自分たちにとって一番大切な関係にも、このソネットの内容と同じことを求めるようになりました。

運命の女神に見放され、人にはさげすみの目で見られるとき、
ぼくは四面楚歌の状況にひとり涙する

益のない嘆きで、なにも応えぬ天空をかきみだし
おのれをかえりみて、わが運命を呪う、
もっと期待のもてる人間でありたいと、
彼の容姿にあやかれぬか、彼のように友達に恵まれたいと、
この人のように才があれば、かの人のように活動できればと。
そして自分に与えられた能力には不平たらたらだ。
だがそのように思い悩む自分をさげすみそうな気分の折に、
たまたま君のことが胸に思い浮かぶ、すると、ぼくの心は、
夜が明け染めることの雲雀のように
暗い大地から飛び立って、天に向かい、讃歌を歌いだす。
君の愛を思い出すと、ゆたかな気分が心に満ち、
今の自分を王侯の身分とさえ交換するものかと思うのだ。[49]

秋――四季の中で一番豊かな季節

人生の最盛期は移動した。私たちはこのライフ・ステージを大いに楽しむべきであり、恨みがましい気持ちになってはいけない。人生の最盛期とは、最も自由で、最も選択肢があり、最も多くの知識を蓄えていて、最も多くのことを行える時期と定義されるべきであり、今がその最盛期なのだ。六五歳は新しい四五歳である！

――リンダ＆リチャード・エア[50]

私の良き友人で、ニューヨーク・タイムズ紙のベストセラー作家であるリンダとリチャードのエア夫妻は、人生で本当に大切なもののバランスをとって生きることをテーマに幅広く執筆している。老いをめぐる使い古された言葉は無視しよう、旅を楽しもう、さらには年齢を重ねていくことのメリットをありがたがることさえ重要だと、賢明な助言をしている。二人の明るく前向きな姿勢、老いに対する考え方は、私たちを元気にしてくれる。ここでは人生の後半戦を楽しむことについてエア夫妻が書いた記事「老いをめぐる使い古された言葉は無視すべし」の一部を紹介したい。

世の中にはなんともひどい決まり文句や喩《たと》えがたくさんあるが、なかでもひどいのは「ピークをすぎた（over the hill：丘を越えた、転じて「盛りをすぎた、もう若くない」）というフレーズで、人生の秋―晩年―を迎えた人をネガティブに表現するときに使われる。しかし現実はどうかと言えば、秋は最高の季節であり、丘を越えたところは最高の場所なのだ。

ハイキングやサイクリング、ランニングをする人ならだれでもわかっているではないか。丘を登りきって反対側へ下りはじめる、そのために頑張って登ってきたのであって、それこそがやりたいことなのだと。それはエキサイティングだ。速いし、景色も美しい。しかも登りより簡単だ。少し惰性で下っていくのは、なんと愉快なことか！　周りにもっと注意を払えるし、もっと自覚的になれるし、自分がどこにいるのかよくわかる。丘を登りきると、人生はより美しく、より存在感を増し、より見通しがきくようになる。頂上を越えたあたりが最高の場所なのだ。

このライフ・ステージを表現する世間一般の喩えはほぼネガティブなものばかりで、間違っていると言いたい。たとえば、次のようなものだ。

空の巣症候群：空になった鳥の巣は汚くて臭い。だがわが家の空の巣はいまだかつてないほどいい匂いだ。悪臭を放つ子どもたちが巣立ったからだ！　もちろん寂しいときもあるが、こちらから会いに行くこともできるし、会いにこさせて、帰ってもらうこともできる！

動きがにぶくなる：そうは思わない。丘を登りきったところでスピードと効率を手に入れるのだから。物事を成し遂げる方法をすでに知っていて、何が重要かわかっているから、よりスムースに進められるのである。

引退させる：（Put out to pasture：年老いてお役御免になった家畜を放牧し好きにさせる、転じて「暇を出す、お払い箱にする」）ほとんどの仕事をやりきり、人生で支払うべきものを支払ったあとなら、牧草地より良いところはないのでは？

衰えが速い：ほとんどの人は、少し老いれば、少し衰える。少なくとも肉体的にはそうだ。しかし普通は一気に衰えたりはしない。六〇歳から八〇歳までは、若い頃の二〇年間よりもじつは変化の幅は小さいのだ。秋は長く平坦な高原のような季節で、自分をいたわっていれば変化はゆっくりとしか進まない。

気持ちは若い：普通は若い人たちがシニアを見下して使うフレーズである。時代からずれているが、自分はまだ若いと思っているという揶揄だ。実際のところは、ジョナサン・スウィフトが言っているように「賢人が若くありたいと願った試しはない」のである。

だから、もしあなたが私たちと同じように人生の秋を、あるいはインディアン・サマーのような穏やかな日々を生きているなら、使い古された言葉などに耳を貸してはいけない。もし貸すなら、再定義しよう。なぜなら、人生の秋こそが人生最良のときだからだ。[51]

エア夫妻はこのテーマで『Life in Full: Maximizing Your Longevity and Your Legacy（めいっぱいの人生：長寿とレガシーを最大限に生かす）』という本を書いている。七〇代の現在、二人はかつてないほど多忙を極めている。これまでに二五冊以上の本を出しており、その多くは素晴らしい大家族を育てたあとに書かれていて、合計で数百万冊を売り上げている。オプラ、トゥデイ、アーリーショー、六〇ミニッツ、グッドモーニング・アメリカなど多くのテレビ番組に出演する人気者で、家族、ライフ・バランス、価値観、子育て、老いについて語っている。[52]

わが家の子どもたちが全員育ちあがってから出かけた家族旅行で、息子のデヴィッドが、このライフ・ステージにあるサンドラと私のことを語っている。かなり的確で、しかも面白い表現だと思う。

われわれ子どもたちが全員結婚し、われわれにも子どもができてから、父と母が湖畔への家族旅行の時間をこれまでとは違う新しいスタイルで楽しんでいることに気づいた。そんな二人を「急降下する鳥たち」と名付けたのだけれど、それは二人のライフ・ステージにぴったりの表現だった。あらゆる責任から解放されて、急降下するみたいに湖に飛び込んで、好きなだけ遊んで好きなときに出てくるのだ。九人の子育てと、それに伴う諸々のことも十分に楽しんで生きてきて、今は自分たちがやりたいことを自由に選んで人生を謳歌しているのだなと思った。孫たちを数時間ボートに乗せたり、ホンダのバイクに乗って「話し合い」に行ったり、夕食の席に急降下してきてだれかが作った夕食を食べ、家族でだらだらとすごしていたかと思ったら、皿を洗いもせずにいきなり街まで映画を見に行ったりすることもよくあった。二人は、子育ての責任を何年も果たしてから、この時間を手に入れたのである。正直言って、この新しいステージは私にはとても面白そうに見えたのだ。

年齢は気の持ちようだ。気にしなければ何の問題でもない。

――マーク・トウェイン

長年、サンドラと私は多くの孫やひ孫との強い絆を感じてきた。私たち夫婦は新しい世代の力になろうと、できるだけ多くの活動やお祝いごと、特別な機会に参加するようにしてきた。コミュニティへの奉仕活動や慈善事業、教会の活動にも参加して、次の世代を生きる子孫たちの模範になりたいとも思っていた。子や孫たちに関心を持ち、一緒に充実した時間をすごし、支援し、励まし、良い価値観や人格の模範を示して、彼らのロールモデルやメンターの役割を果たさなくてはいけないと強く思っていた。サンドラも私もこのことを大切にしていたのは、親の役割は何歳になっても解放されることのない役割のひとつだからである。

人生の秋――晩年――を最大限に生かそう。年齢を重ねることのメリットだけに目を向け、デメリットは無視すればよい。エア夫妻がアドバイスしているように、老いをめぐる使い古された言葉を鵜呑みにしてレッテルを貼ったり、自分で自分を抑えたりしないようにしよう。できないことではなく、できることを考えよう。孫ができて祖父母のライフ・ステージに入ると、多くの人は遠慮がちになる。孫のことには関われないし関わるべきじゃない、アドバイスもしないほうがいいんじゃないか、というふうに思ってしまう。しかし、わが子に対する日々の責任から解放されたのだから、今こそ孫の世代と楽しむことができ、孫の人生に良い変化を起こせるのである。心を開いて一緒にすごそう。そうすれば、つながる機会は自然にできる。人生の後半戦では、これまで以上に多くの知恵と経験を他者に与えることができる。人生という旅で一番大切な人たちの力になり、助けになる機会を探してほしい。

子どもたちには祖父母の励ましと知恵が必要である。育児をする親には祖父母の助けとバックアップが必要である。そして祖父母には、孫とすごす時間が増えることで得られる活力と意欲が必要である。私たち祖父母は主体的に祖父母であろうとしていないのかもしれない。私たち祖父母は率先力を発揮していないのかもしれない。私たち祖父母が孫に最も深い影響を与えられるのは、大勢で一緒にいるときではなく、一人一人の孫とコミュニケーションをとり、一対一で何かをするときだということを覚えておく必要がある。

——リンダ＆リチャード・エア[53]

まさにこれを実行し、その努力のおかげで孫の人生を救った素晴らしい夫婦がいる。ジョアンとロンの娘、ローリーが薬物に手を出したとき、二人は娘が薬物依存から抜け出せるように、できるかぎりのことをした。薬物にのめり込んだローリーはすべてをクスリに注ぎ込み、二歳になる息子のジェームズの世話はおろか、自分のことすら何もできないありさまだった。ジョアンとロンは、不安定な母親と刑務所を出たり入ったりしている父親を持つこの小さな男の子がどうなってしまうのか心配でたまらなかった。

ジョアンは、ロンとの間にできた四人の子どもを育てながら、専業主婦としての生活を存分に楽しんできた。だが、友人たちとクラブで競技テニスをするなど、これまで我慢してきたことを自由にできる時期がくるのも心待ちにしていた。しかしローリーの不安定な暮らしぶりを考えて、ジョアンとロンは五〇代半ばで人生を変える決断をした。生き方を根本的に変え、まだよちよち歩きの孫を育てることにしたのだ。

この祖父母は本当に大きなパラダイム・シフトを経験したのである。ジョアンとロンは自分を捨て、個人的な犠牲を払った。子育てをもう一度最初からやるのはとても大変だったが、まだ小さな孫はそのような苦労に値する大切な存在であることはわかっていたし、自分たちは正しいことをしている確信もあった。ジェームズは祖父母の愛情に包まれ、すくすくと成長した。ジョアンの友人たちがクラブでテニスをし、そのあとでゆっくりとランチを楽しんでいるとき、五四歳のジョアンはジェームズが通うコープ式幼稚園（親が主体となって運営する幼稚園）の運営にも関わった。それから何年間かは、野球、サッカー、フットボールなどの習い事に通わせ、遊び友だちのグループをつくり、ピアノの練習を手伝い、教会に連れていって価値観を教えるなど孫の生活に細やかに気を配り、本来なら親がすべきことを祖父母としてすべて行った。その一方でローリーの安全に心を痛めていた。一年間も音信不通で、生死すらわからないこともあったのだ。

数年後、ローリーはついにどん底まで落ち、人生を立て直そうと故郷に帰ってきた。そして愛する両親の助けを借り、懸命に努力して薬物依存を克服した。母親がいなかった長い年月、祖父母に大切に育てられたジェームズが幸せに暮らしていて、精神的にも安定していることを知った。ローリーが幸運だったのは、自分たちの人生のことは何年も棚上げにして孫を育てた両親がいてくれたことだった。ローリーがいなくなったとき、ジョアンとロンの影響力がジェームズの人格形成期を安定させた。孫を育てる決断をしたことで、ジョアンとロンは文字どおりジェームズの人生を救い、娘には親になるセカンド・チャンスを与えたのである。

その後ジェームズは高校を卒業し、好青年に成長した。さまざまなスポーツに秀でていて、ピアノの才能もあり、学校生活は順調に進んだ。彼の今後の人生は献身的な祖父母の努力の賜物であろう。長い目で見れば、テニスクラブのレギュラー選手になることよりもジェームズを育てることのほうが、得るものははるかに大きかったのである[54]。

ジョアンとロンがあのような選択をして、人生の後半戦で弱い立場の孫を育てようと決心していなかったら、今とはまったく違う状況になっていたかもしれない。二人とも当時は気づいていなかったが、自分の子どもたちを育ててあげてからもまだ、クレッシェンド・マインドに促され、家族に対して大きな貢献をしたのだ。今思えば、年齢《とし》をとってから孫を育てた年月は楽ではなかったが、自分たちは孫のそばにいるべき運命だとわかっていたのである。

友人たちの合唱でピアノ伴奏をしているジェームズの姿を見ればだれでも、彼の祖父母が自分たちの努力の結晶に満足していると思うだろう。ジェームズがまだ幼くて危うい状況にあったとき、祖父母が手を差し伸べたことは、彼にとってどれほどの恵みだったことか。これからは、与えられたセカンド・チャンスを大切にして、ジェームズ自身が明るい未来を築いていく番なのだ。

今から一〇〇年後、私の銀行口座がどうだったか、どんな家に住んでいたのか、どんな車に乗っていたのかなどというのは問題ではなくなるだろう。しかし、私がだれか一人の子どもの人生にとって重要な意味があったとしたら、世界は変わっているかもしれないのだ。

――フォレスト・ウイットクラフト
ボーイスカウト・オブ・アメリカのトレーナー[55]

娘や息子が何らかの理由で自分の子どもの世話ができないために、親の役割を担わなければならなくなった良心的な祖父母は大勢いると思う。経済的な事情で両親ともにフルタイムで働いているため、二世帯で暮らして祖父母が親代わりになっているケースもある。軽い気持ちできることではないだけに、シニアになっても子育てを引き受けようとする意思と能力を持ち続けている方々には頭が下がる。

もうひと頑張りしようと考えている良心的な祖父母には、その機会はいろいろある。たとえば、孫を学校に迎えに行き（孫は「鍵っ子」にならずにすむ）、習い事などに連れて行き、午後のおやつを用意し、宿題を手伝うなどして、両親が仕事から帰ってくるまで安全で愛情あふれる場所をつくっている祖父母もいる。「祖父母の家に泊まる夜」を決めて、ゲームをしたり、あるいはただ一緒にすごしたりするだけでも、孫と両親の双方にとって意味のある時間になる。子ども世帯の家計が苦しいなら、請求書の支払いを援助することもできる。孫の大学進学、短期留学やインターンシップなど孫の人生に大きく影響する特別な機会に資金を出して援助することもできる。

もし何らかのかたちで孫育てをしているなら、その努力はかけがえのないものであり、あなたが思っている以上に子や孫の人生を豊かにすることに気づいてほしい。頼まれたからやっているのであれ、自発的にやっているのであれ、あなたが与えるものはすべて、あなた自身の人生も豊かにするのである。子や孫のために費やした時間と労力を悔やむことなど絶対にない。今は気づいていないかもしれないが、そうした関わりによって後の世代に影響を与えているのであり、彼らは生涯を通してあなたの影響を感じることだろう。あなたのほうから手を差し伸べ、指針を示せば、子や孫たちは、安定、愛情、人生の方向性を得られる。そして最終的には明るい未来を手にするのである。

人生が終わるとき、子や孫の人生を良くしようとした時間は無駄だった、いわゆる「老後」の余暇の時間はもっと睡眠やゴルフ、トランプ、テニス、あるいは世界を見て歩くことに使えばよかったと悔やむ人がいるとは思えない。無私の奉仕によって家族に恵みを与えることは、クレッシェンドの人生そのものなのである。

個人が国や人類に貢献できる最大の社会奉仕は、おそらく家族を育てることである。

——ジョージ・バーナード・ショー[56]

子どもの人格、強さ、心の安定、個人的・対人的な唯一無二の才能やスキルを育てることに関して言うなら、どんな教育機関も家庭や家族が与える良い影響にはかなわないし、効果的な代替にもならない。何度でも言うが、人生で最も有意義な経験の一部は家族とすごす時間にある。同じ家族はひとつとしてないし、あなたの家族は伝統的な家族ではなく、よその家族と同じようには見えないかもしれない。しかし家族は家族であり、愛する人たちこそが最大の喜びを与えてくれるのである。

私の兄のジョンは、家族として大切にしていることを表すミッション・ステートメントを家族全員で作成した。完成した家族のミッション・ステートメントは、「空席なし」というひと言である。このフレーズが言わんとしているのは、家族一人ひとりに居場所があり、一人ひとりがかけがえのない重要な存在であるということだ。家族の中で必要とされれば、私利私欲を捨て自分にできるところで手を差しのべて家族を見守り、気遣う誠実な祖父母、叔父、叔母、兄弟姉妹の価値をひと言で表した美しいステートメントである。個人のミッション・ステートメントでも、家族のミッション・ステートメントでも、作成することを勧めたい。そのミッション・ステートメントを中心にして力を合わせ、ミッションを実現するために家族で努力する。これ以上の喜びはないことを実感できるだろう。

第10章 目的を見出す

魂は、名声や安楽、富、権力を渇望することはありません。私たちの魂は、生きる意味に飢えています。魂が渇望しているのは、人生が重要なものになるようにいかに生きるべきかを突き止め、自分が生きてきたことによってせめてわずかでも世界が違ったものになるという感覚なのです。

――ハロルド・サミュエル・クシュナー[57]

ニューヨーク州ロチェスターにあるチャーリーとドロシーのヘイル夫妻の家は、はたから見ると毎日がクリスマスに思えるかもしれない。毎日のように小包が届けられるからだ。しかし中に入っているのは、どこかしら壊れた楽器である。ドロシーは数年前に楽器修理の教室に通い、それ以来、破損した楽器を買っては修理することに夫婦で夢中になった。二人とも八〇代半ば、引退した化学者のドロシーと引退した医者のチャーリーは楽器に新しい命を吹き込み、音楽を生み出してくれる人に無料で提供する活動に情熱を注いでいる。修理した楽器の数は数個どころではない。二〇一九年一二月時点で、ロチェスター教育財団を通じてロチェスター学区に一千個近くを寄付しているのである。

ロチェスター大学芸術学科の主幹教諭であるアリソン・シュミットは、「他人の子どものことをこんなに気にかけてくださるなんて、本当にありがたいことです」と言う。音楽教育が生徒の学業成績を全体的に押し上げることは数々の研究で示されており、楽器を修理しコミュニティに寄付するヘイル夫妻の活動は計り知れないほどの影響を与えると彼女は考えている[58]。ヘイル夫妻は見ず知らずの生徒たちのために大変な作業をしていて、世の中には心から気にかけてくれている人がいることを子どもたちに気づかせるという意味でも、大いに価値のある活動である。二人は、受け取る相手のことを考えながら楽器を修理しているうちに、他者に喜んでもらうだけでなく、自分たちの人生も豊かにしてくれる目的を見出したのである。

有名なライフ・コーチで、『ときどき思い出したい大事なこと』の著者でもあるリチャード・ライダーは、目的を持つことがいかに重要であるかを次のように説明している。「目的は基本的なものであって、贅沢なものではありません。私たちの健康、幸せ、癒し、そして長寿のために必要不可欠なものです。だれでも何かで役に立ちたいと思うものなのです。私たちの世代は、これまでで最も長生きしています。リタイア後の人生も私たちの両親世代とは違います。目覚める一日一日が、良い人生を創造する新しいチャンスなのです」[59]

本書の冒頭で「人生の意味は、自分の才能を見つけることである。人生の目的は、それを解き放つことである」というパブロ・ピカソの言葉を引用したが、これは洞察に満ちた原則であり、ここまで見てきたクレッシェンドに生きるうえでカギとなる四つのライフ・ステージすべてを貫いている。この比類ないパラダイムを通して見れば、自分が授かった能力や才能を発見し、それを開発し、伸ばし、人のために生かさなくてはならないのは明らかである。

私たち一人ひとりにこの世界で必要とされる唯一無二のミッションがあり、それが人の役に立つのであれば、これほど有意義なことはない。私はずっと「ミッションは考え出すものではない、見出すものだ」と信じてきた。良心に耳を傾ければ、何をすべきか、だれを助けるべきかわかるように、人生における自分のミッションはどうあるべきか気づき、見出せるのである。本書の目的は結局、人生のどんなフェーズにあっても自分自身の目的とミッションを積極的に探し求めるように励まし、勇気づけることなのである。「あなたにできる最大の贈り物は、自分だけの使命を大切にすること」とオプラ・ウィンフリーは言っている。私も全面的に賛成だ。

自分という人間を認識できていれば、たとえ人生の途上で自分をつくり直すことになったとしても、ミッションを発見することはできる。ナチスの死の収容所に入れられていたヴィクトール・フランクルは、「私が人生に求めるものは何か」と問うのではなく、「人生が私に求めるものは何か」と問うべきだと教えている。後者の問いはまったく異なる。この問いと向き合い、よく考えて答えを出せば、それに応じた目標や計画を立てることができる。

生きることがわたしたちに向けてくる要請も、とことん具体的である。この具体性が、一人ひとりにたった一度だけ、ほかに類を見ない人それぞれの運命をもたらすのだ。だれも、そしてどんな運命も比類ない。どんな状況も二度と繰り返されない。そしてそれぞれの状況ごとに、人間は異なる対応を迫られる。生きることは日々、そして時々刻々、問いかけてくる。わたしたちはその問いに答えを迫られている。ひとえに行動によって、適切な態度によって、正しい答えは出される。

――ヴィクトール・フランクル[60]

フランクルを研究したライランド・ロバート・トンプソンによれば、フランクルは人間が目的を発見するプロセスを次のように教えている。

1 何かを創造する、何かを行う
2 何かを経験する、だれかと出会う
3 避けられない苦労にぶつかり、前向きな態度をとる

自分のミッションを発見してはじめて、目的を果たすことで得られる心の平和を経験できるのであり、それが真の幸福の果実なのである[61]。

そのとき私たちにできる最も重要なことのひとつは、自分のミッションを前面に出し、実行に移すことである。オリバー・ウェンデル・ホームズは、「すべての使命は偉大に追求されてこそ偉大である」と言っている。他者のためになり、他者に恵みをもたらすように率先力を発揮して自分の唯一無二のミッションを偉大に追求できるかどうかは、ひとえに自分しだいなのである。

他人を気にかけていることが伝わるように自分にできることをすれば、この世界をよ

り良い場所にすることができるのです。

――ロザリン・カーター

ジミー・カーター大統領とロザリン・カーター夫人は、一九八〇年にホワイトハウスを去るとき、これが自分たちの貢献の終わりとも、最も重要な仕事の終わりとも思っていなかった。アメリカ合衆国大統領を務め、「成功の頂点」と呼ぶにふさわしい地位に登りつめたら、そのあとはハンモックに揺られて好きな本を読んで余生をすごす、というようなイメージを持つ人が多いだろう。ほとんどの大統領経験者は、講演活動を行い、自分の名前を冠した図書館を建てている。

しかしカーター夫妻はずっと人道支援に携わっている。元大統領という地位と影響力を生かして自分たちの周りにある緊急のニーズに応え、貢献したいと思っていたのである。ホワイトハウスを去ってわずか一年後、人権と平和を推進し、世界中の苦しみを軽減することを目標に掲げて、カーター・センターを設立した。

カーター・センターは現在、七〇カ国以上で紛争の解決、民主主義・人権・経済的機会の促進、疾病予防、精神衛生の改善、農家への作物増産指導などの支援を行っている。カーター夫妻はさらに、米国その他の国々で貧困層の住宅の改築・建設を支援する非営利組織「ハビタット・フォー・ヒューマニティ」でボランティア活動もしている。ジミー・カーターは二〇〇二年、「国際紛争の平和的解決、民主主義と人権の前進、経済・社会的発展のための数十年にわたるたゆまぬ努力」に対して、ノルウェー・ノーベル委員会からオスロでノーベル平和賞を授与された。

授賞式でのカーターの言葉は、彼の人生のミッションを反映し、将来の世代のために行動を呼びかけるものだった。

> 私たちに共通する人間性の絆は、恐怖や偏見による分断よりも強いものです……神は私たちに選択する能力を与えてくださいました。私たちは、苦しみを和らげることを選ぶことができます。平和のために協力することを選ぶことができます。私たちはこのような変化を起こすことができるのですし、そうしなければなりません[62]。

ロザリン・カーターは常に「なおざりにされている人々の擁護者」である。ジミー・カーターがジョージア州知事だった時代に同州の精神衛生制度の抜本的な見直しに取り組んで以来、顧みられていない精神衛生問題の改善を訴え続けている。元大統領とともに人権問題や紛争解決に取り組みながら、幼児期の予防接種を提唱し、帰還兵のニーズに対応し、精神衛生や介護に関する多くの書籍を執筆し、自伝も出している。アメリカ女性殿堂入りという最高の栄誉に輝き、またハビタット・フォー・ヒューマニティでの数十年にわたる継続的な献身を含め、不断の人道的活動に対して夫とともに大統領自由勲章を受章している[63]。

カーター夫妻は三五年の長きにわたり、ハビタット・フォー・ヒューマニティにみずからの時間とリーダーシップを提供し、この組織の顔となっている。一〇万人以上のボランティアとともに世界一四カ国で住宅四三九〇戸の建設、改築、修繕を個人的に支援し、カーター大統領が珍しいガンの治療を受けたあとも活動を続けた。九〇代になってもなお活動を続けるカーター夫妻は、二〇一九年一〇月、ハビタット・フォー・ヒューマニティが一五カ国目となるドミニカ共和国に進出することを発表し、二〇二〇年に同国での住宅の建設と修繕を支援した[64]。

カーター夫妻は、二人のクレッシェンド・マインドが響き渡る感動的な本『Everything to Gain: Making the Most of the Rest of Your Life（得られるものすべて：残りの人生を最大限に生かす）』の中で、自分の周囲にあるニーズに気づき、有意義なプロジェクトに関わり、奉仕の価値に喜びを見出すことの大切さを語っている。カーター元大統領はじつに四〇冊以上も本を書いているが、一冊を除いてはすべて大統領退任後に書かれている。一九九八年には『老年時代』を出版している。だれかが「老いることの何が良いのですか?」と軽薄な口調で質問したとき、「まあ、老いず、何もせずに死ぬよりはいいだろう!」とユーモアたっぷりに答えている。

ジミー・カーターは合衆国大統領ではあったが、多くの人は、ホワイトハウスを去ってからの人道・社会活動家としての重要な仕事が彼の最大のレガシーとして後世に残り、米国の歴史上最も生産的に活動した元大統領として記憶されると見ている。

カーター大統領は、職業からは引退しても、人生からは引退していない独自の生き方について書いている。


助けを必要としている人のために「貢献」できれば、大きな満足感が得られる。だれにでも貢献できることはあるし、忙しい若い人たちでもできることはあるが、人生の「後半」に入ったわれわれの場合、貢献に使える時間が増えるのである。寿命が延び、健康でいられる時間が長くなっているのだからなおさら、仕事を引退してから追加されるライフ・ステージではボランティア活動に多くの時間を充てられる。退職した人たちの才能、知恵、活力は、地域社会から大いに必要とされている。そして、退職してからも社会に積極的に関わる人は、新たな自尊心を持ち、日々の充実感の源を得られるだろう。老化も遅らせることができる。

人助けというのは、やらなければならないことが山ほどあるから、やろうと思えば意外と簡単にできる。難しいのは、何をするかを決め、実際に始めるときである。違うことをするときは何でも最初の努力が大変なのだが、一歩踏み出してしまえば、できるとは思ってもいなかったこともできてしまうものである。

昨今、人のためになることに積極的に関わることが、人々の生活に大きな変化をもたらしている。飢えている人、ホームレスの人、目の不自由な人、手足の不自由な人、薬物やアルコール中毒の人、読み書きのできない人、精神疾患の人、高齢者、受刑者、あるいはただ友人がおらず孤独な人、このような人々の力になりたいと思っているボランティアは、今はどこでも本当に求められている。やるべきことはまだまだ膨大にあり、何をするにしても、すぐに行動を開始したほうがよい[65]。

何かですでに「成功の頂点」を極め、「人生の後半戦」を楽しくすごしている人でも、新たなスタートを切り、これまでの人生とは異なる新しい何かを創造するチャンスがある。元大統領や元ファーストレディーでなくても、カーター大統領が挑戦したように「行動を開始」すれば、あなたにできること、貢献できることは山ほどある。

やりがいのある活動で身体を動かしたあとの疲労感は気持ちを高揚させる。ハビタット・フォー・ヒューマニティでは、まさにそのような経験をした。ホワイトハウスを離れてからさまざまな活動をしてきたが、間違いなく最も気持ちが鼓舞される活動のひとつである。まともな場所で暮らしたことがなく、自分の家を持つことなど夢にも見たことのない人たちのための家を建てる支援活動は、大きな喜びと感動を与えてくれるのである[66]。

実際のところこのライフ・ステージには、おそらく人生のどの時期よりも自分なりに変化を起こせる機会が多い。まだこの年代になっていなくても、人生の後半戦になるまで待ってから考えるのではなく、若いうちから、きたるべきこの時期を予測しておくことが重要だ。早いうちに計画を立て、人生の前半戦にクレッシェンドの人生を生きはじめていれば、後半戦はずっと効果的なものになる。

老年への準備は一〇代にははじめるべきである。六五歳まで目的もなく生きてきて、引退したとたんに満たされることはない。

――ドワイト・L・ムーディー[67]

あなたが今何歳でも、人生の後半戦の計画を立て準備をしておけば、リタイア後の人生への移行もスムースに無理なく進み、生産的に生きられるだろう。ある調査によると、リタイアしたベビーブーマー世代の三分の二は、リタイア後の人生にうまく適応できない問題を抱えている。折り合いをつけなければならない事柄はいろいろあるが、なかでも問題なのは日々の生活の意味と目的を見つけることだという。だとするなら、目的、ミッション、意味がなかなか見えてこなかったら、どうすればいいのだろうか。どのように目的を見つければいいのだろう？

『Shifting Gears to Your Life and Work After Retirement（リタイア後の人生と仕事にギアチェンジするには）』の中で、共著者のマリー・ラングワーシーは、次のように自問することを勧めている。

- 私はどんな性分か？
- 私のスキルは何か？
- 私の価値観は何か？
- 私は何に関心を持っているか？

・私が世の中で何かできるとしたら、それは何か？68

自分のミッションと目的に気持ちを集中できるように、クレッシェンドに生きようとしないことへの言い訳と思い込み、そして真実を見ていこう。

人生の後半戦をクレッシェンド・マインドで生きようとしない言い訳と思い込み

・年齢《とし》をとりすぎている、疲れた、燃え尽きた、時代についていけないから変化など起こせない。
・人の役に立つような特別なスキルも才能もない。
・人生ではもうたくさんのことを成し遂げた——「もういいよ！」
・時間と労力をとられるのが嫌だ。縛られたくない。
・私はとりたててスキルも才能もなく、自分にしかできないこともないので、自分のすることが人に大きな影響を与えられるとは思えない。
・自分や家族に関係ないなら、他人のケアをしたり、ボランティア活動をしたりする理由がわからない。
・何をしたらいいのか、どうやって支援すればよいのか、どこから手をつければよいのかわからない。自分のコンフォートゾーンの外に出ることのように思える。
- 参加しようと思っても、コミュニティにはニーズがありすぎて手に負えない感じがする。
- 何も知らない新しいことに挑戦するのは不安で、躊躇してしまう。
- 私の問題ではない。私の責任でやることではない。
- 気楽にのんびり日々をすごしたい。人生にはもうストレスはいらない。
- これまでずっと必死に働いてきた。自由気ままな「引退生活」だけを楽しみたい。

人生の後半戦にクレッシェンド・マインドで生きることの真実

- ものすごい冒険と心躍る場面が待っている!
- 人並みはずれた特別なスキルや知識は必要なく、今持っているもので十分。
- 奉仕活動に関わると、若さと活力を保てて長生きできる。
- 有意義なプロジェクトに参加すれば、これまでに身につけた能力がさらに伸び、潜在的な能力も引き出される。
- 人生に多くの意味と目的を見出すことができ、幸福感と充実感を味わえる。
- 外に目を向けて人に手を差し伸べると、自分の境遇は恵まれていてありがたいと思えるようになる。
・これまでよりも時間を有効に使える。
・これまでに培ってきたスキル、才能、知識、能力は自分で思っているよりもはるかに価値がある。
・人、職業、システムに関して長年積んできた経験がある。
・付き合いの長い友人、同僚、知人のネットワークがあり、協力してもらえる。
・人生のさまざまな分野で長年蓄えた知恵がある。
・ロールモデルを必要としている人にとって貴重なメンターになれる。
・人に尽くし、人を豊かにする最高の機会を生かせる――これは、家族、友人、隣人、コミュニティ、ひいては世界にポジティブな影響を与える選択である。
・自分からクレッシェンドに生きることに挑戦すれば、大切な人たちも含めて多くの人の人生に信じられないような変化を起こすことができる。
・過去に何があったとしても、自分が望み、求めるかぎり、自分の最も重要な仕事と貢献は常にまだ先にある。

待っていてはいけない。いずれにしても時間はすぎていくのだから、情熱を感じている、あるいはそのうち情熱を持てそうな重要な目的、追求する価値のある仕事に今からでも時間を使ってみよう。ここで紹介したさまざまな例からもわかるように、それまでの人生で経験したことや学んだことを生かせるのだから、何か良いことをするのに必要なものはすでに持っているのだ。サレルノ博士がみずからの経験から発見したように、並外れたことをするために、なにも並外れた人になる必要はないのである。

ジュディス・サレルノ博士は、臨床の現場からは引退したが、ニューヨーク医学アカデミーの会長を務めている。新型コロナウイルスの大流行に際して、当時のニューヨーク州知事アンドリュー・クオモは、必要なときに呼び出すオンコールで手伝ってほしいと引退した看護師や医師に訴えた。サレルノ博士は、年齢を理由にすれば家にこもっていることもできたが、迷うことなく現場に復帰した。「最初のコールですぐにサインしました」と語っている[69]。

私は六〇代でリスクのある年齢層なのですが、短期間に圧倒的に不足する重要なスキル、必要とされるスキルを持っていますから」と彼女は説明した[70]。「私が住むニューヨーク市の将来を考えて、このスキルを役立てられるのであれば、頑張ろうと思っています」[71]。

医師であるサレルノ博士は、ヘルスケア分野において米国でも有数のリーダーであり、そして現在はパンデミックのさなかにボランティアとして活動する八万人の医療従事者の一人である。「私の臨床スキルは〝錆びて〟いるとは思いますが、臨床判断には自信があります」と博士は言う。「このような状況ですから、錆びついたスキルを磨きなおして復活させれば、たとえ通常の患者さんのケアやチームでの作業だとしても、私にできることはたくさんあると思ったのです」[72]

さて、あなたはどちらを選択するだろうか。引退か再生か？　クレッシェンドかディミヌエンドか？　再生を選択するなら、固定観念は捨てて、選択肢が増え機会に恵まれる人生の後半戦のメリットと優位性を生かそう。このライフ・ステージを生産的にすごし、貢献し、活気に満ち、変化を起こし、移行する時期、そして楽しめる時期にできるように、前もって計画を立てておこう。これまでにたっぷりと人生経験を積んできたのだから、これからは好奇心を持ち続け、どんなことを成し遂げられるか挑戦してみてほしい。

私は常々、引退して悠々自適にすごすのではなく、貢献するという神聖な責務があると感じている。そして私が残せる最も重要なレガシーは、世の中を良くしようとする人の手本となることだと思っている。

自分には変化を起こせると信じ、勇気を出して行動してほしい。決めるのはあなた自身であり、実現するのもあなた自身である。あなたはどのようなことで自分を覚えておいてほしいだろうか。どんなレガシーを残したいだろうか。今すぐクレッシェンド・マインドを持ってほしい。リタイア後を貢献のライフ・ステージにし、成功から意義へと人生の目的を移すことを意識すれば、十分に満足でき、報われるライフ・ステージになるはずだ。

第５部

結び

クレッシェンドに生きるわが家の旅

終わりに近づくにつれて、私を誘う世界の不滅のシンフォニーがはっきりと聴こえるようになる。それは驚くべきことでありながら、当然のことでもある。半世紀の間、私はみずからの考えを散文と詩に書いてきた。歴史、哲学、劇、恋愛、伝統、風刺、オード、歌、すべて試した。しかし、私はみずからの内にあるものの千分の一すらも語っていないと感じる。墓に下るとき、私もほかの多くの人々と同じように「今日一日の仕事を終えた」とは言えても、「生涯の仕事を終えた」とは言えない。私の一日の仕事は、翌朝に再び始まるのである。

――ヴィクトル・ユーゴー

両親に贈る最後の感謝の言葉

シンシア・コヴィー・ハラー

クレッシェンド・マインドは、父の最後のビッグアイデアであり、いわゆる「最終講義」でした。父はこの考え方に胸を躍らせていました。私はスティーブンとサンドラのコヴィー夫妻の九人の子の長子として、何年も前に父と一緒に書きはじめた本書を世に送り出す特権に恵まれました。父は、クレッシェンドに生きるという考え方はとても力強いものであり、それを受け入れる人の人生を変え、豊かにできると信じていました。どのようなライフ・ステージにあっても、「最も重要な仕事は常にまだ先にある」と深く信じ、自分自身もこのマインドどおりに生きようとしていました。

私たち家族は、父に関して一般には知られていないことをここで語ることにしました。同じように困難な問題にぶつかっている人々に希望と励ましを与えられればという願いからです。私たち家族のプライベートな話ではありますが、多くの人が同じような試練を経験し、あるいはそれ以上に厳しい試練に直面している方々もおられるでしょうから、愛と共感の精神からお話させていただければと思います。

母サンドラは二〇〇七年に腰の手術をし、背中にチタン製のロッドを入れました。背中を安定させる効果はありましたが、重度の感染症にかかり、下肢に神経障害を起こしました。四カ月間入院し、何度も手術を受け、命が危なかったことも一度や二度ではありません。退院して普通の生活を送れるようになるのか、快復するのかさえわからない状況でした。

脊髄の神経損傷で、母はほぼ車椅子の生活となってしまい、家族全員が深く失望しました。それまで腰痛とはまったく無縁でしたし、そもそも「生まれてこのかた病気で寝込んだことは一日もない」（母の口癖）母でしたから、これはぞっとするような事態でした。母は見間違えるほどに変わってしまいました。完全に歩けなくなり、二四時間体制の介護が必要になりました。私たち家族の素晴らしい母であり祖母の人生は一夜にして変わり、複雑な健康問題を抱え、起きている間中それにかかりきりになってしまったのです。ほんの短い間に、自立した生活から完全な介護生活へ激変したわけです。家族にとってもトラウマになるような時期で、信仰とお互いを頼りにして、事態が良くなるよう祈り続けました。

母が腰の手術を受ける前は、父が自宅にいるときは二人で毎日ホンダ九〇ｃｃバイクに乗り、二人の言葉を借りれば「話し合い」をしながら近所を走るという儀式をしていました。両親にとってそれはお気に入りの時間であり、この時間のおかげでお互いの関係をリフレッシュさせ、生き生きとした関係を保つことができたようです。後年、私たちも子どもを持つ親となると、二人がバイクに乗りながら話をしている姿を見るのが大好きになり、両親が見せる仲の良さに感心していました。

私たちの両親は最高のパートナーシップを築いていました。物事へのアプローチが異なることもありましたが、お互いにバランスをとって生活していましたし、最も重要なことは共通していました。九人の子を育て、教会やコミュニティでリーダー的な立場を務め、二人とも本当に多くのことを成し遂げてきました。父はコンサルティングや執筆、講演のためによく出張していました。子どもたちが育ち上がってからは、母はたびたび父に同行して貴重なフィードバックをし、父の講演で話すこともありました。歌の才能があったので歌唱を披露することもよくありました。父と母の結婚生活は、私たちにとって愛と約束のこのうえないお手本だったのです。

母が手術と入院を繰り返している間、私たちは父にリーダーシップと心の拠りどころを求めていました。ところがその頃、父の様子がおかしいことに気づきはじめたのです。母の主治医との面談でも父はほとんど自分から話そうとせず、病院に行った日は、難しい判断をしなければならないというのに協力するでもなく、たいていさっさと寝てしまうようになりました。最悪だったのは、それまでは家族思いでいつも家族の気持ちに寄り添ってくれていた父が、どこかよそよそしくなり、無気力にも見えるようになったことでした。

父が母の状態にうまく適応できていないことは、私たちの目には明らかでした。父は子どもの頃に腰の手術をして松葉杖を三年間も使っていたことがあり、それがトラウマになっていたので、おそらく病院嫌いのせいだろうと思っていました。小さいときのひどい思い出のせいで、病院に行くと必ず父の顔は青ざめていました。

車椅子に縛られ、何もかも人に頼らなくてはならない状態だったものの、四カ月という長く辛い時間を経て、母が退院できるまでに快復したときは、家族全員が大喜びでした。母を敬愛し、女王様のように扱ってきた父は、母への深い愛情から、母が暮らしやすいように二四時間の介護体制を整えました。車椅子対応のワゴン車を購入し、車椅子で動けるように家の中も改造し、少しでも楽に暮らせるように気を配っていました。父は何より、母が早くまた歩けるようになり、普通の生活を取り戻すことを願っていたのです。

母の健康問題は家族全員にとって辛いものでしたが、だれよりも影響を受けたのは父で、すっかり家に引きこもるようになりました。父はプライベートの時間を大切にする人でしたが、母が退院してからは看護師が常時家にいましたし、母を入浴させたり着替えさせたりするときには看護師が二人いる状況でした。父はますます心を閉ざし、人生に興味を失っているように見えました。

父の様子が明らかにおかしくなり、検査を受けたところ、前頭側頭型認知症と診断されました。ずっと心身ともに活動的だった父がこんな恐ろしい病気になるとは、私たちは愕然としてしまいました。父はこの診断を頑として受け入れず、医師の分析を一蹴しました。しかしこの病気にかかっていることは疑いようもなく、私たちは父の人格が劇的に変化していくのを目の当たりにしました。判断力がなくなり、自分を抑えられなくなり、自分が話したばかりのことを繰り返し、本来の人格とはまるで異なる言動をするなど、社会的に不適切な状態が見えはじめました。

出張や講演、執筆をやめ、職業人生に終止符を打つよう助言せざるを得なかったのはこのときでした。これは父の意に反していましたし、私たち家族全員にとっても悲しく辛いことでした。それは父の長年にわたる素晴らしい貢献の時代の終わりでもあったのです。

私たちはついに、父がこの病気の初期段階と闘っていたことに気づかされました。父の症状のすべてが破壊的で、堂々とした家長だった父が私たちの目の前で衰えていき、私たちにはそれを止めることができなくなっていました。面白くて、個性的で、外向的な性格だった父が、家族にもほとんど理解できないような別人に変わっていくのです。自分ではどうしようもできないことがわが身に起こっていることを知った父が、目に本物の恐怖をたたえていることもたびたびありました。しかし私たちは父を深く愛していましたから、この困難な時期も父を支え、世話をしたいと思っていました。

複雑な健康問題を抱え車椅子生活を送る母親と、認知症になり、あれよあれよという間に症状が悪化していく父を前にして、私たち家族は悲しみに暮れ、打ちひしがれていました。もう両親のどちらかを失ってしまったような感じがしていました。コヴィー家にとって最大の試練と困難の時期でした。

私たち家族は力を合わせ、できるかぎりのことをしました。お互いを頼りにしながら、交代で両親に付き添い、二人の人生が幸せなものになるよう努力し、私たちがこれまで両親から受けてきた愛と庇護の恩返しをしました。きょうだいとその配偶者、孫、叔父叔母、その他の親戚、生涯の友人たち、みんなが力を出し合いました。

あのときの私たちには、もっと楽に暮らしていた時期には経験したことのなかった多くの恵みがありました。悲しみを共有し、支え合いながら、きょうだいとして、夫婦として、かつてないほど親密な関係になりました。人間関係が豊かになり、小さないさかいなど問題ではなくなってお互いに許し、人を裁くようなこともしなくなりました。親の介護で真の喜びを知りました。わが子にもっと優しく接するようになり、私たちの錨であり、前進するための力と勇気を与えてくれた信仰に感謝しました。楽しかった日々、親に喜んでもらったときのことをしみじみと思い出し、温かい気持ちで昔を振り返るようになりました。

当初はただ泣いてばかりいたのですが、両親の楽観的な性格を見習い、笑顔を取り戻しました。その頃の私たちは、ミュージカル『ヨセフ・アンド・ザ・アメージング・テクニカラー・ドリームコート』から、私たちの気持ちを代弁してくれているような名曲を好んで歌っていました。「私たちが知っていたあのカナンの日々はどこへ行ったのだろう、どこへ――行ったのだろう！」[2]

私たちにとっての「あのカナンの日々」は、母が手術する前、父が認知症になる前、両親が激変する前の生活のことです。あの良き日々の素晴らしい思い出に私たちはどれほど感謝したことか。

私たち家族はみんな映画が大好きなのですが、昔好きだった『サボテン・ブラザース』に出てくるセリフが、私たちのおかれた状況にぴったり当てはまることを思い出しました。スティーブ・マーティン演じるラッキーデイは、厳しい状況に立ち向かおうとする友人たちを励まそうと、「人は皆心の中にエルワポを抱えている（エルワポは悪者）。われわれにとって、エルワポは命を奪う危険な男だ！」と言います[3]。この試練は私たち家族にとってのエルワポであることに気づき、あの暗かった時期、私たちのいざというときの言葉「笑って」に何度も救われたものです。

私たち家族は、親密さが増しただけでなく、人の苦労や悲しみを思いやり、理解できるようにもなりました。両親を失うという苦しみ、両親が病と闘いながら衰えていくのを目の前で見ていながら何もできずにいること、それがどのようなことなのか、私たちは身をもって知りました。その結果、人が苦難の中で経験していることに敏感になり、共感できるようになったのです。この苦しい時期を乗り越えるために、私たちは父の好きな言葉を実践しました。

「辛い時こそ強くあれ」

そして、父がこの病気と必死で闘っていたこと、もう無理だという瞬間までクレッシェンドの人生を生きていたことが少しずつわかったのです。

私たちはすぐに、本当に多くの人たちが両親を愛していて、そして両親が生涯にわたって多くの人のために貢献してきたことを知りました。長年の友人や遠い親戚もたびたび訪ねてきて父と話をしたり、ランチに連れ出してくれたりしました。母はいつも友人に会いたがっていて、話に耳を傾けてくれる人や泣くために肩を貸してくれる人、前に進むことを励ましてくれる人を必要としていましたが、多くの人たちがそういう母の気持ちに応えて深い愛情を寄せ、母を支えてくれました。父の兄、ジョンは、父にとっては親友のような存在で、私たちの頼みの綱でした。こまめに会いにきて、まるで父親代わりに私たちを支えてくれました。ジョンの奥さんのジェーンもしょっちゅうきてくれました。母が本当に必要としていた親友であり、とても感謝していました。自分たちが一人ではなく、心配してくれる友人や家族がいて、本当に恵まれているのだと実感しましたし、やはり神は私たちを見守っていてくださっていると信じることができました。

やがて母は目を見張るほどの勇気を出し、自分の新しい生活に立派に適応し、私たちの生活にも再び関わるようになりました。母の健康状態は時間とともに少しずつ改善し、そのうちおとなしくしていられないほど元気になりました。家族のイベントをいろいろと企画し、友人たちの集まりやさまざまな活動にも復帰し、車椅子を使いながらも幸福で充実した生活を可能なかぎり楽しんでいました。本書で紹介している多くの人たちがそうであるように、母もまた試練や苦難が自分を決めてしまうことを許さず、信念と勇気を持って現実と向き合い、その先の将来に起こることを楽しみにしていたのです。

とはいえ、母の時間のほとんどは、父が気持ちよく生活できるようにすることに費やされました。父の精神的、肉体的な能力への影響は顕著になりはじめ、やがて父は母やほかの人たちにいっさいの世話を頼るようになりました。母は、父と一緒に楽しめることを毎日計画し、外出したり、有意義な活動に参加したり、旧友や私たち家族とすごす時間をつくったりして、父が喜ぶことで日々を満たしました。母は、家族ですごした素晴らしい思い出、旅行した場所、一緒に楽しんだ時間を語りました。父は日に日に口数が少なくなっていきましたが、母の話にじっと耳を傾け、ずっと一緒にいたいと思っていたのです。母にとっては人生で一番悲しく孤独な時期だったにもかかわらず、父が十分な介護のもとで安心して暮らせるように、できるかぎりのことをしていました。

二〇一二年四月、父は自宅の近くでバイクに乗っていました。父にとってはまだ楽しめる大好きな活動でした。介助者がついていたのですが、坂道を下っているときにどういうわけかコントロールを失い、歩道の縁石にぶつかって頭から落ちてしまいました。ヘルメットをかぶっていたのですが、脳内出血を起こしました。しばらく入院し、私たち家族は「もうダメかもしれない」とあきらめかけていましたが、数週間後、幾分快復したようで、退院し家に戻ることができました。能力はさらに衰えたものの、父はまだ私たちのそばにいました。

その夏、私たち家族はモンタナにあるわが家の山小屋を訪れました。そのときはまだ父との最後の日々になるとは知らずに、家族みんなで楽しみました。七月四日には盛大にバーベキューをしました。火を囲んでおしゃべりし、歌い、マシュマロを焼いてスモアを作り、いろいろな年齢のいとこたちが一緒に笑いながら遊び、音楽に合わせておかしなダンスを創作し、愛国歌を歌い、最後は花火を打ち上げて、完璧な夏の夜になりました。父もよく反応していて、久しぶりに楽しんでいるようでした。何年も前にこの山小屋を建てたとき、父はこんな夜を思い描いたのでしょう。父はこの山小屋を「レガシー」と名付けたのですが、本当にこの名にふさわしい場所です。私たち家族が大好きな美しい「ビッグ・スカイ・カントリー」（訳注：モンタナ州の別称）で家族全員が楽しめるようにと、父は敷地の隅々まで念入りに計画していました。この美しい山小屋とそれを囲むエリアは、まぎれもなく父が私たちに残してくれたレガシーであり、今、あの魔法のような夜をとても懐かしく思い出しています。そして、そのわずか数週間後に父は亡くなりました。

七月一五日、父は再び脳内出血を起こし、救急車で病院に運ばれました。容態が悪いと聞いて、九人の子どもたちとそれぞれの配偶者が父のそばにすぐに駆けつけました。奇跡的に全員が最後の別れを言うことができ、七月一六日の早朝、父が妻と家族全員に見守られ安らかに息を引き取ったのは、私たちにとっては霊的な体験でした。それは父が望んでいた最期だったと思います。父が亡くなるとき、私たちはあふれんばかりの愛を感じました。私たち家族はそのときに経験した深い心の安らぎをずっと記憶にとどめ、大切にしていくでしょう。父は八〇歳の誕生日を数カ月後に控えており、思っていたより何年も早く亡くなりました。家族として、私たちはまた父と一緒になれると確信しています。

その後何週間も、素晴らしい父が恋しくてたまらなかったのですが、病気のせいで肉体的・精神的な制約を受けていた父が、痛みと苦しみから解放されたことには感謝していました。認知症の症状のひとつで、最後の時期はほとんど話せない状態でした。多くの人を称え、言葉やアイデアで人々を励ました父の大きな才能が最後に失われたのは皮肉なことだと思いました。父は原点に戻ったのです。

泣かないで、それはもう終わったことなのだから。笑って、それはもう起こってしまったことだから。

——不詳

本書は、クレッシェンドに生きることをあなたに求めています。できればそのように生きたいという気持ちになっていてほしいと思います。しかし本書では、精神的、肉体的な健康問題や、自分ではどうしようもない状況のせいで、生きたいだけ生きることができなくなる可能性については取り上げていません。現実には、自分にできることを精一杯やるしかないのです。

私たちは、父がもうこれ以上は無理だという瞬間までクレッシェンド・マインドで生きようと努力し、模範を示してくれたのだと信じています。認知症の症状が出る前、父は本書を含めていくつかの出版プロジェクトに実際に取り組んでいましたし、その他にも父にとって刺激的で重要な多くのベンチャー事業に関わっていました。父として、祖父としての役割も完璧に果たしていましたし、私たち家族が集い、絆を強めるための活動や旅行をたくさん計画していました。家族の集まりでも、あるいは私たちきょうだいが父から日頃受けていた電話の中でも、自分の経験、重要な教訓、執筆や教育に関する新しいアイデアを話してくれました。そう、父は知的能力の衰えを感じはじめるまで、自分の最高の仕事はまだ先にあると確信して、全身全霊で取り組んでいたのです。

本書が完成する少し前に、私たちの母、サンドラ・メリル・コヴィーが、突然安らかに亡くなりました。母もまた、クレッシェンドに生きる見本のような存在でした。最後の一二年間は車椅子生活でしたが、母は毎日クレッシェンド・マインドを進んで実践しみせ、コヴィー家の家長として生きることを享受していました。最後まで私たちを驚かせ、励ましてくれました。

母の葬儀では、九人の子どもたちがそれぞれ、母が生涯にわたって発揮した尊敬すべき人格について短い賛辞を述べました。私は、母の気の強い性格、目的を持って生きる積極的な姿勢(「カルペ・ディエム──その日を摘め」)について、お気に入りのエピソードを絡めて話しました。

何年も前、フランスでのことです。あちこちを観光してまわってから、母は必死にトイレを探していました。あるレストランに入ると、女店主は閉店の看板を指差し、母を追い払おうとしました。しかし、母は引き下がりません。「お願いします。どうしてもこちらのお手洗いを使わせていただきたいのです」と店主に言いました。しかし店主は頑として「マダム、閉店なんですよ」とにべもありません。

すると母は店主の脇を通り、振り向いて「まだ終わっていません」と言いながら急いで階段を下りていきました。店主は母が勝手にトイレに行ったことに腹を立て、わざと地下の電気を消しました。母は知らない建物の地下でトイレを探し、暗闇のなか手探りで階段を上り戻ってこなければなりませんでした。しばらくして、やっとの思いで戻ってきた母は、店主の女性に睨まれながら、腕を振り上げて勝ち誇ったように「フランス万歳《ヴィヴ・ラ・フランス》!」と叫び、ドアを開けて出ていったのです。

「まだ終わっていません」という言葉は、まさに母のクレッシェンドの人生を表しています。母は手術と快復を何度も繰り返し、生きることを終わりにしませんでした。健康上の問題を抱えていても、自分の人生を取り戻して多くの活動を再開しようと、苦難に負けず懸命に闘いました。車椅子に縛られているわが身を哀れんだりせず、過去を振り返るのではなく常に前を向き、次の家族の集まり、次の盛大なイベント、次の時代の人生など、これから起こることに心躍らせ、もっといろいろなことをやりたいといつも思っていたのです。

車椅子の生活ではあったものの、母は社交クラブを楽しむことも、読書クラブで議論をリードすることも、教会や奉仕活動に参加することも、地元の大学で学長諮問委員を務めることも、フットボールやバスケットボールのひいきのチームを応援することも、孫たちの活動をサポートすることも、多くの友人たちと外出を楽しむことも、どれも終わりにはしませんでした。祝日にはできるだけ大勢の人と一緒にお祝いしていました。

聖パトリックの祝日にはシャムロッククッキーを近所に配り、エイプリルフールには、だれにでも悪ふざけして大笑いしていました。いろいろな人と付き合うように心がけ、暖炉でスモア作りの夜をするからと、隣近所の人とその家族によく声をかけていました。政治談義も大好きで、選挙のときにはそれこそ価値観の多様な友人知人を自宅に招き、政治課題についてオープンに議論し、保守派かリベラル派かのどちらかに無邪気に分けて、フレンドリーな雰囲気の中で自分の考えを言えるように促していました。

亡くなるちょうど三週間前、母は娘のコリーンに、六〇個のクリスマスプレゼントを買って包装してほしいと頼みました。コリーンは用意したプレゼントをバンに乗せ、末息子のジョシュアと彼の子どもたちに指示して、母の親しい友人や近所の家の玄関にプレゼントを置いてまわりました。母は「カルペ・ディエム――その日を摘め」の姿勢を一年中貫き、家族の手本になっていたのです。

母は何年も前から健康問題を抱えながら、コミュニティへの貢献も終わりにせず、自分の住むユタ州プロボに芸術センターを建設するという生涯の夢を実現させました。その数年前からこのプロジェクトの委員長を務めていて、市職員や市民も巻き込み、改築する建物を探し、継続的に募金活動を行い、実現にこぎつけました。センターは母にちなんでコヴィー芸術センターと名付けられ、オペラ、バレエ、演劇、パフォーマンス、その他の文化・娯楽イベントを開催し、年間三〇〇日以上も使用されています。

しかし何よりも、母は亡くなるそのときまで、拡大し成長し続ける家族の家長であり続けました。文字どおり身体が動かなくなっても、病院で一度ならず快復し、何度も何度も寿命を延ばしました。それはまさに「奇跡」だったと私たちは思っています。

母は一年を通して、特別な機会には必ず子孫たちが集まる会を催しました。出産、洗礼式、卒業式、結婚式、誕生日、祝日、孫たちのスポーツの試合など、大切な場面には必ず母がいました。亡くなるまで、家族一人ひとりにバースデーカードを送っていました。九人の子どもとその配偶者、五五人の孫、四三人の曾孫がいたので、カードを送るといってもフルタイムに匹敵する仕事量でした。家族のだれもが母から愛され、つながっていると感じていて、しょっちゅう会いにきていました。孫や曾孫たちとは特別な関係を築いていて、みんなが親しみを込めて「ミア、ミア」と呼んでいました。父の言葉を借りれば、母は「立派」な人でした。

葬儀では、孫と曾孫の全員が立ち上がり、母の希望どおりに「Fill the World With Love（世界を愛で満たそう）」を歌い、まさに母の人生のミッションを表す歌詞で母のレガシーを称えました。

最愛の母が私たちの世界を愛で満たしてくれて、本当に幸せです。母は困難の中でもクレッシェンドで生きることを意識的に選択し、最後まで「強く、勇敢で、真実」であり続けました。私たち家族に、そして母を知り母を慕うすべての人に励ましを与えました。私たち家族は、「ヴィヴ・ラ・サンドラ、サンドラ万歳！」と誇らしく宣言します。

私が両親について個人的な考えを述べたのは、どのような境遇にあっても、どんなかたちであっても、自分が望めばいつまでもクレッシェンド・マインドで生きていけるということを伝えたかったからです。私たちの両親は一時的に私たちの視界からいなくなりましたが、二人のレガシーは、二人の子孫を通して、そして二人と同じようにクレッシェンドの人生を生きたいと思う人たちを通して生き続けるのです。

残された人々の心の中で生きるのであるから、それは死ではない。

――トマス・キャンベル

ブライドル・アップ・ホープ：レイチェル・コヴィー財団

希望を選べば、何だって可能になる。

――クリストファー・リーヴ

シンシア・コヴィー・ハラー

父が亡くなって二カ月後、私の美しい姪、レイチェル・コヴィーがうつ病の影響で二一歳の若さで亡くなりました。彼女の愛する両親、私の弟のショーンと妻のレベッカにとっては、父を失ったあとにわが子の死ですから、本当に辛いことでした。レイチェルは八人きょうだいの一番上で、ショーンとレベッカの両家の多くの家族にとって姪であり、いとこでもあり、彼女を愛していた家族全員が深い悲しみに暮れました。

レイチェルは第一の偉大さを発揮していて、生まれながらに多くの際立った能力を授かっていました。親切で思いやりがあり、感性が豊かで、陽気で、愛情深く、クリエイティブで、無私無欲で、冒険好きで、寛大でした。彼女が笑うと周りの人もつられて笑い、子どもたちに慕われ、そして馬に並々ならぬ愛情と情熱を傾けていました。私たちは神への信仰に慰められ、レイチェルが亡くなる直前に彼女の祖父が亡くなったのは偶然ではなかったと信じています。

ショーンとレベッカは、レイチェルの死亡記事にうつ病と闘う彼女の写真を掲載しました。うつ病と闘う人たちの助けになればと、勇気を出してそうしたのです。深い悲しみの中で行われた惜しみない行為であり、同じように苦しんでいる人たちへの恵みとなるものでした。多くの人がショーンとレベッカのもとを訪れ、自分や家族の経験を涙ながらに語りました。これが癒しの道を開き、コヴィー家は再び集まり、ショーンとレベッカ、子どもたちを抱きしめました。ほかの多くの親戚、友人たちもそうしてくれました。

ある隣人が弟のショーンに「レイチェルさんが亡くなって、一生心に穴が開いたようですね」と言いました。その人は善意で言ったのですが、ショーンはひどく動揺し、その言葉を考えているうちに「心に穴が開いたままにしていてはいけない、心に新しい筋肉をつけよう」と決心したのです。このような考え方に至ったショーンとレベッカは、立ち直るまでの道のりで私たち全員を驚かせ、むしろ私たちのほうが励まされています。信じられないほど難しいことですが、二人は信仰と勇気によって前進することを選びました。彼らの家族は強くなり、本当によく団結して頑張っています。

レイチェルは馬の二五マイル耐久レースに参加するのが大好きで、はじめてのレースを終えたあと、両親に「自分のボイスを見つけた」と興奮して話したそうです。レイチェルが亡くなったあと、友人たちがショーンとレベッカのところにやってきて、辛いときに乗馬を教えてくれ、力になってくれたと話したそうです。ショーンとレベッカの悲しみはまだ癒えていませんでしたが、若い女性たちがこのような喜びを体験できるように、娘を記念する財団を設立し、娘の人生を称えたいという気持ちになりました。

財団を立ち上げたときのことをレベッカはこう話しています。「私の半分は、〝財団なんてやりたくない、ただレイチェルに帰ってきてほしい!〟と言っていた…… 馬に乗ったレイチェルの笑顔が見たい。でももう半分の私は、〝あの子はもういない。だから傷ついている女の子たちを探して、馬小屋に連れて行って、乗馬を教えてあげよう。彼女たちが自信を持ち、苦しみを乗り越えられるように手助けしよう〟って言っていたの」

こうして二人は、悲しみのさなかに、乗馬のトレーニングを通して若い女性たちに希望、自信、回復力を与えることをミッションとした「ブライドル・アップ・ホープ:レイチェル・コヴィー財団」を設立しました。自尊心が持てず、不安や抑うつに苦しみ、トラウマや虐待を経験し、あるいはただ希望を失った一二歳から二五歳の少女たちを対象に、一四週間の独自のプログラムを提供しています。ブライドル・アップ・ホープの牧場では、少女たちは馬の乗り方を学び、馬と心を通わせ、ライフスキルを身につけ、奉仕活動を通して視野を広げます。あまりに大勢の少女たちが自分は期待に応えられない、うまくいくわけがないと思っている社会において、本来自分が持っている価値と可能性に気づき、自信をつけ、自分の苦しみを克服できるよう手助けをしています。

ショーンは、世界的なベストセラー『7つの習慣 ティーンズ』の著者です。父の著書『7つの習慣』と同じ原則に基づいていますが、とくに一〇代の若者に向けて書かれた本です。ブライドル・アップ・ホープのコースでもこの7つの習慣を教えており、これらの習慣を学び、実践することがプログラムの重要な部分となっています。馬の扱い方や乗り方に自信を持てるようになるだけでなく、学校生活への適応、仲間からの同調圧力への対処、正しい選択と決断、常習性薬物の回避、奉仕活動による社会への恩返しなど人生のさまざまな教訓も学び、ティーンエイジャーたちが必ずぶつかる問題を乗り越えるのに役立ちます。ショーンとレベッカは、一人の少女を救えば、その後何世代にもわたる人々を救えるのだと信じているのです。先だって、このプログラムを修了した少女が話を聞かせてくれました。

このプログラムを体験する前に一年以上カウンセリングを受けていましたが、まだ自分の足元を固められずに苦労していました。トラウマとそれに続いて起きるいろいろな問題に対処しようと必死で努力していたつもりでしたが、まるで自分の人生が崩れてしまったような気がしていました。もう一度幸せになれるのだろうか、何かで成功できるのだろうかと、不安でたまりませんでした。私の人生から何年も失われていたものは「希望」です。そしてブライドル・アップ・ホープで見つけたものが「希望」でした。馬、素晴らしいインストラクターの皆さん、そして7つの習慣を通して、希望の力で生きていくことを学び、ようやく前に進めるようになったのです。

私にとって一番大きな意味があったのは、「リライト」という概念を知ったことです。自分のせいではないことに罪悪感を持たないようにしながら、治癒と現在の生活に責任を持つには難しいバランスが必要でした。馬と接することで、境界を確立して維持する方法と、その境界を人にはっきりと伝える方法を学びました。そのうち、自分の望む人生を築いていくための私自身の力が戻ってきたように感じました。7つの習慣のスキルを身につけ、トラウマになる前に望んでいた人生を実現できるのだと信じられるようになりました。もう希望はないと思っていた時期、それは私の人生で最大の祝福でした。

ブライドル・アップ・ホープは現在、一千人を超える少女たちの人生を変え、米国内の多くの州、さらには外国にも広がっています。ブライドル・アップ・ホープのビジョンは、財団のシンボルであるピンクの蹄鉄が、乳がん啓発活動の世界的シンボルであるピンクリボンと同じように若い女性たちの希望を育むシンボルとして世界的に認知される日がくることです。世界一千カ所にブライドル・アップ・ホープの支部を設立することを計画しており、最終的には数万人の少女たちの力になりたいとしています[4]。

一〇代の若者、とりわけ一〇代の少女たちの不安や抑うつは世界的に流行しています。女の子は、自分が十分に良い人間で、十分に賢く、十分に可愛らしくて、十分にスリムだ、と感じたくてたまらないのですが、ソーシャルメディアはその助けにはなっていません。ありえないくらい完璧なこの基準を満たさなければならないと信じているために、精神的な安定が崩れてしまうのです。このプログラムの需要が大きいのもそのためであり、財団の資金集めが追いつかないほどです。そこでショーンとレベッカは、プログラムの資金集めと少女たちの奨学金のために、Bridle Up Hope Shopというオンライン・ショップを開きました。フーディ、スウェットシャツ、メッセージ入りのTシャツ、ジュエリーなど、すべて乗馬をモチーフにしたアイテムを販売しています。ニューマンズ・オウンの商品と同じように、利益の全額をブライドル・アップ・ホープ財団に充てています[5]。

ショーンは、レイチェルが亡くなって三年余りが経ったとき、ある会合で講演しました。出席者全員が身近な人を亡くしたばかりで、悲嘆に打ちひしがれている方々の集まりでした。レイチェルが亡くなったことを公にしていなかったので、彼にとっては厳しい仕事でした。ショーンはこう切り出しました。

「私がここにいるのは皆さんと一緒に悲しむためです。癒すことが目的ではありません。皆さんも経験したことがあると思いますが、善意からとはいえ、悲しみのさなかにある人を癒そうとしてひどく無神経なことを言ってしまう人は少なくありません。悲しみを癒す近道はありません。全部通っていかなくてはならないのです。私は皆さんと同じ喪失を経験しています。皆さんを理解していることを知っていただきたいのです」

それからショーンは勇気を出して、それまでの三年間の悲嘆と立ち直りの話をし、そしてレイチェルが亡くなってから自分自身が気づいたことを話しました。「自分の人生が変わってしまうような悲劇や状況にぶつかったとき、基本的には三つの選択肢があります。第一に、その悲劇に自分が破壊されるのを許すこと。第二に、その悲劇に自分という人間が定義されるのを許すこと。第三に、その悲劇によって自分が強くなることです」

それは人生で最も難しい選択でしたが、ショーンは意識して三つ目の選択肢を受け入れることを決めたのです。ショーンは、魔法のようにあっという間に癒しが訪れることはないと認めたうえで、自分と家族を強くし、前に進み続けるために役立つアイデアを紹介しました。

・覚えておきたいことを書き留める

ショーンとレベッカは、家族やいろいろな人たちから受けたものを含めて、忘れたくない経験や感情、思い出を特別な日記に記録しました。レイチェルが亡くなってから起きたたくさんの小さな奇跡や、レイチェルから受けた影響について友人たちが話してくれたことも書きました。レイチェルを身近に感じたいときや彼女を称えたいときに、家族でよく読んでいるそうです。

・意味のある日を祝う

ショーンとレベッカは、レイチェルが亡くなった日にとくに意味を持たせることは嫌だったので、今でも子どもたちや多くの親戚と一緒にレイチェルの誕生日を祝っています。レイチェルの話をし、彼女の陽気なジョークを言ってみんなで笑い、思い出をたどり、レイチェル自慢のおいしいバナナブレッドと自家製のサルサをつくります。そして、レイチェルが大好物だったスイカを必ず出します。このようにして家族で一緒にすごす有意義な時間を楽しみにし、レイチェルの人生を祝福することによって、彼女の誕生日は耐えられるものになるのです。

・自分のボイス（内面の声）を見つけ、起きたことを良い方向に持っていく

ショーンとレベッカがブライドル・アップ・ホープを設立した狙いはここにあります。彼らはこの財団の活動を通して、多くの人の人生が変わっていくのを毎日のように見ています。レイチェルと同じように苦しんでいる人たちに手を差し伸べることで、レイチェルを称えているのです。ショーンの言葉を借りれば、「ブライドル・アップ・ホープはレイチェルであり、どこまでも広がっていく」のです。

あなたが「自分のボイスを見つけ、ほかの人たちも自分のボイスを見つけられるように奮起させる」ことができれば、あなた自身の喪失に対処することにもつながります。人の力になることで自分も癒され、再び幸せを見つけることができるのです。

ショーンは最後に、悲しみが癒えるまでの時間が決まっているわけではなく、人それぞれに異なるのだと言いました。彼の締めくくりの言葉は、希望に満ちたものでした。

「神さまは見守っていてくださいます。人生は続きます。そして私のように、自分を取り戻し、再び幸せを感じられる日が必ずきます。約束します」[6]

著者あとがき

私は本書を（父と一緒に）楽しみながら書いたのですが、同じように楽しんで読んでいただけたら幸いです。そして本書があなたのパラダイム・シフトのきっかけになり、あなたの情熱に火をつけることを願っています。きっともう、年齢やライフ・ステージにかかわらず、だれでもクレッシェンドの人生を生きられるということを理解していただいていることでしょう。

私にとって本書は、何年も前に父と一緒に取り組みはじめ、父から託された神聖な仕事です。上梓するまで長く厳しい道のりでしたが、多くのことを学びましたし、世界中で見つけたいくつもの実例に元気づけられ、心の底から鼓舞されました。

年齢や立場に関係なく、貢献することに終わりはありません。常により高いもの、より良いものを人生に求めていくべきです。たとえ過去に達成したことに満足していても、次の大きな貢献は近い将来にあるのです。築くべき人間関係、奉仕すべきコミュニティ、強くすべき家族の絆、解決すべき問題、身につけるべき知識、創造すべき偉大な作品――やるべきことはたくさんあります。中年の苦悩の中にいる人も、成功の頂点を経験した人も、人生を一変するような苦難に直面している人も、人生の後半戦にいる人も、どんな試練にぶつかろうとも、あなたの最大にして最も重要な仕事は、あなた自身が選ぶのであれば、本当にこれからまだ先にあるのだということを知っておいてください。

「結び」で読んでいただいたとおり、私たち家族がクレッシェンドに生きることを学ぶ旅は、私たち自身がプライベートで経験した試練によって新たな意味を帯びるようになりました。本書で紹介した数々の感動的なエピソードは、クレッシェンド・マインドはどのライフ・ステージでも効果的に働き、人生を大きく豊かにしてくれることを証明しています。

自分の才能を他者と分かち合うことを、善を為すことを、だれかの人生に恵みをもたらすことを、そしてそうすることで自分の心に流れ込んでくる喜びを、考えてみてください。行動を開始しましょう。あなた自身の素晴らしい貢献のレガシーをつくってください。自分を疑ってはいけません。貢献はあなた自身の立場や能力の範囲でできることであり、実行するほどにあなたの潜在能力は拡大していくでしょう。そうすれば、あなたが生まれながらに授かった才能、能力、他者の人生を変えるような貢献によって、自分の人生、家族、コミュニティ、そして世界までも明るく照らすことができるのです。

謝辞

本書の執筆と出版を実現させてくださった多くの方々に深く感謝します。『クレッシェンド』は一〇年以上にわたるプロジェクトでしたが、その間、大勢の人たちが気遣い、多大な支援をしてくださり、心からありがたく思っています。

親友であり、四二年間連れ添っている夫カメロン・ハラーには、私とクレッシェンドに常に愛情を注ぎ、揺るぎなく支えてくれたことに一生感謝します。私に自信を持たせ、私の能力を信じて、本書を立派に完成させられると励ましてくれました。彼の洞察、批評、知恵、判断はいつも的を射ていて、落ち込んだり挫折感を味わったりしたときも支えになりました。私の人生における彼の影響力には感謝しかありません。

さらに、私に寄り添ってくれた六人の素晴らしい子どもたちと彼らの配偶者にも感謝します。ローレンとシェーン、シャノンとジャスティン、カメロンとヘイリー、ミッチェルとサラ、マイケルとエミリー、コナーとハンナです。励ましの言葉をかけて支えてくれただけでなく、有益なフィードバックもしてくれましたし、私が執筆に追われているときはじっと我慢し、応援してくれました。

末息子のコナーは「もう書き終えてよ！　僕の人生の半分はこの本を書いているよね！」と明るく言ってくれました。二一人の可愛い孫たちも、クレッシェンドに生きる機会をいつも与えてくれています。

また、私と『クレッシェンド』を最初から信じて、執筆から出版までのプロセスを通して編集上の貴重な助言、契約に関する専門知識、マーケティングの指導などをしてくれた弟のショーン、本当にありがとう。初稿を読み、励ましてくれた八人の弟たちと妹たちも、ありがとう。マリアは編集の手伝いもしてくれましたし、スティーブンはいたるところで本書の宣伝をしてくれました。

いつもここぞというタイミングで励ましの電話をくれたジョン叔父さん、そして初期に重要な貢献をしてくれたキャロル・ナイト、何度も原稿を読み、何年にもわたって貴重なアドバイスをくれたグレッグ・リンク、その他にも、ずっと関心を持ち支えてくれた親戚や友人たちに感謝します。

フランクリン・コヴィー社のチームに感謝します。とくに本書の推薦者を集めてくれたデブラ・ルンド、ありがとう。スコット・ミラー、アニー・オズワルド、レイニー・ホーズ、ザック・チェイニーにも助けられました。

「クレッシェンド」というコンセプトを最初から信じてくれたエージェントのジャン・ミラーと彼女の同僚シャノン・マイザー・マーヴェンには本当にお世話になりました。また、デイヴ・プライラーとロバート・アサヒナという優秀な編集者に恵まれたこともありがたく、彼らの専門的なスキルのおかげで本の内容も表現もレベルアップしました。ジャン・ミラーとロバート・アサヒナは父のエージェントで、『7つの習慣』の編集者でもありました。原稿を出版に向けて準備していた間、私にとって処女作となる本書を完成まで導いてくれたサイモン＆シュスター社の有能な担当編集者ステファニー・フレリック、そしてエミリー・サイモンソンとマリア・メンデスをはじめ、同社のチームと緊密に協力できたのはとても幸運なことでした。

本書『クレッシェンド』は、父のいわゆる「最終講義」でした。父が思い描き、二〇〇八年に一緒に書きはじめて、この本を完成させることを父と約束しました。約束を果たすことができ、父から承認を得られたように感じています。執筆していた間ずっと父のあふれんばかりの影響力を感じ、「生きて、愛して、レガシーを残した」大きな父、私たちを鼓舞し、リーダーであった父に敬意を表したいと思います。母のサンドラ・コヴィーは、あらゆる面で父と対等でした。母もまた、私のことも、弟、妹たちのたちのことも生涯にわたって信じ、肯定してくれました。このような崇高な両親のもとで力強く育ててもらったことは、この上ない贈り物です。

最後に、私の人生における神の恵みと影響に感謝しなければ、恩知らずになるでしょう。このような大きな試みに挑む勇気と自信を与え、完成まで見守ってくださった神の導きと励ましに心から感謝します。

脚注

第 1 部：中年期の苦悩

1 Quote attributed to George Bernard Shaw, https://www.goodreads.com/quotes/1368655-two-things-define-you-your-patience-when-you-have-nothing.
2 Cynthia Haller, personal interview, August 2017.
3 Frances Goodrich, Albert Hackett, and Frank Capra, It's a Wonderful Life (Liberty Films, 1946).
4 Phil Vassar, "Don't Miss Your Life," RodeoWave Entertainment, lyrics mode .com, 2012. Reprinted with permission.
5 Clayton Christensen, hbr.org /2010/how-will-you-measure-your-life.
6 Cynthia Haller, personal interview, May 2018.
7 Cynthia Haller, personal interview, October 2019.
8 goodreads.com /quotes /273511.
9 Kenneth Miller, "Don't Say No," readersdigest.com, 2008.
10 Middle School Principal Drops Weight and Inspires Students," ksl.com, March 18, 2008.
11 Tiffany Erickson, "Glendale's Big Losers: Principal Drops 173 Pounds; Staff Also Slims Down," deseretnews .com, January 2, 2007.
12 Cynthia Haller, personal interview, May 2018.
13 John Kralik, John A Simple Act of Gratitude: How Learning to Say Thank You Changed My Life (Hyperion, 2010).
14 Carol Kelly-Gangi, editor, Mother Teresa: Her Essential Wisdom (Fall River Press, 2006), p.21.
15 As told to Cynthia Haller, July 2015.
16 burritoprojectslc.webs.com.
17 Heather Lawrence, "Engineer Returns to Thank Engaging Churchill Science Teacher," Holladay Journal, November 2020.
18 As told to Cynthia Haller, April 2010.
19 Lawrence, "Engineer Returns."
20 As told to Cynthia Haller by Mindy Rice, May 20, 2018.
21 As told to Cynthia Haller by Robyn Ivins, 2020.
22 As told to Cynthia Haller, 2020.
23 As told to Cynthia Haller, 2016.
24 brainyquote.com/quotes /marian wright edelman.
25 goodreads.com/quotes /15762.
26 Cynthia Haller, personal interview, October 2019.
27 Tennessean.com/story/entertainment/music 2019/11/20/garth-brooks-exploded-like-no-country-star-before-him-cma-entertainer-year-4226820002/.
28 dailymail.com.uk/tvshowbix-3030642/Garth-Brooks-chose-family-fame-walked-away -music-14-years-article-3030642/.
29 usatoday.com/story/entertainment/music/2019/11/22/garth-brooks-bled-reclaim-top -spot-country-music/4270753002I/.
30 usatoday.com/story/entertainment/music/2020/03/29/coronavirus-garth-brooks-trisha-yearwood-announce-cbs-live-show-2935608001/.
31 Netflix. "The Road I'm On," 2019.

第 2 部：成功の頂点

1 Brian Williams, interview with Peter Jackson, rockcenter.nbd.news.com, December 6, 2012.
2 Kent Atkinson, "Peter Jackson Gives $500,000 for Stem Cell Research," Nzherald.co.nz, July 15, 2006.
3 Susan Strongman, "Sir Peter Jackson Rescues Beloved Church," nzherald.co.nz, August 12, 2015.
4 As told to Cynthia Haller by Chip Smith, July 23, 2012.
5 Aleksandr Solzhenitsyn, in At Century's End: Great Minds Reflect on Our Times (Alti Publishing, 1997).
6 Carol Kelly-Gangi, editor, Mother Teresa: Her Essential Wisdom (Fall River Press, 2006), p.101.
7 Henry Samuel, "Millionaire Gives Away Fortune Which Made Him Miserable," telegraph.co.uk, February 2010.
8 E. Jane Dickson, "Nothing But Joy," Readers Digest, October 2010, pp142-146.
9 From The Quiltmaker's Gift by Jeff Brumbeau. Text copyright © 2000 by Jeff Brumbeau. Reprinted with permission of Scholastic Inc.
10 Alena Hall, "How Giving Back Can Lead to Greater Personal Success," Huffington Post, June 2014.

11 Neal Tweedie, Bill Gates interview: "I Have No Use for Money; This Is God's Work," telegraph.co.uk, January 18, 2013.
12 David Rensin, "The Rotarian Conversation: Bill Gates," Rotarian, May 2009, pp.45–53.
13 gatesfoundation.org/Who-We-Are/General-Information/Letter-from-Bill-and= Melinda-Gates, Annual Report, 2018.
14 Bill and Melinda Gates, "We Didn't See This Coming," gatesnotes.com/2019-Annual -Letter.
15 Melinda Gates, The Moment of Lift: How Empowering Women Changes the World (Flatiron Books, 2019), pp.14, 15, 38.
16 Ibid, p.11.
17 cnbc.com /2017/10 24/bill-gates-humanity?-will-see-its-last-case-of-polio-this -year.
18 Sarah Berger, "Bill Gates Is Paying Off This Country's $76 Million Debt," cnbc.com.
19 Rensin, "The Rotarian Conversation."
20 Gates, The Moment of Lift, pp.19, 118–121.
21 Ibid, pp50–53.
22 givingpledge.org.
23 Ibid.
24 Laura Lorenzetti, "17 More Billionaires Join Buffett and Gates' Giving Pledge This Year," fortune.com, June 1, 2016.
25 Buffet, Warren. "My Philanthropic Pledge." givingpledge.org.
26 Brendan Coffey, "Pledge Aside, Dead Don't Have to Give Away Half Their Fortune," bloomberg.com, August 6, 2015.
27 As told to Cynthia Haller, June 2018.
28 cnbc.com/2017/02/07/ruth-bader-ginsburg-says-this-is-the-secret-to-living-a -meaningful-life.html.
29 Cynthia Haller, personal interview of John Nuness, July 2012.
30 Kenneth H. Blanchard and Spencer Johnson, The One Minute Manager (William Morrow & Co, 1982).
31 Kim Lacupria, "Single Mom at Pizza Hut Amazed When Stranger Pays Tab," Inquisitr .com, October 28, 2013.
32 Ibid.
33 Stephen R. Covey, "Affirming Others," Personal Excellence, August 1996, p.1.
34 Viktor Frankl, Man's Search for Meaning (Simon & Schuster, 1984), p.116.
35 Will Allen Dromgoole, "The Bridge Builder," Father: An Anthology of Verse (EP Dutton & Company, 1931).
36 As told to Cynthia Haller, October 2018.
37 As told to Cynthia Haller, April 2020.
38 coachwooden.com /the-journey.
39 John Wooden and Don Yaeger, A Game Plan for Life: The Power of Mentoring (Bloomsbury USA, 2009), pp.3–4.
40 Ibid, p.13.
41 coachwooden.com /favorite-maxims.
42 Don Yaegar, success.com/article/mentors-never-die, August 27, 2010.
43 John Wooden and Don Yeager, A Game Plan for Life, p.4.
44 The Abolition Project, "John Newton (1725–1807): The Former Slaver & Preacher," abolition, e2bn.org/people.
45 nfl.com /manoftheyear.
46 teamsweetness.com /wcpf.html.
47 Andie Hagermann, "Anquan Boldin: Named 2016 Payton Man of the Year," nfl.com, February 2016.
48 Ibid.
49 John Connell, W.E. Henley (Constable, 1949), p.31.
50 Ibid.
51 "The Good Guy," People Tribute Commemorative Issue—Paul Newman, 1925–2008, pp. 82, 88, 89.
52 newmansownfoundation.org (about-us, history, and mission).
53 holeinthewallgang.org/about.
54 "The Good Guy," p.80.
55 Natasha Stoynoff and Michelle Tauber, "Paul Newman 1925–2008: American Idol," People, October 13, 2008, p.63.
56 newmansownfoundation.org/about-us/timeline.

57 newmansownfoundation.org/about-us/total-giving.
58 newmanitarian.org.
59 If you go to newmansownfoundation.org, you will be inspired by stories of philanthropy, fun camp experiences, and video testimonials. An opportunity to volunteer your time, skills, or money in whatever interests you can be easily found right in your own hometown or state.
60 People Tribute Commemorative Issue, p.96.
61 "Meet the New Heroes," PBS, New York, July 1, 2005.
62 "Muhammad Yunus—Biographical," nobelprize.org, 2006.
63 "Meet the New Heroes."
64 "World in Focus: Interview with Professor Muhammad Yunus," Foreign Correspondent, March 25, 1997.
65 Jay Evensen, "Muhammed Yunus Still Saving People One at a Time," Deseret News, March 13, 2013.
66 "Muhammad Yunus—Facts," nobelprize.org, 2006.
67 "Meet the New Heroes."
68 Evensen, "Muhammed Yunus Still Saving People."

第3部：人生を一変させる苦難

1 Jane Lawson, "Stephenie Nielson of NieNie Dialogues: Sharing Her Hope." ldsliving .com, July / August, 2012.
2 Shana Druckman and Alice Gomstyn, "Stephanie Nielson's Story After Tragic Crash, Mom of Four Nearly Lost All," abcnews.go.com, May 12, 2011.
3 nieniedialogues.com.
4 Stephanie Nielson, Heaven Is Here (Hyperion, 2012), p.308.
5 Lawson, "Stephanie Nielson of NieNie Dialogues."
6 Ibid.
7 eji.org/cases/anthony-ray-hinton/.
8 Anthony Ray Hinton with Lara Love Hardin, The Sun Does Shine: How I Found Life, Freedom, and Justice (St. Martin's Press, 2018), pp.104,145.
9 Ibid., p.147.
10 Ibid., p xvi.
11 Ibid., pp291–294.
12 abcnews.go.com/nightline/video/30-year-death-row-inmate-celebrates-days-freedom -30548291.
13 Ibid.
14 Greg, McKeown, Essentialism: The Disciplined Pursuit of Less (Currency, 2014), p.36.
15 goodreads.com
16 Doug Robinson, "The Comeback Kid: After a Devastating Accident, Anna Beninati Finds Happiness," Deseret News, October 2012.
17 "Teen in Tragic Train Accident: 'I Remember Thinking I Was Going to Die'" today.com, January 27, 2012.
18 goodreads.com.
19 elizabethsmartfoundation.org.
20 Elizabeth Smart with Chris Stewart, My Story (St. Martin's Press, 2013), pp.25–50.
21 Ibid., pp.60, 61.
22 Ibid., p.275.
23 Elizabeth Smart, keynote speaker, Crimes Against Children conference, 2011, elizabethsmartfoundation.org.
24 Smart, My Story, p.53.
25 goodread.com/quotes/80824-one-of-the-things-i-learned-when-i-was-negotiating.
26 "Biography of Nelson Mandela," nelsonmandela.org.
27 William Ernest Henley, "Invictus," Poetry Foundation.
28 Johann Lochner, "The Power of Forgiveness: Apartheid-era Cop's Memories of Nelson Mandela," cnn .com, December 12, 2013.
29 Marcus Eliason and Christopher Torchia, "South Africa's First Black President Known for Role as Peacemaker," Deseret News, December 6, 2013.
30 "Top 10 Nelson Mandela Quotes," movemequotes.com.
31 Eliason and Torchia, "South Africa's First Black President."

32 Dominic Gover, "Four Acts of Forgiveness That Sowed South Africa Path Away from Apartheid," ibmtimesco.uk, December 6, 2013.
33 Eliason and Torchia, "South Africa's First Black President."
34 "Nelson Mandela Dead: Former South Africa President Dies at 95," Huffington Post, January 23, 2014.
35 Nelson Mandela, Long Walk to Freedom (Back Bay Books, 1995).
36 Smart, My Story, pp.285–286.
37 "Elizabeth Smart Relieves Kidnapping Ordeal at Mitchell Hearing," ksl .com (full court testimony).
38 Smart, My Story, p.302.
39 daveskillerbread.com.
40 daveskillerbread.com/about-us.
41 Cynthia Haller, personal interview, October 2019.
42 "His Tragic Loss Helps Others Gain Sight," cnn .com, cnn heroes, August 15, 2008.
43 "Dr. Chandrasekhar Sankurathri: A Real Hero," global1.youth leader.org.
44 "His Tragic Loss Helps Others Gain Sight."
45 srikiran.org /about-us.
46 srikira .org.
47 "Dr. Chandrasekhar Sankurathri: A Real Hero."
48 Frankl, Man's Search for Meaning, pp.84, 85, 88.
49 Ibid.
50 "Does Every Cactus Bloom?," homeguides.sfgate.com/cactus-bloom-62730.html.
51 elizabethsmartfoundation.org.
52 Michael J. Fox, A Funny Thing Happened on the Way to the Future (Hyperion, 2010).
53 Amy Wallace, "Michael J. Fox's Recipe for Happiness," readersdigest.com, May 2010, p.83.
54 Chris Powell, "The Incurable Optimist," Costco Connection, November 2020, pp.48–49.
55 Ibid.
56 Cynthia Haller, personal interview, June 2016.
57 Ibid.
58 goodreads.com/quotes/14830-these-are-the-times-in-which-a-genius-would-wish.
59 Dead Poets Society (Touchstone Pictures, 1989).
60 littlefreelibrary .org /ourhistory/.
61 Smith, Russell C, Foster, Michaell. "How the Little Free Library is Re-inventing the Library." huffpost. com /entry/little-free-library b_1610026, June 21, 2012.
62 littlefreelibrary.org /about/.
63 littlefreelibrary.org /todd-notice/.
64 daysforgirls/history.org.
65 daysforgirls/ourimpact.org.
66 Camelot (Warner Bros., 1967).
67 Danica Kirka, "Malala's Moment: Teenage Nobel Laureate Gives Primer in Courage and Peace," startribune.com., December 10, 2014.
68 biography.com/activist/malala-yousafzai.
69 Baela Raza Jamil, ElenaBaela Raza, Matsui, Elena, and Rebecca Winthrop, Rebecca. "Quiet Progress for Education in Pakistan," brookings. edu, April 8, 2013.
70 "Malala Yousafzai's Speech at the Youth Takeover of the United Nations," theirworld.org, July 12, 2013.
71 nytimes.com/2014/10/31/world/middleeast/malala-yousafzai-nobel-gaza-school.html.
72 amberalert.ojp.gov /statistics.
73 Elizabeth Smart with Chris Stewart, "My Story." St. Martin's Press, 2013, Epilogue.
74 elizabethsmartfoundation .org.
75 radKIDS.org /2018/07/2018-radKIDS-at-a-glance.
76 Elizabeth Smart with Chris Steward, My Story, p.303.

第 4 部：人生の後半戦

1 Winston Churchill, The Second World War (Houghton Miflin, 1951).
2 Hans Selye, The Stress of Life (McGraw Hill, 1978), pp.74, 413.
3 Suzanne Bohan and Glenn Thompson, 50 Simple Ways to Live a Longer Life (Sourcebooks, Inc., 2005), p.188.

4 Dan Buettner, "Find Purpose, Live Longer," AARP The Magazine, November/December 2008.
5 Bohan and Thompson, 50 Simple Ways.
6 Albin Krebs, "George Burns, Straight Man and Ageless Wit, Dies at 100," New York Times, March 1996.
7 Shav Glick, "Hershel McGriff Finishes 13th at Portland," Espn.go.com, July 2009.
8 "Nominees Announced for Hall of Fame Class," hometracksnascar.com, February 2015.
9 Glick, "Hershel McGriff Finishes 13th."
10 Buettner, "Find Purpose, Live Longer."
11 Robert Lee Hotz and Joanna Sugden, "Nobel Physics Prize Awarded to Trio for Laser Inventions," Wall Street Journal, October 2018.
12 Allen Kim, "John B. Goodenough Just Became the Oldest Person, at 97, to Win a Nobel Prize," cnn. com, October 2019.
13 Bill Gray, "Making Deals, Irma Elder: The Businessperson," AARP The Magazine, November / December 2007.
14 Bill Gray "They Got Game," AARP The Magazine, November / December 2007, p.58.
15 Cynthia Haller, Cynthia, personal interview, May 2021.
16 Cindy Kuzman, "Barbara Bowman's Tips for Living to 90," chicagomag.com, January 28, 2019.
17 Ibid.
18 goodreads.com/quotes/649680-this-is-the-true-joy-in-life-being-used-for.
19 Warren Bennis, "Retirement Reflections," Personal Excellence, July 1996.
20 Cynthia Haller, personal interview with Crawford and Georgia Gates, 2015.
21 Laura Landro, "How to Keep Going and Going," Book Review, March 2011.
22 Beth Dreher, "For a Long Life, Watch Your Attitude," Health Digest, summary by readersdigest.com, March 2011.
23 Amy Norotney, "The Real Secrets to a Longer Life," Monitor. American Psychological Association, December 2011.
24 "Secrets to Longevity: It's Not All About Broccoli," author interviews, NPR Books, npr.org, March 24, 2011.
25 Elbert, Sarah. "Step in Time." Renew, November 2016.
26 Dreher, "For a Long Life."
27 Norotney, "The Real Secrets."
28 Marjorie Cortez, "Activities, Art Aid Senior's Health," dn .com., November 2007.
29 Julie Andrews, "I Went into a Depression—It Felt Like I'd Lost My Identity," AARP: The Magazine, October /November 2019.
30 Alynda Wheat, "Julie Andrews: 'Losing My Voice Was Devastating," people.com, March 20, 2015.
31 Andrews, "I Went into a Depression."
32 Katherine Bouton, "80 Years, a Longevity Study Still Has Ground to Cover," New York Times, April 18, 2011.
33 National Science Foundation, "Staying Alive: That's What Friends Are For," usnews .com, July 29, 2010.
34 Bouton, "80 Years."
35 "Work and Retirement: Myths and Motivations—Career Innovations and the New Retirement Workscape," imagespolitico .com, June 4, 2014.
36 Cathy Allredd, "Lady of Legacy: Lehi-Rippy Family Literacy Center Founder Dies," heraldextra.com, February 15, 2014.
37 "Hesther Rippy," Pointoflight.org, December 17, 2003.
38 lehi-ut.gov/recreation/literacy /about-us/.
39 Lois Collins, "Pamela Atkinson Is Welcomed Among Kings and Paupers," Deseret News, October 2, 2010.
40 Kim Burgess, "Pamela Atkinson," Community Magazine, 2010.
41 Devin Thorpe, "13 Lessons from a Great Social Entrepreneur," forbes.com, September 20, 2012.
42 Cynthia Haller, personal interview with Romana May, 2014.
43 Tonya Papanikolas, "A Show of Love," dn.com, February 6, 2007.
44 Andrew Marshall, "Group Sews Humanitarian Items for Kids," Deseret News, 2010.
45 Cynthia Haller, personal interview, October 2010.
46 Suzanne Bohan and Glen Thompson, 50 Simple Ways to Live a Longer Life (Sourcebooks, Inc., 2005), pp.43–44.
47 Magnificient Obsession. Universal International Technicolor, 1954.

48 Matthew 6:1, King James Version.
49 William Shakespeare, Sonnet 29, The Complete Works of William Shakespeare (Avenel Books), p.1196.
50 Linda and Richard Eyre, Life in Full: Maximizing Your Longevity and Your Legacy (Famillus, LLC, 2015).
51 Linda and Richard Eyre, "Ignore Those Old Clichés About Aging," Deseret News, October 21, 2015.
52 theeyres.com.
53 Linda and Richard Eyre, "Ignore Those Old Clichés About Aging."
54 Cynthia Haller, personal interview, October 2019.
55 passion.com/inspirational-quotes/4244-a-hundred-years-from-now-it-will-not-matter.
56 brainyquote.com/quotes /george bernard shaw 103422.
57 Harold Kushner, When All You've Ever Wanted Isn't Enough: The Search for a Life that Matters (Fireside, 1986), p.18.
58 Steve Hartman, "Couple Who Restores Musical Instruments Has Given Away Hundreds to Rochester Students," cbsnews .com, December 13, 2019.
59 "Why Keep Going?" Question and Answer, Renew by UnitedHealthcare, 2015.
60 Frankl, Man's Search for Meaning, p.113.
61 Robert Ryland Thompson, "In Search of a Logo," Personal Excellence, November 1996, p.2.
62 biography.com/us-president/jimmy-carter.
63 biography.com/us-first-lady/rosalynn-carter.
64 "Rosalynn and Jimmy Carter Center: 2020 Habitat for Humanity Work Project to Take Place in Dominican Republic," habitat.org, October 11, 2019.
65 Jimmy and Rosalyn Carter, Everything to Gain: Making the Most of the Rest of Your Life (Thorndike Press, 1988).
66 Ibid.
67 azquotes.com/quote/203937.
68 Nanci Hellmich, "How to Make a Smooth Transition to a New Life," USA Today, May 19, 2015.
69 nyam.org/news/article/nyam-president-dr-judith-salerno-discusses-covid-19-response-inside-edition/.
70 nyam.org/news/article/dr-judith-salerno-discusses-covid-19-response-goo-morning-america/.
71 Salena Simmons-Duffin, "States Get Creative to Find and Deploy More Health Workers in COVID -19 Fight," npr.org, March 25, 2020.
72 Simmons -Duffin, "States Get Creative."

第 5 部：結び

1 quotefancy.com/quote/926564/Victor-Hugo-The-nearer-I-approach-the-end-the-plainer-I-hear-around-me-the-immortal.
2 genius.com/Andrew-lloyd-webber-those-canaan-days-lyrics.
3 rottentomatoes.com/m/1021312_three_amigos/quotes?#:Lucky Day%3A In a way, who wants to kill us.
4 bridleuphope.org.
5 bridleuphope.org/shop.
6 Cynthia Haller, personal interview with Sean Covey, November 2015.

著者紹介

スティーブン・R・コヴィー（1932年－2012年）

国際的に尊敬を集めるリーダーシップの権威、家族問題の専門家、教師、組織コンサルタント、ビジネスリーダー、作家。タイム誌の「最も影響力のあるアメリカ人25人」にも選ばれている。著書『7つの習慣』は世界50以上の言語で4,000万部以上を記録し（印刷、デジタル、オーディオ）、20世紀で最も影響力のあるビジネス書の第1位に選ばれている。ハーバード大学でMBA、ブリガム・ヤング大学で博士号を取得したのち、世界で最も信頼されるリーダーシップ企業フランクリン・コヴィー社の共同設立者・副会長となる。

シンシア・コヴィー・ハラー

作家、教師、講演者として活躍し、自身のコミュニティの活動にも積極的に参加している。『第3の案』（スティーブン・R・コヴィー著）、『7つの習慣ティーンズ』『7つの習慣ティーンズ2 大切な6つの決断～選ぶのは君だ』（ショーン・コヴィー著）などの書籍、記事の執筆に協力。数々の女性団体でリーダーを務めるほか、PTSA（保護者と教師と生徒の会）会長、難民支援のオーガナイザー、食料配給所のボランティアなどにも携わる。現在は夫のカメロンとともに雇用のニーズを広めるボランティア活動を行っている。

FCE パブリッシング キングベアー出版について

キングベアー出版は『The 7Habits of Highly Effective People』を日本に紹介するために 1992 年に立ち上げた出版ブランドである。2013 年に『完訳7つの習慣 人格主義の回復』として出版した。

現在、キングベアー出版は、『7つの習慣』の著者であるスティーブン・R・コヴィー博士が創設した米国フランクリン・コヴィー社との独占契約により、コヴィー博士の著作である『第8の習慣』『原則中心リーダーシップ』『7つの習慣 最優先事項』や、フランクリン・コヴィー社のコンテンツである『実行の4つの規律』『5つの選択』などを出版している。

キングベアー出版は『7つの習慣』を核にして、その関連コンテンツ、さらに、リーダーシップ、組織、ビジネス、自己啓発、生き方、教育といったジャンルの、海外の優れた著作物に限定して翻訳し、「変革を目指す組織」や「より良い人生を送りたいと考える個人」を対象に出版している。

キングベアー出版の事業会社である株式会社 FCE パブリッシングは FCE グループの一員である。

http://fce-publishing.co.jp

フランクリン・コヴィーについて

フランクリン・コヴィー社は、組織パフォーマンスの向上を専門とする世界的企業であり、行動変容を通して結果を達成できるよう個人や組織をサポートする。リーダーシップ、戦略実行、生産性、信頼、セールスパフォーマンス、カスタマーロイヤリティ、教育の 7 分野を専門とし、フォーチュン 100 企業の 90 パーセント、フォーチュン 500 企業の 75 パーセントをはじめ、数千の中小企業、多くの政府機関、教育機関をクライアントとしている。160 以上の国と地域に 100 の現地法人・パートナーオフィスを置いている。

https://www.franklincovey.co.jp

7つの習慣という人生
クレッシェンド
本当の挑戦はこの先にある

2023年3月31日　初版第一刷発行

著　者　　スティーブン・R・コヴィー
　　　　　シンシア・コヴィー・ハラー
発行者　　石川 淳悦
発行所　　株式会社 FCE パブリッシング
　　　　　キングベアー出版
　　　　　〒163-0810
　　　　　東京都新宿区西新宿2-4-1 新宿NSビル10階
　　　　　Tel：03-3264-7403
　　　　　Url：http://fce-publishing.co.jp
印刷・製本　大日本印刷株式会社
ISBN 978-4-86394-106-9
